utb 4580

Eine Arbeitsgemeinschaft der Verlage

Brill | Schöningh – Fink · Paderborn
Brill | Vandenhoeck & Ruprecht · Göttingen – Böhlau · Wien · Köln
Verlag Barbara Budrich · Opladen · Toronto
facultas · Wien
Haupt Verlag · Bern
Verlag Julius Klinkhardt · Bad Heilbrunn
Mohr Siebeck · Tübingen
Narr Francke Attempto Verlag – expert verlag · Tübingen
Psychiatrie Verlag · Köln
Ernst Reinhardt Verlag · München
transcript Verlag · Bielefeld
Verlag Eugen Ulmer · Stuttgart
UVK Verlag · München
Waxmann · Münster · New York
wbv Publikation · Bielefeld
Wochenschau Verlag · Frankfurt am Main

Christian Spatscheck
Karin Wolf-Ostermann

Sozialraumanalysen

Ein Arbeitsbuch für soziale, gesundheits- und bildungsbezogene Dienste

2., durchgesehene und aktualisierte Auflage

Verlag Barbara Budrich
Opladen & Toronto 2023

Der Autor, die Autorin:
Prof. Dr. Christian Spatscheck,
Professor für Theorien und Methoden der Sozialen Arbeit, Hochschule Bremen
Prof. Dr. Karin Wolf-Ostermann,
Professorin für pflegewissenschaftliche Versorgungsforschung, Universität Bremen

Bibliografische Information der Deutschen Nationalbibliothek
Die Deutsche Nationalbibliothek verzeichnet diese Publikation in der Deutschen Nationalbibliografie; detaillierte bibliografische Daten sind im Internet über https://dnb.d-nb.de abrufbar.

Gedruckt auf FSC®-zertifiziertem Papier.

www.budrich.de

utb-Bandnr.	**4580**
utb-ISBN	**978-3-8252-6076-7**
utb-e-ISBN	**978-3-8385-6076-2**
DOI	**10.36198/9783838560762**

Satz: Anja Borkam, Jena – kontakt@lektorat-borkam.de
Umschlaggestaltung: siegel konzeption | gestaltung
Titelbildnachweis: pixabay.com
Druck: Elanders Waiblingen GmbH, Waiblingen
Printed in Germany

Inhaltsverzeichnis

Abbildungsverzeichnis

Vorwort

Modelle der Sozialraumorientierung wurden in den letzten Jahren zum Leitkonzept für die zukunftsfähige Entwicklung sozialer, gesundheits- und bildungsbezogener Dienste. Institutionen und Träger in diesen Bereichen stehen vor der Frage, wie sie sich im sozialräumlichen Umfeld besser öffnen und vernetzen können und welche strategischen Bedarfe und Interessen hierbei relevant werden. Damit einhergehend entsteht die Aufgabe, Analysen zu deren sozialräumlicher Verfasstheit systematisch zu konzipieren und wirksam umzusetzen.

Hier setzt dieses Buch an. Es soll helfen, sozialräumliche Konzept-, Angebots- und Organisationsentwicklungen auf der Grundlage von Sozialraumanalysen aufzubauen, die empirisch fundiert und fachlich anschlussfähig sind. Und es soll das grundlegende Know-how für die Durchführung von Sozialraumanalysen in den Bereichen Soziales, Gesundheit und Bildung vermitteln.

Das dazu nötige Grundwissen und die leitenden Methoden von Sozialraumanalysen sollen in kompakter und handlungsorientierter Weise vermittelt werden. Als anwendungsbezogenes Buch versetzt es Fachkräfte konkret in die Lage, Sozialraumanalysen eigenständig, selbstverantwortlich und fundiert durchzuführen.

Es richtet sich in erster Linie an Praktiker:innen und Studierende und kann als Einstiegslektüre für eine akademisch interessierte Leser:innenschaft dienen. In Lehrkontexten kann es in Studiengängen des Sozial-, Gesundheits- und Bildungswesens, in Modulen zur Sozialraumorientierung oder in Modulen zur empirischen Sozialforschung als Grundlagentext direkt eingesetzt werden.

Bislang existieren zahlreiche Bücher zur Sozialraumorientierung, die vor allem deren generelle Programmatik und Reichweite oder die Umsetzung in verschiedenen Arbeitsfeldern, etwa der Kinder- und Jugendhilfe, Sozialpsychiatrie, Alten- oder Behindertenhilfe, Pflege, Schule etc. beleuchten. Die konkrete Methodik der Sozialraumanalysen verbleibt hierbei jedoch häufig unterbeleuchtet, für deren Durchführung fehlen oft konkrete Hinweise und Anleitungen.

Als Autor:innenteam bringen wir unsere langjährige gemeinsame Expertise bei der Entwicklung und Durchführung von Sozialraumanalysen ein, die fachlich an Sozialraumdebatten anschlussfähig sind, empirischen Gütekriterien gerecht werden und in Praxiskontexten realistisch umsetzbar sind.

Dieses Buch soll viel Grundlagenwissen vermitteln und konkrete Anwendungsbeispiele und Möglichkeiten aufzeigen. Dabei soll es Handlungssicherheit vermitteln, und, nicht zuletzt, Neugier und Freude bei der Durchführung von Sozialraumanalysen bereiten.

Wir danken allen jenen sehr herzlich, die mit uns in den letzten Jahren bei der Planung, Durchführung und Reflexion von Sozialraumanalysen immer wieder sehr intensiv zusammengearbeitet haben. Ein besonderer Dank geht auch an all diejenigen, die uns bei der Erstellung dieses Buches unterstützt und begleitet haben, hier seien ausdrücklich Marie Seedorf und Katrin Dorow genannt, die uns bei der Korrektur des Manuskripts wichtige Hinweise geben konnten. Und wir freuen uns zu sehen, dass das Buch auch sechs Jahre nach dem ersten Erscheinen weiter sehr gefragt ist und nun in einer zweiten durchgesehenen und aktualisierten Auflage erscheinen kann.

Bremen und Colle all'Asino, Sommer 2023
Christian Spatscheck und *Karin Wolf-Ostermann*

1. Sozialräume entdecken

Sozialräume sind wichtige Bezugsgrößen und Ressourcenquellen für soziale, gesundheits- und bildungsbezogene Dienste. Anhand leitender Theoriemodelle wird im Folgenden zunächst erläutert, was unter Sozialraumorientierung und Sozialräumen genauer zu verstehen ist. Daran anschließend werden die Möglichkeiten der Nutzung von Sozialraumanalysen für Problem- und Ressourcenanalysen, die Konzeptentwicklung und die Praxisforschung erläutert. Abschließend werden förderliche Grundhaltungen für die gelingenden Umsetzungen von Sozialraumanalysen beschrieben.

1.1 Sozialraumorientierung – Sozialräume als Bezugsgrößen und Ressourcenquellen für soziale, gesundheits- und bildungsbezogene Dienste

Sozialraumorientierung ist ein Ansatz, der große Hoffnungen und Erwartungen auslöst. „Wenige Begriffe haben in den vergangenen Jahren die Fachdebatten im Sozial- und Bildungsbereich, aber auch angrenzende Diskussionen so stark mit bestimmt, wie der Begriff des ‚Sozialraums'" (Kessl/Reutlinger 2022, 1). Sozialraumorientierung gilt als „der zurzeit meistdiskutierte Theorie- und Handlungsansatz in der Sozialen Arbeit" (Früchtel/Cyprian/Budde 2012) und wird als ein „zentrales Paradigma sozialarbeiterischer und sozialpädagogischer Praktiken" (Kessl/Reutlinger 2010, 43) betrachtet. Seit nunmehr gut 25 Jahren wird die Sozialraumorientierung zunächst in der Sozialen Arbeit, insbesondere der Kinder- und Jugendhilfe und Jugendarbeit in größerem Umfang praktiziert. In den letzten Jahren fand dieser Ansatz auch größere Resonanz in den Feldern der Gesundheitsversorgung, etwa der Alten- und Behindertenhilfe und der (Sozial-) Psychiatrie, aber auch in weiteren Feldern der Sozialen Arbeit, etwa der Straffälligen- und Wohnungslosenhilfe sowie im Bildungsbereich bei der Weiterentwicklung von Kindertagesstätten, Familienzentren und Ganztagesschulen. Bei der Umsetzung von Quartierskonzepten – sowohl für ältere Menschen mit Unterstützungs- und/oder Pflegebedarf als auch für andere gesellschaftliche Gruppen – geht einer Gestaltung eines sozialen Nahraumes wie bspw. eines Dorfes, einer Gemeinde oder eines Stadtteils sinnvollerweise stets die Analyse dieses Nahraumes und die Identifikation von Bedarfen, Ressourcen, aber auch Barrieren voran. Gerade im Bereich der Gesundheitswissenschaften gewinnen Konzepte des Community (Health) Nursing (vgl. etwa Nies/McEwen 2015; Horstkötter/Trompetter/Dröge 2008), die sich mit der Analyse des Gesundheitszustandes der Bevölkerung sowie der Versorgungs- und Infrastruktur einer Region, einer Kommune oder eines Quartiers befassen, zunehmend auch in Deutschland an Bedeutung, wie es in vielen anderen Ländern – beispielhaft seien hier etwa Kanada, Großbritannien, Finnland oder auch Slowenien genannt – bereits seit langem etabliert ist. Politisch wurde im Koalitionsvertrag der Bundesregierung 2021 das Berufsbild einer „Community Health Nurse" in Deutschland etabliert, ebenso in den Koalitionsverträgen der Länder Berlin, Nordrhein-Westfalen und Schleswig-Holstein. Studiengänge zum Community Health Nursing wurden eingeführt, bei denen Gesundheitsförderung, Prävention und die Begleitung von Individuen und Familien mit (chronischen) Erkrankungen im Zentrum steht.

Somit scheint die Sozialraumorientierung in den Bereichen Soziales, Gesundheit und Bildung ein Reformmodell zu sein, von dem kein Handlungsfeld mehr ausgeschlossen ist. Unter der Zielsetzung und Leitidee „Vom Fall zum Feld" soll eine Individualisierung von Problemlagen überwunden werden und die Potenziale lokaler Nahräume in Angebote mit eingebunden werden. Dabei versuchen sozialräumliche Ansätze (Kessl/Reutlinger 2010, 44):

- *Ressourcen* der Adressat:innen im Kontext sozialer Netzwerke, lokaler Nachbarschaften und lokaler Zusammenschlüsse zu identifizieren und zu erschließen,
- *kleinräumige Unterstützungssysteme* und *Bindungsstrukturen* zu (re-)aktivieren und soziale Netzwerke zu mobilisieren,
- die *Nutzer:innensicht* in den Mittelpunkt zu stellen, um weitere Potenziale zu erschließen,

- verkrustete *institutionelle Strukturen* aufzubrechen und effektivere Formen der Zusammenarbeit zwischen den verschiedenen Akteur:innen zu entwickeln,
- konkrete sozialpolitische *Mitgestaltung* zu realisieren und Teil der Verwaltungsmodernisierung werden, um bessere Angebote zu realisieren.

Dadurch sollen passgenauere Angebote erstellt werden, die durch ihren Orts- und Adressat:innenbezug effektiver und effizienter sind. Oliver Fehren und Wolfgang Hinte (2013, 11) betonen hierbei die Orientierung an den Interessen der Adressat:innen und eine sozialökologische Ausrichtung der Angebote als zentrale Kernelemente (Fehren/Hinte 2013, 11).

Um diese Ziele zu erreichen, wird auf verschiedenen Ebenen gearbeitet:

- Die persönliche Ebene der Adressat:innen: Hier wird Sozialraumorientierung als Gestaltung von Lern- und Erfahrungsfeldern für subjektive *Aneignungs-, Lern- und Partizipationsprozesse* für Adressat:innen verstanden (vgl. Deinet/Reutlinger 2004; 2006; 2014; Deinet et al. 2018; Böhnisch/Münchmeier 1990).
- Die fachliche Ebene der Anbieter:innen: Hier wird Sozialraumorientierung als ein Arbeitsprinzip der kleinräumigen Neujustierung fachlichen Handelns zur Verbesserung der Angebote der Sozialen Arbeit begriffen (vgl. Kessl/Reutlinger 2010, 44).
- Die administrative Ebene: Hier wird Sozialraumorientierung als *administrativ* begründete Hinwendung zu Stadtteilen mit besonderem Entwicklungsbedarf unter besonderer Perspektive der *Stadtentwicklung* aufgefasst (vgl. Deinet 2007, 45; Kessl/Reutlinger 2010, 17).
- Die Ebene der Planung: Hier wird Sozialraumorientierung als Fachkonzept zur besseren Entwicklung und Steuerung von Angeboten sowie zur Gestaltung von Lebenswelten und Arrangements in Wohngebieten betrachtet (vgl. Hinte 2006, 8f., Budde/Früchtel/Hinte 2006).

Sozialraumorientierung ist somit eher ein Paradigma und damit weit mehr als eine Handlungsmethode[1]. Handlungsmethoden beschreiben begründete und systematische Verfahren für eine optimale Zielerreichung fachlichen Handelns (vgl. Engelke/Spatscheck/Borrmann 2016, 332). Der Begriff der Sozialraumorientierung geht weit darüber hinaus, er beschreibt neben Verfahren auch die Rahmenbedingungen, Orientierungen und Haltungen, die auf das methodische Handeln einwirken. Damit scheint der Begriff des Paradigmas hier passender zu sein, der Denkmuster, Modelle, Werte, Regeln und Methoden umfasst (Spatscheck 2009; 2019).

Weder in der Theoriedebatte noch in der alltäglichen Praxis gibt es ein einheitliches Verständnis über Sozialraumorientierung. Der Begriff der Sozialraumorientierung ist „ein sehr schillernder Terminus, der je nach Theorie- oder Entstehungskontext sehr unterschiedlich verstanden wird“ (Spatscheck 2009, 33). Im Theoriediskurs der letzten Jahre lassen sich im Wesentlichen drei Linien erkennen:

– Eine Gruppe um die Autoren Ulrich Deinet, Christian Reutlinger, Fabian Kessl, Richard Krisch, Christian Spatscheck und Lothar Böhnisch versteht Sozialraumorientierung aus einer *Subjekt- und Aneignungsperspektive* heraus.
– Eine Gruppe um die Autoren Wolfgang Hinte, Wolfgang Budde, Frank Früchtel, Gudrun Cyprian, Maria Lüttringhaus und Heiko Kleve versteht Sozialraumorientierung aus einer *Gemeinwesen- und Ressourcenperspektive* heraus.
– Eine Gruppe um das das Modellprojekt INTEGRA der internationalen Gesellschaft für erzieherische Hilfen e.V. (IGFH) (Peters/Koch 2004; Koch/Wolff 2005), das in den Kommunen Celle, Dresden, Erfurt, Frankfurt (Oder) und im Landkreis Tübingen umgesetzt wurde, hat sich insbesondere mit der *praktischen Umsetzung und Gestaltung integrierter Hilfen zur Erziehung* beschäftigt und Empfehlungen und Qualitätsstandards für dieses Feld verfasst.

---

1 Auch wenn in Michael Galuskes Standardwerk „Methoden der Sozialen Arbeit“ (Galuske 2013) die Sozialraumorientierung als eine „Methode der Sozialen Arbeit“ aufgeführt ist.

Auch im Bereich der Gesundheitsversorgung gewinnt das Konzept der Sozialraumorientierung eine große und weiterhin zunehmende Bedeutung, vor allem im Rahmen der Altenhilfe (vgl. etwa van Rießen/Bleck/Knopp 2015). Dörner (2012) spricht in diesem Zusammenhang auch vom „dritten Sozialraum", der sich zwischen dem privaten und öffentlichen Raum etabliert und den er als „Wir-Raum" oder „Raum des Gemeinwohls" bezeichnet, in dem Menschen eine Verantwortung für ihre umgebende Nachbarschaft übernehmen. Dies hat nicht zuletzt auch seine Wurzeln darin, dass nicht nur die Zahl der Menschen mit Pflege- und Unterstützungsbedarf durch den demografischen Wandel zunimmt, sondern gleichzeitig auch der Wunsch nach Selbstbestimmtheit im Alter bei gleichzeitiger Infragestellung institutionalisierter Versorgungslösungen. Dörner (2012) sieht hierin auch eine Anpassung des Prinzips der Familie zu einer „multilokalen Mehrgenerationenfamilie"; die das Prinzip der Blutsverwandtschaft auf das Prinzip der Wahlverwandtschaft ausdehnt und darum herum das alte kulturelle Prinzip der Nachbarschaft oder des Sozialraumes wieder neu belebt.

Je nach Hintergrund werden in der Sozialraumdebatte verschiedene Handlungsprinzipien betont, die für das methodische Handeln orientierend verfolgt werden können. Die folgend genannten Prinzipien beruhen auf Aufstellungen von Hinte (2006, 9), die auch bei Budde und Früchtel (2006) bzw. Kleve (2007, 104-110; implizit auch 2008, 86-91) oder Fehren und Hinte (2013, 17ff.) übernommen wurden.

a) Ansetzen am *Willen* und Wahrung der *Interessensorientierung*: Aus der Gemeinwesenarbeit wird die Perspektive abgeleitet, dass der Ausgangspunkt aller Angebote immer der Wille und die Interessen der betroffenen Menschen sein sollte. Insofern soll sich methodisches Handeln nicht verkürzt an den Wünschen der Fachkräfte oder an vorschnell und naiv definierten „Bedarfen" orientieren, sondern die langfristigen Interessen der Betroffenen in den Vordergrund stellen.
b) *Selbsthilfekräfte und Eigeninitiative* zulassen und fördern: Beim sozialraumorientierten Handeln soll die Aktivierung der eigenen Kräfte der Adressat:innen einen grundsätzlichen Vorrang vor entmündigender oder betreuerischer Tätigkeit haben.
c) *Ressourcenorientierung*: Statt einer pessimistischen und manchmal auch schuldbeladenen Defizitorientierung sollen bei der Ge-

staltung von Hilfe die personalen und die im sozialräumlichen Umfeld verfügbaren Ressourcen zur zentralen Grundlage gemacht werden.

d) *Zielgruppen- und bereichsübergreifende* Orientierung: Anstelle bürokratisch organisierter Hilfeformen, die sich primär an der Eigenlogik der beteiligten Institutionen, Träger und Ämter orientieren, sollen die Angebote zielgruppen- und bereichsübergreifend angelegt werden. Bei diesem auch als „Entsäulung" bezeichneten Vorgehen sollen nicht mehr die institutionellen Strukturen, sondern die konkreten Bedarfe der Adressat:innen im Vordergrund stehen.

e) *Kooperation und Koordination* verschiedener Angebote: Eine zentrale Aufgabe für eine sozialräumliche Arbeit ist die Vernetzung und Integration der verschiedenen Dienste und Beteiligten in einer auf die Fallsituation bezogenen Form. Diese Anforderung an funktionierende Einzelhilfen wird auch mit *Flexibilisierung* (vgl. Budde/Früchtel 2006, 37ff.) bezeichnet: Statt „Hilfen von der Stange" sollen individuelle „Maßanzüge" erstellt werden, die im kooperativen Verbund von Trägern und Institutionen entstehen.

Darüber hinaus wird von Ulrich Deinet (2006; Deinet/Reutlinger 2004; 2014), Richard Krisch (Deinet/Krisch 2006; Oehme/Beran/Krisch 2007) sowie Lothar Böhnisch und Richard Münchmeier (1990) ein weiteres Handlungsprinzip vertreten: Sozialraumorientierung soll Prozesse der *Aneignung* erkennen, fördern und ermöglichen. Im Rückgriff auf die kulturhistorische Schule um den russischen Sozialpsychologen Alexei Nikolajewitsch Leontjew wird das grundlegende Interesse von Individuen betont, sich die soziale und materielle Umwelt zur persönlichen Entwicklung und Lebensbewältigung aktiv anzueignen und das soziale Zusammenleben in diesen Räumen aktiv zu gestalten. Insbesondere Kinder und Jugendliche verwenden oft innovative Strategien der Aneignung, die ihr Umfeld verwundern oder zu Konflikten mit Erwachsenen führen. Da Aneignungsprozesse immer auch Lern- und Bildungsprozesse sind, die auf zunehmendes selbständiges Werden und entdeckendes Handeln ausgerichtet sind sowie der partizipativen Gestaltung sozialer Räume dienen, bieten diese wertvolle Potenziale und Lernfelder, die im Rahmen der Sozialen Arbeit gezielt gefördert und genutzt werden können (Deinet/Reutlinger 2004; 2014). Sozialräumliches Arbeiten bedeutet hier, die über die Aneignung gebildete Lebenswelt der Adressat:innen zunächst genauer zu verstehen und, daran anknüpfend, Aneignungsräume zu schaffen, die noch nicht fertig arrangiert sind, sondern entlang der Interessen und Lebenslagen der Adressat:innen gestaltbar bleiben. Das Konzept der Aneignung hat besonders große Bedeutung für nicht-formelle und informelle Lernarrangements, wie sie etwa in der Kinder- und Jugendarbeit oder der offenen Bildungsarbeit üblich sind (vgl. Deinet/Krisch 2006; Deinet/Reutlinger 2014). Da Aneignungsprozesse für die persönliche Entwicklung, die Befähigung, Motivation und Erfahrung der Selbstwirksamkeit besonders förderlich sind, sollten diese auch in der Erstellung von anderen Angeboten sozialer, gesundheits- und bildungsbezogener Dienste eine noch stärkere Berücksichtigung finden.

Jenseits aller fachlichen Strömungen und unterschiedlichen Entstehungszusammenhänge lassen sich zusammenfassend folgende Gemeinsamkeiten und Minimalforderungen zur Sozialraumorientierung feststellen:

Der Blickwechsel „vom Fall zum Feld". Soziale Probleme und ihre Bewältigung und Verhinderung werden nicht als individualisierte Aufgabe der einzelnen Betroffenen betrachtet, sondern als Aufgabe, die im sozialen und lokalen Nahraum mit vielen Beteiligten gestaltet werden soll. Durch die räumliche Öffnung werden zivilgesellschaftliche und nachbarschaftliche Potenziale ermöglicht, die sonst nicht zur Verfügung stehen würden.

Eine ressourcenorientierte und ermöglichende Haltung. Insbesondere durch eine Haltung der Ressourcenorientierung (Was kann und möchte der/die Adressat:in und sein/ihr Umfeld?) und einer Subjektorientierung (Welche Potenziale hat der/die Adressat:in, wie kann er/sie diese erreichen?) sollen Möglichkeiten erschlossen werden, die durch defizitorientierte Haltungen oder Belehrungen nicht erreicht werden würden.

Die Übernahme einer sozialräumlichen Gestaltungsverantwortung. Statt einer Versäulung und Überspezialisierung ihrer Angebote sollen die freien und öffentlichen Träger sowie weitere Akteur:innen (Schule, Gesundheit, Arbeit, Justiz, etc.) durch eine aktive Vernetzung, Abstimmung und Kooperation eine sozialräumliche Gestaltungsverantwortung gemeinsam mit den Bürger:innen im Sozialraum übernehmen und zusammen an Lösungen und Verbesserungen der Lebensbedingungen arbeiten.

Abstimmung auf Planungsebene. Fachdienste und das Bürger:innenengagement innerhalb eines Sozialraums sollen durch gemeinsame Planung und partizipatorische Verfahren systematisch aufeinander abgestimmt werden, so dass der Welfare Mix aus Staat, Zivilgesellschaft und privaten Akteur:innen besser gestaltet wird und mehr Beteiligung von verschiedenen Akteur:innen entsteht.

Realisierung eines Mehrebenenkonzepts. Erst unter der Zusammenarbeit von Individuen und Familien, nachbarschaftlichen Netzwerken, Organisationen, Trägern und begleitendem Wohlfahrtsstaat kann von Sozialraumorientierung gesprochen werden. Eine Fokussierung auf nur eine der Ebenen wird dem Konzept nicht gerecht.

Neben vielen Hoffnungen, bringt die Umsetzung der Sozialraumorientierung auch verschiedene Herausforderungen und Kritikpunkte mit sich, die bei der Umsetzung mitbedacht und reflektiert werden sollten. In der Fachdebatte lassen sich folgende Hauptkritiklinien der Kontroversen um die Sozialraumorientierung erkennen (vgl. Fehren/Hinte 2013; Bittscheidt/Lindenberg 2013; Sämann 2014; Ausgaben 4-6/2011 der Zeitschrift neue praxis; Sonderheft 2012 der Zeitschrift Standpunkt Sozial):

a) *Lippenbekenntnisse ohne Interesse an Veränderung*: In manchen Projekten wird Sozialraumorientierung propagiert, ohne einen wirklichen Wandel an Angeboten und Trägerstrukturen zuzulassen.
b) *Teilumsetzungen*: Oft werden bei der Einführung von Sozialraumorientierung nur einzelne Aspekte der oben genannten Gemeinsamkeiten und Minimalanforderungen umgesetzt, während andere nicht beachtet werden. Diese verkürzten Formen schöpfen die Möglichkeiten der Sozialraumorientierung nicht voll aus.
c) *Fehlende Strukturen*: Sozialraumorientierung benötigt förderliche Strukturen, die nicht immer gegeben sind. Eine Neuorientierung am Konzept der Sozialraumorientierung benötigt adäquate Förder-, Kooperations- und Teamstrukturen sowie die Ausbildung und Weiterentwicklung einer förderlichen Haltung bei den Beteiligten.
d) *Rechtliche Grenzen*: Die Umsetzung von Sozialraumorientierung stößt in manchen Bereichen an rechtliche Grenzen. So ist z.B. in der Kinder- und Jugendhilfe bis heute umstritten, ob Jugendämter

sogenannte „Schwerpunktträger“ bestimmen dürfen, mit denen sie exklusiv zusammenarbeiten (vgl. „Osnabrücker Urteil“). Und auch die oft diskutierte Vision von neuen Modellen der Angebotsentwicklung durch Sozialraumbudgets stößt immer wieder an rechtliche Grenzen.

e) *Gefahr der Instrumentalisierung für Sparzwecke*: In manchen Konzeptionen von Sozialraumorientierung wird eine Fokussierung auf die Nutzung integrativer Potenziale der infrastrukturellen Regelangebote verfolgt (z.B. Schulen, Kitas, Kinder- und Jugendarbeit) und gleichzeitig die vermeintlich kostenintensiveren einzelfallbezogenen Hilfeangebote (etwa ambulante Hilfen zur Erziehung) abzuschaffen. Diese scheinbare „Alternative“ wird jedoch ohne konkretere Konzepte oder empirische Analysen postuliert und ist deshalb argumentativ recht fragwürdig abgesichert. Zudem käme dies der Einführung einer faktischen Abschaffung von individuellen Rechtsansprüchen auf einzelfallbezogene Hilfen gleich, was fachlich im Sinne einer Schwächung der Rechtsposition der Adressat:innen nicht wünschbar wäre.

f) *Vernahräumlichung von Aufgaben*: Nicht alle sozialen, bildungs- und gesundheitsbezogenen Aufgaben lassen sich auf rein regionaler Ebene lösen. Werden diese zur Bewältigung kategorisch in lokale Nahräume delegiert, entstehen „Raumfallen“: Übergreifende Strukturen geben Verantwortlichkeiten ab, die Probleme werden jedoch nahräumlich nicht gelöst, bleiben aber in ihren Auswirkungen dort sehr wohl vorhanden.

In Anbetracht dieser vielschichtigen Kritikpunkte wird deutlich, dass bei der Umsetzung von Sozialraumorientierung sehr unterschiedliche Interessen verschiedener gesellschaftlicher Akteur:innen zu Tage treten, die bei der Gestaltung von Projekten mit reflektiert und betrachtet werden müssen. Sozialraumorientierung findet nicht in interessen- und machtfreien Feldern statt. Dadurch bleibt es zentral, mögliche unerwünschte Effekte mit zu betrachten und kritisch zu reflektieren.

Letztlich ist der Maßstab einer gelingenden Sozialraumorientierung immer die verbesserte Befähigung jener Menschen, die als Adressat:innen der Angebote erreicht werden sollen, sowie die Schaffung förderlicher Strukturen für diese Aufgabe. Wird dies nicht erreicht, verfehlen sozialräumliche Umgestaltungen ihren Sinn und Zweck.

1.2 Was sind Sozialräume? Leitende Theoriemodelle

Sozialräume sind zentrale Bezugspunkte im Projekt der Sozialraumorientierung. Aber was genau sind Sozialräume und wie können diese adäquat betrachtet und analysiert werden?

In der für dieses Buch zentralen Definition aus der Raumsoziologie werden Sozialräume als „relationale Anordnungen von Lebewesen und sozialen Gütern“ betrachtet, die an gemeinsamen Orten aggregiert sind (Löw/Steets/Stoetzer 2008, 63). Sie bestehen aus Relationen, die aus unterschiedlichen und interagierenden Platzierungen von Menschen und Objekten entstehen.

Es gibt eine lange Tradition der Analyse sozialer Nahräume. Jane Addams (1860-1935) dachte und agierte als Pionierin der stadtteilorientierten Sozialen Arbeit innerhalb der räumlichen Dimensionen ihres Settlements in Chicago (Engelke/Borrmann/Spatscheck 2018, 174-191). Dabei pflegte sie inhaltliche Verbindungen zur sozialräumlich orientierten „Chicagoer Schule der Soziologie” und deren Hauptprotagonisten Robert E. Park und William I. Thomas (Löw/Steets/Stoetzer 2008, 51). In späteren sozialwissenschaftlichen Debatten tauchen zwei prägende Modelle über Sozialräume auf: Das Modell der ökologischen Zonen nach Urie Bronfenbrenner und Dieter Baacke sowie das „Inselmodell“ von Helga Zeiher.

Im Modell der ökologischen Zonen erklärte und beschrieb Dieter Baacke (1984, 85ff.; Deinet 1987, 26-36) die soziale Einbettung der kindlichen Entwicklung in lokale soziale Räume mit einer Bezugnahme auf das ökologische Entwicklungsmodell von Urie Bronfenbrenner (Bronfenbrenner 1979; Grundmann/Kunze 2008, 179). Baacke (1984, 84f.) erweiterte dieses Modell und beschreibt die folgenden Ebenen der sozialen Einbettung menschlicher Entwicklung:

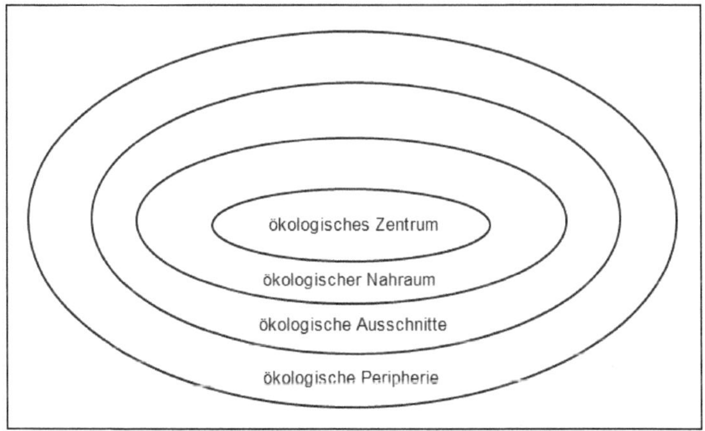

Abbildung 1: Das Modell der ökologischen Zonen nach Dieter Baacke (1984)

- Das „ökologische Zentrum" repräsentiert die Familie und das Zuhause von Kindern als Ort, an dem junge Menschen die wichtigsten persönlichen Bezüge vorfinden und ihre meiste Zeit verbringen.
- Der „ökologische Nahraum" repräsentiert die nähere Wohnumgebung, die es dem Kind ermöglicht, erste Beziehungen außerhalb der Familie in Nachbarschaft, Stadtteil oder einer dörflichen Umgebung zu knüpfen.
- Die „ökologischen Ausschnitte" repräsentieren öffentliche Orte, wie Schulen, Spielplätze, Läden oder Schwimmbäder, die ein bestimmtes soziales Verhalten voraussetzen und dadurch die Entwicklung neuer Fähigkeiten beim Kind befördern.
- Die „ökologische Peripherie" repräsentiert das Feld der Kontakte jenseits üblicher Routinen, etwa Reisen oder Kontakte in andere Räume, die außerhalb von Alltagsroutinen liegen und deshalb neue Fähigkeiten fordern.

Weiterführende Forschungen der 1980er Jahre zeigten jedoch, dass Baackes Konzept der sozialen Einbettung des Aufwachsens von Kindern in konzentrischen Kreisen nicht mehr länger aufrechterhalten werden konnte. Studien von Helga Zeiher (1983) bestätigten zwar Baackes Ideen über „ökologische Nahräume“. Jedoch zeigten sie auch, dass sich diese Nahräume nicht mehr länger als konzentrische räumliche Arrangements bestehen, sondern eher als voneinander getrennte Welten, die adäquater als „Inseln“ bezeichnet werden sollten (vgl. Abbildung 2).

Diese Inseln sind Teile von räumlichen Arrangements, die aber nicht mehr in ihrer Gänze erfahren werden. Kinder erfahren ihre „Wohninsel“ als Zentrum und reisen auf ihrem Weg zu Schulen, Freunden, Verwandten durch andere Sozialräume, die sie nicht als miteinander verbunden erleben (Zeiher 1983, 187). Die Aneignung neuer Inseln erfolgt durch die Ausbildung neuer Netzwerke. Durch die zunehmende Mobilität und Verfügbarkeit verschiedener Transportmittel sowie die Kommunikation über verschiedene Medien erleben Menschen diese Inseln als für sie zusammenhängend, obwohl diese nicht innerhalb von zusammenhängenden geografischen Räumen liegen.

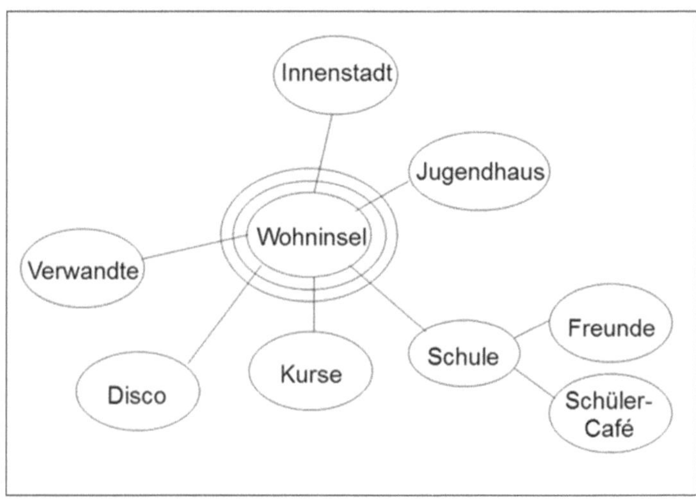

Abbildung 2: Das „Inselmodell“ von Helga Zeiher (1983)

Auf diesen beiden Modellen aufbauend, entstand eine neuere Theoriedebatte um soziale Räume seit den 1990er Jahren. Hauptbezugspunkt neuerer sozialräumlicher Analysen ist die Betonung der wechselseitigen Verbindung zwischen Menschen und ihrer sozialökologischen Umwelt (Löw 2001). Diese Verbindungen werden mit dem Konzept der Relationaliät beschrieben: Räume werden nicht mehr länger als absolute und statische Ganzheiten betrachtet, genauso wenig können sie aber als rein relative Gebilde betrachtet werden (Kessl/Reutlinger 2010, 29). Vielmehr werden Räume als permanente Interaktion zwischen Individuen und ihren Umgebungen betrachtet. Hierbei kommen individuelle, familiäre, gruppenbezogene, organisationelle, regionale, nationale und transnationale Einflüsse zum Tragen. Soziale Räume werden als dynamische soziale Gewebe betrachtet, die aus sozialen und materiellen Praktiken gebildet werden und sich auf verschiedenen Ebenen der Interaktion kontinuierlich reproduzieren und weiterentwickeln.

Sozialräume bestehen somit immer aus einer Doppelstruktur, die sich in zwei unterschiedliche, aber dennoch zusammenhängende Ebenen aufteilen lässt (vgl. Deinet 2007, 113-120; Spatscheck 2009):

- Zum einen die materielle Struktur von Sozialräumen, abgebildet in der sozialstrukturellen und sozioökonomischen Situation, der Wohnsituation und Bebauungsstruktur, Familienstruktur, Bildungssituation, Häufigkeit der Nutzung von Angeboten von Ämtern, Identifizierung sozialer Brennpunkte, etc. Diese materiell-objektiven Rahmen- und Lebensbedingungen in Räumen können eher quantitativ und administrativ erfasst werden. Hier steht eine top-down Perspektive oder Verwaltungssicht im Vordergrund. Bei Sandermann/Urban (2007, 44) wird diese Perspektive auch als „sozialgeografisch-infrastrukturell ausgerichtete Ebene“ bezeichnet.
- Zum anderen die subjektive Perspektive der Bewohner:innen und Akteur:innen, die ihre Sozialräume als individuelle Aneignungsräume verstehen. Hier steht vor allem die persönliche und qualitative Dimension von Räumen im Vordergrund, diese wird anhand individueller Bedeutungs- und Handlungszusammenhänge deutlich, die auch mit dem Begriff der *Lebenswelt* rekonstruierbar werden (vgl. Deinet 2006; 2007; Deinet/Krisch 2006). Bei dieser Sicht stehen die handelnden Subjekte im Vordergrund, die ihre Lebenswelten aus der bottom-up Perspektive betrachten. Bei San-

dermann/Urban (2007, 47) wird diese Perspektive auch als „aneignungstheoretisch-subjektorientierte Ebene“ bezeichnet.

Als Verschränkung dieser beiden Dimensionen wird im sozialräumlichen Paradigma eine interaktive Perspektive betont: Soziale Räume sind keine fertig vorgegebenen „Container“ sondern relationale Anordnungen von Lebewesen, sozialen Gütern und Strukturen an bestimmten Orten, die dynamisch und interaktiv veränderbar sind (vgl. Löw 2001, 271; 2006, 10ff; Kessl/Reutlinger 2010, 23). Im Prozess des „Spacing“ eignen sich Menschen die materiell vorgefundenen Orte an, gehen dabei untereinander Beziehungen ein und machen damit letztlich erst Orte zu Räumen mit ihrer eigenen Qualität (vgl. Deinet 2006, 59). In diesem Sinne können an einem Ort auch mehrere soziale Räume bestehen und auch wieder verschwinden. Dadurch sind Sozialräume immer auch Gesellschafts- und Handlungsräume (vgl. Kessl/Reutlinger 2010, 25).

Im Bereich der Pflege- und Gesundheitswissenschaften werden Sozialräume oder „Communities“ in Analogie zur Definition der WHO (1974, 7) als eine Gruppe von Menschen charakterisiert, „die durch geographische Grenzen und/oder gemeinsame Ziele und Interessen beschreibbar ist und deren Mitglieder sich kennen, miteinander kommunizieren, gemeinsame Werte, Normen und soziale Institutionen haben und schaffen“ (Caesar et al. 2000, 7). Diese Definition umfasst damit sowohl (Horstkötter/Trompetter/Dröge 2008):

- „geopolitische oder phänomenologische Grenzen: Hierunter sind Faktoren zu verstehen, die sich durch die Festlegung der ‚Community‘ auf einen bestimmten Raum und eine bestimmte Zeit ergeben, wie etwa bei der Beschreibung geografischer, administrativer oder politischer Grenzen. Auch Informationen über Bedürfnisse und Lebenslagen, welche die Mitglieder einer bestimmten ‚Community‘ von anderen unterscheiden, zählen dazu.
- die dort lebenden Menschen: Hierzu zählen etwa epidemiologische Daten (z.B. zu Bevölkerungsanzahl und -dichte), demografische Angaben (Alter, Geschlecht, Schulbildung, sozioökonomischer Status), Informationen über die Einbindung der Personen in formelle Systeme (Schulen, Kirchen, Parteien, Gesundheitswesen) und informelle Systeme (Nachbarschaft, Verein, Freundeskreis).

- Beziehungen der Menschen untereinander: Hierunter werden die sozialen Systeme und Normen verstanden, die ein gemeinsames Zusammenleben möglich machen (etwa Informationen über die Sozialisation und die soziale Kontrolle der Mitglieder, Daten zur Produktion, Aussagen zu Kommunikationsprozessen und Gestaltung von Veränderungen etc.).“

Einzelpersonen können damit gleichzeitig Mitglieder verschiedener sozialräumlicher „Communities“ sein.

Um der speziellen sozialräumlichen Dynamik gerecht zu werden, müssen Sozialraum- und Lebensweltanalysen so entwickelt werden, dass sie das interaktive und relationale Zusammenspiel von Individuen mit ihrer Sozialstruktur erfassen können. Das Konzept des sozialen Raums dient hierbei als anschaulicher Begriff und Metapher für eine Verortung der Prozesse. Die soziale Vernetzung von Menschen und deren gegenseitige Angewiesenheit werden hier unter räumlicher Perspektive neu gelesen und interpretiert. Dieser „spatial turn“ ist zurzeit in fast allen Sozial- und Kulturwissenschaften vorfindbar, Raumtheorien finden eine besondere Anerkennung in den verschiedenen Disziplinen (vgl. Dünne/Günzel 2006; Bachmann-Medick 2006, 284-328; Kessl/Reutlinger 2019). Mit der Betrachtung sozialer Räume als relationale Objekte erfolgt eine Abkehr von individualistisch verkürzten Betrachtungsmodellen genauso wie von holistisch geprägten Modellen einer Gesellschaft ohne Individuen (vgl. Staub-Bernasconi 2007, 160).

1.3 Varianten von Sozialraumanalysen: Problem- und Ressourcenanalysen, Konzeptentwicklung und Praxisforschung

Sozialraumanalysen können sowohl für Situationsanalysen, die Angebots- und Konzeptentwicklung als auch in der Praxisforschung genutzt werden (Spatscheck 2009). Wie Galuske (2013, 28ff.) verdeutlicht, findet methodisches Handeln nicht in einem neutralen Raum statt, sondern bezieht sich immer auf implizite oder explizite Konzepte und Theoriemodelle, die die Ziele des Handelns im Sinne eines „woraufhin“ konkretisieren.

In Bezug auf die Soziale Arbeit ist eine gängige Gegenstandsbestimmung jene des Verhinderns und Bewältigens gesellschaftlich definierter sozialer Probleme (vgl. Staub-Bernasconi 2007, 180; Engelke/Spatscheck/Borrmann 2016; Puhl 1996, 175; Klüsche 1999, 37). Soziale Probleme – und hierzu zählen wir im Folgenden auch gesundheitliche Problemlagen – können in zweierlei Hinsicht betrachtet werden (vgl. Staub-Bernasconi 2007, 180-187): Zum einen haben sie eine soziale Dimension, Menschen sind in ihrer Entwicklung auf ein förderliches soziales Umfeld angewiesen. Und zum anderen sind soziale Probleme durch soziale Mechanismen, etwa verbauten Zugängen zu Ressourcen oder illegitime Machtverhältnisse, begründet. Soziale Probleme sind somit praktische Probleme, die Individuen mit ihrer sozialen Einbindung und ihrem Rollenstatus in sozialen Systemen haben.

Diese Gegenstandsdefinition ist auch in weiten Teilen übertragbar auf Pflege- und Gesundheitswissenschaften. Für gesundheitsbezogene Dienste zeigt sich der Gegenstand der Förderung und Entwicklung von Gesundheit in einem umfassenden Sinne sowie der Gestaltung gesundheitsfördernder Lebensbedingungen. Und für den Bereich der bildungsbezogenen Dienste lässt sich der Gegenstand der Bildung und Erziehung der Adressat:innen als Hauptgegenstand benennen.

In der aktuellen Sozialraumdebatte wird zwischen fallspezifischer, fallübergreifender und fallunspezifischer Arbeit unterschieden (vgl. Galuske 2013, 300f.). Fallspezifische Arbeit ist die direkte Einzelfallarbeit, die an der Lösung oder Minimierung bereits vorliegender sozialer Probleme arbeitet. Dieses Konzept ist in der Sozialen Arbeit vertreten durch die klassische Einzelfallhilfe. Fallübergreifende und fallunspezifische Arbeit hingegen setzen eher an der präventiven Verhinderung und Minimierung sozialer Probleme auf einer sozialstrukturellen und gemeinwesenbezogenen Ebene an, die über den Einzelfall hinausreicht. Diese Perspektive wäre eher in der Jugend- und Gemeinwesenarbeit oder in fördernden Angeboten wie der Familienbildung üblich.

Im Kontext des sozialräumlichen Paradigmas wird deutlich, dass eine Trennung in diese drei Arbeitsebenen nicht mehr länger haltbar ist, die wirksame Lösung und Verhinderung sozialer Probleme erfordert die verschränkte Perspektive aller drei Ebenen.

Für die Pflege- und Gesundheitswissenschaften herrscht Konsens, dass eine qualitativ hochwertige Gesundheitsversorgung unabdingbar einer fundierten praxisnahen Forschung und der Evidenzbasierung bedarf. Nichtsdestotrotz ist die Pflegewissenschaft und die empirische Pflegeforschung in Deutschland noch eine vergleichsweise junge akademisch orientierte Disziplin, die sich erst langsam ihrer Bedeutung als einer übergreifenden forschungsorientierten Disziplin bewusst wird. Die Agenda Pflegeforschung (Behrens et al. 2012, 3) formuliert: „Einigkeit herrscht auch darin, dass eine Lösung der pflegerischen Versorgungsprobleme der nächsten Jahrzehnte nur dann möglich sein wird, wenn die in Deutschland vorherrschende Verengung der Pflege und des Pflegebegriffs auf Unterstützung bei körperorientierten Selbstversorgungseinbußen überwunden und das Aufgabenspektrum der Pflege um präventive, rehabilitative, beratende, anleitende, edukative und versorgungssteuernde Aufgaben erweitert wird." In dieser Beschreibung klingt bereits an, dass auch in den Gesundheitswissenschaften die Verschränkung der oben genannten drei Ebenen als notwendig und wesentlich angesehen wird.

1.3.1 Problem- und Ressourcenanalysen

Sozialraum- und Lebensweltanalysen zielen darauf ab, die Ressourcen, Potenziale, Probleme und Herausforderungen in sozialen Räumen zu erkennen und diese für die Lösung, Minimierung, Vermeidung und Verhinderung sozialer Probleme bzw. relevanter Aufgaben im Gesundheits- und Bildungswesen nutzbar zu machen. In diesem Sinne sind Sozialraum- und Lebensweltanalysen auch immer Verfahren sozialer Diagnostik (vgl. Heiner 2004; Pantucek 2019), die im Sinne von Problem- und Ressourcenanalysen (vgl. Geiser 2015) eingesetzt werden. Sozialraum- und Lebensweltanalysen weichen jedoch von den klassischen Verfahren sozialer Diagnostik aus der Einzelfallarbeit dadurch ab, dass sie nicht nur fallspezifische Merkmale erfassen, sondern die Adressat:innen über den Einzelfall hinausgehend fallübergreifend und fallunspezifisch in ihrem Sozialraum erfassen und betrachten. Gängige Verfahren für Sozialraum- und Lebensweltanalysen finden sich im Lehrbuch „Der sozialräumliche Blick in der Jugendarbeit" von Ulrich Deinet und Richard Krisch (2006), im „Methodenbuch Sozialraum" von Ulrich Deinet (2009) und im „Fieldbook" zu Methoden und Techniken der Sozialraumanalyse bei Frank Früchtel, Wolfgang Budde und Gudrun Cyprian (2012).

Sozialraum- und Lebensweltanalysen können in Rahmenkonzepte für methodisches Handeln eingebettet werden. Zum methodischen Handeln liegen mehrere Rahmenkonzepte vor, insbesondere folgende sind für sozialraumorientiertes Arbeiten besonders anschlussfähig:

a) Im Rahmen des Modells des *methodischen Handelns in der Sozialen Arbeit* und der *Konzeptentwicklung nach Hiltrud von Spiegel* (2021) können sozialräumliche und lebensweltbezogene Aspekte insbesondere bei der Erfassung des sozialräumlichen Umfelds (Wohnumfeld, Einzugsgebiet, Gruppen, Milieus und Szenen, weitere Einrichtungen und Angebote) genutzt werden. Hiltrud von Spiegel (2021, 190) schlägt hier die Erstellung von Karten mit Informationen und Fotos über Territorien, Barrieren, Treffpunkte und wichtige Einrichtungen vor. Auch für die in ihrem Modell vorgesehene Erwartungssammlung der Beteiligten (vgl. von Spiegel 2021, 193), der Analyse der Rahmenbedingungen des sozialräumlichen und institutionellen Umfelds (vgl. von Spiegel 2021, 109), der räumlichen Zugänglichkeit und der Erfassung von Nutzungshürden (vgl. von Spiegel 2021, 147) sowie bezüglich der Situations- und Problemanalyse mit den Adressat:innen (vgl. von Spiegel 2021, 114) bieten sich die in diesem Band präsentierten Verfahren für Sozialraum- und Lebensweltanalysen als bereichernde Verfahren an.
   Das Modell zur Konzeptentwicklung von Hiltrud von Spiegel wird in diesem Buch später aufgegriffen. Im Kapitel 4 werden das Modell und konkrete Umsetzungsbeispiele erläutert. Die hier folgend dargestellten Modelle dienen der Ergänzung und der Darstellung weiterer Möglichkeiten.
b) Innerhalb der *Didaktik/Methodik Sozialer Arbeit nach Johannes Schilling* (2020) können Sozialraum- und Lebensweltanalysen vor allem im Rahmen von didaktischen Bedingungsanalysen eingesetzt werden. Um Lehr- und Lernsituationen besser planen zu können, schlägt Schilling vor, durch Bedingungsanalysen zum einen die Situation der Lehrenden/Helfenden zu erfassen (vgl. Schilling 2020, 65-69; dort unterteilt in „interne Faktoren“ und Ressourcen innerhalb der Einrichtung sowie „externe Ressourcen und Faktoren“ aus dem Umfeld) sowie zum anderen der Lernenden/Hilfebedürftigen (vgl. Schilling 2020, 69-75; unterteilt in individuell-persönliche und sozio-kulturelle Voraussetzungen). Für

eine Vollständigkeit der Analyse, sollten die sozialräumlichen und lebensweltlichen Bezüge der Beteiligten konsequent mit einbezogen werden. Darüber hinaus können diese Informationen auch bei der Zielentwicklung (vgl. Schilling 2020, 97-132) sowie bei der abschließenden Konzeptentwicklung (vgl. Schilling 2020, 219-250) strategisch mit berücksichtigt werden. Schilling selbst schlägt für sozialräumliche Analysen das Zonen-Modell von Baacke (1984, 85ff.) vor, für eine noch stärker sozialraumbezogene Ausrichtung können die in diesem Buch im Kapitel 2 vorgestellten Analysemethoden deutliche Erweiterungen bringen.

c) Beim Verfahren der *Problem- und Ressourcenanalyse nach Kaspar Geiser* (2015) können die Methoden der Sozialraum- und Lebensweltanalyse dazu eingesetzt werden, die vorgesehenen Analysen zur „Ausstattung von Individuen“ (vgl. Geiser 2015, 93-150), zu „sozialen Austauschsituationen“ (vgl. Geiser 2015, 187-202), „sozialen Machtbeziehungen“ (vgl. Geiser 2015, 203-251) sowie zur Analyse von in Sozialräumen „geteilten Normen und Werten“ (vgl. Geiser 2015, 251-289) noch umfassender und kriteriengeleitet vornehmen zu können.
d) Im Kontext des Modells eines *systemischen Case Managements nach Heiko Kleve et al.* (2021), lassen sich Methoden der Sozialraum- und Lebensweltanalysen vor allem für die Kontextualisierung von „lebensweltlich-familiären Hilfekontexten“ sowie „Hilfesystem-Kontexten“ (vgl. Kleve et al. 2021, 106f.), zur Erfassung und Beschreibung der vorliegenden „bio-psycho-sozialen Probleme“ (vgl. Kleve et al. 2006, 108), der Ermittlung von persönlichen, lebensweltlich-sozialen, gemeinwesenbezogener und sozioökonomischen Ressourcen (vgl. Kleve et al. 2021, 110) nutzen. Dieses systemische Modell geht bereits aus theorieimmanenten Gründen von einer starken Ressourcenperspektive aus und schärft den Blick auf sozialräumliche Potenziale durch methodische Hilfsmittel, wie etwa den Einsatz von Netzwerkkarten (vgl. Kleve et al. 2021, 72). Die weitere Einbindung sozialraumorientierter Sichtweisen wird bei Kleve (2007, 104-110) noch deutlicher konkretisiert und kann durch dieses Buch sicher weiter inspiriert werden.
e) Auch für Verfahren des *hermeneutischen und multiperspektivischen Fallverstehens* (vgl. exemplarisch Müller 2017) können Methoden der Sozialraum- und Lebensweltanalysen den verste-

henden Blick auf die Situation verbessern. Wenn sozialräumliche und lebensweltliche Bezüge bei den bei Müller genannten Perspektiven eines „Fall von, Fall für, Fall mit“ in das Verständnis einer Fallsituation mit einfließen, können die von ihm erläuterten Schritte bei der Anamnese, Diagnose, Intervention und Evaluation umfassender und noch stärker in dem von ihm propagierten verstehenden und multiperspektivischen Blick eingesetzt werden.

Für die Analyse gesundheitlicher Daten in Quartiers- bzw. Lebensweltbezügen liefern die aus dem US-amerikanischen Raum stammenden Modelle für „Community-Assessments“ hilfreiche Konzepte und Verfahren. Nach Helvie (1997, 169) sind diese Modelle Grundvoraussetzung, um überhaupt in einem formalen Rahmen systematisch agieren zu können „An Assessment model is important because it provides a format for data collection. This ensures that the data are collected in a systematic way.“ Beispielhaft soll das „Community-Assessment-Wheel“ (Neumann 1989) hier kurz skizziert werden, das auf einem „Community as Partner“-Modell beruht und Gesundheit als ein System von interagierenden Strukturen und Personen(gruppen) modelliert.

In dem „Community as Partner“-Modell werden acht gesellschaftliche Subsysteme mit ihren Strukturen (Umwelt, Bildung, Sicherheit & Verkehr, Politik & Regierung, Gesundheit & Soziales, Kommunikation, Wirtschaft, Schulung) betrachtet (vgl. Abbildung 3). Im Zentrum dieses Modells steht der betrachtete Sozialraum als Community, d.h. alle Menschen mit zugehörigen Wertvorstellungen, ihrem jeweiligen Werdegang (insbesondere gesundheitliche Entwicklungen) aber auch den zugehörigen soziodemografischen Aspekten. Diese betrachtete Gruppe von Personen wird sowohl von den dargestellten acht gesellschaftlichen Subsystemen beeinflusst, übt auch umgekehrt Einfluss auf diese Subsysteme aus. Das Modell impliziert dabei, dass auf neue aber auch alltägliche Belastungen mit einer gewissen Flexibilität reagiert werden kann, um auf be- aber auch entlastende Faktoren reagieren zu können.

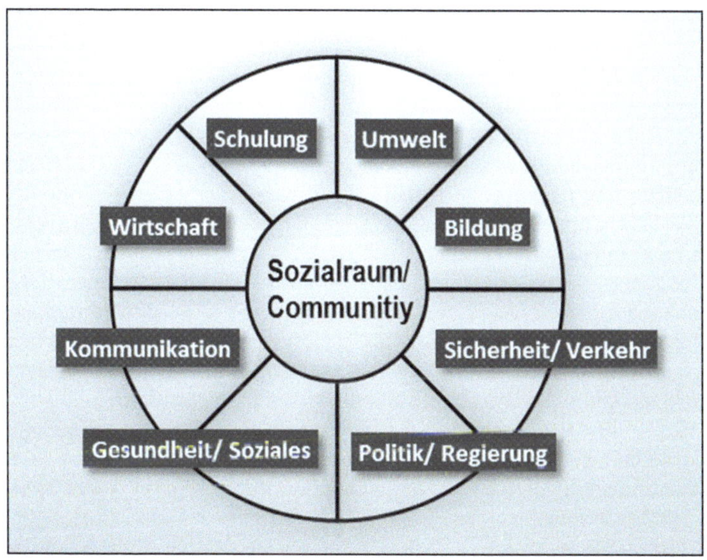

Abbildung 3: Community as Partner Model – Assessment Wheel (Darstellung in Anlehnung an Anderson/McFarlane 2010, 173f.)

Weitere bekannte Modelle zur Erfassung von gesundheitsbezogenen Informationen in sozialräumlichen Kontexten lassen sich in den Konzepten des „Community-as-system" (Smith/Maurer 1995) oder der „Alliance-for-community-health-assessment" (Klainberg et al. 1998) finden.

Für alle der fünf hier genannten methodischen Rahmenverfahren gilt ebenso wie für das gesundheitsbezogene „Community as Partner"-Modell: Erst wenn die sozialräumliche und lebensweltliche Situation und die Potenziale aller Beteiligten in einer umfangreichen und vielschichtigen Weise erfasst werden, kann daran anschließend eine begründetere Ermittlung von Zielen, Mitteln und Evaluationen der Intervention erfolgen. Weil methodisches Handeln möglichst viele Aspekte und Dimensionen sozialer Probleme erfassen soll, ist es auf den sozialräumlichen und lebensweltlichen Blick essenziell angewiesen.

1.3.2 Konzeptentwicklung

Im Sinne einer Umsetzung der Leitgedanken der Sozialraumorientierung können Sozialraumanalysen zur Konzeptentwicklung für die soziale, gesundheits- und bildungsbezogene Angebotsentwicklung und -gestaltung herangezogen werden. Hiltrud von Spiegel (2021, 187ff.) schlägt hierbei folgende Arbeitsschritte vor: Nach einer Analyse der Ausgangssituation von Träger, Umfeld und Zielgruppen wird eine Erwartungssammlung erstellt, diese wird im Kontext der eigenen fachlichen Rolle reflektiert und auf dieser Grundlage werden dann konzeptionelle Ziele inklusive Konsensen und Dissensen formuliert. Diese werden dann zu konkreten Handlungsschritten inklusive einer Beschreibung der Arrangements, Handlungsregeln und einsetzbarer Ressourcen operationalisiert und als gestaltbare Schlüsselsituationen ausformuliert, umgesetzt und reflektiert. Wie diese Phasen konkreter gestaltet werden können und wie Informationen aus Sozialraumanalysen hier eingebracht werden können, wird in Kapitel 4 ausführlicher beschrieben werden.

1.3.3 Praxisforschung

Neben ihrer Rolle als Verfahren zur sozialen Diagnostik stehen Sozialraum- und Lebensweltanalysen auch immer in besonderer Nähe zu den Methoden der empirischen Forschung in der Sozialen Arbeit (vgl. Riege/Schubert 2005, 8). Eigenständige Verfahren der empirischen Sozialarbeitsforschung spielen im Rahmen der Theorieentwicklung der Sozialen Arbeit eine zunehmende Rolle (vgl. Otto/Oelerich/Micheel 2003; Schweppe/Thole 2003; Engelke et al. 2007; für den englischsprachigen Raum: Fortune/Reid 1998; Kirk/Reid 2002; Brekke/Anastas 2019).

Der Transfer zwischen Forschung und Praxis scheint jedoch weiterhin eine starke Herausforderung darzustellen. Noch immer ist bei vielen Praktiker:innen und Studierenden eine Skepsis gegenüber Theorie und Forschung zu vernehmen, in Studien wird diese auch belegt (vgl. etwa für die Soziale Arbeit Ackermann/Seeck 1999). Der Habitus von Forschenden und von Praktizierenden scheint nicht immer vereinbar; so bleibt oft ungeklärt, wie Theorie und Praxis zueinander finden sollen (vgl. von Spiegel 2021).

Wie könnte mit den bestehenden Rollenunterschieden zwischen Forschung und Praxis produktiver umgegangen werden? Ein möglicher Ausweg könnte sich durch das Verfahren einer „integrierten Praxisforschung" darstellen, welches von Konrad Maier und Peter Sommerfeld (2005, 209; Sommerfeld 2007, 336f.; Maier 2007) formuliert wurde. Hier wird ein Verfahren formuliert, bei dem empirische Forschung, systematische Theorieentwicklung und konkrete praxisbezogene Konzeptentwicklung in Projekten der Forschung und Praxisentwicklung miteinander verbunden werden. Dabei entstehen Konzeptentwicklungen in enger Kooperation zwischen Wissenschaft und Praxis, die direkt auf Forschungsergebnissen aufbauen. Aus der Forschungstätigkeit und den Ergebnissen der Evaluation der gemeinsam entwickelten Praxisprojekte können begründete wissenschaftliche und theoretische Aussagen entwickelt werden. Dabei entstehen neue Beiträge zur Theorieentwicklung der Sozialen Arbeit, die weiterführende Aussagen über konkrete Arbeitsfelder liefern und die darin wirksamen Zusammenhänge wissenschaftlich erfassen können. Ein Beispiel für ein solches kooperatives Projekt im sozialräumlichen Kontext ist das Forschungs- und Praxisprojekt „Quartiersaufbau Rieselfeld" in Freiburg i. Br. (vgl. Maier/Sommerfeld 2005).

Konrad Maier (2007, 326) verdeutlicht, wie mit dem Verfahren der integrierten Praxisforschung auch das traditionell hierarchische Verhältnis zwischen Wissenschaft und Praxis radikal hinterfragt wird. Implizit knüpft das Konzept der integrierten Praxisforschung an das bereits Mitte der 1990er Jahre von Michael Gibbons und Kolleg:innen (1994) formulierte Modell einer neuen Form der Wissensproduktion an, die sich grundlegend von der klassischen hochschulbezogenen Forschung und den traditionellen Hierarchien zwischen Theorie und Praxis abhebt. Michael Gibbons und seine Kolleg:innen unterscheiden zwischen traditioneller akademischer Forschung, die durch Forschende initiiert wird und streng auf die akademischen Disziplinen fixiert bleibt; diese Art von Forschung wird von dem Autor:innenteam als „Modus 1" bezeichnet. Die neue Form von Wissensproduktion, von den Autor:innen mit „Modus 2" umschrieben, versteht sich hingegen als primär problemzentriert und interdisziplinär, die Forschungsgegenstände müssen nicht „passend" zu einer Wissenschaftsdisziplin „gemacht werden", sondern werden über die disziplinären Grenzen hinweg entlang der vorfindbaren Gegenstände und Phänomene erforscht.

Dieses neue Verständnis von Forschung, Theoriebildung und Praxis erscheint gerade für die Soziale Arbeit besonders interessant. Als transdisziplinäre Handlungswissenschaft (vgl. Staub-Bernasconi 2017) integriert die Soziale Arbeit schon seit jeher die Zugänge und Erkenntnisse verschiedenster Disziplinen und Professionen bezogen auf den Gegenstand sozialer Probleme. Gerade weil die Soziale Arbeit schon immer eine größere Nähe zu integrativen, problemzentrierten und interdisziplinären Zugängen aufweist, könnten diese Zugänge auch für die sozialräumliche und lebensweltorientierte Praxisforschung und Entwicklung besonders fruchtbar sein. Darüber hinaus könnten Projekte dieser Art systematisch in die Lehre an den Hochschulen eingebunden werden und dort positive Akzente setzen.

Ähnliches gilt sicher auch für den Bereich der Pflege- und Gesundheitswissenschaften, da sich insbesondere die Pflege und damit auch die zugehörige pflegewissenschaftliche Forschung in realen Versorgungssituationen immer in einem multiprofessionellen Setting bewegen. Pflege bzw. „Community Health Nursing“ kann damit als Bindeglied zwischen Versorgten und dem Netzwerk der Versorgenden fungieren und damit auch entscheidende versorgungssteuernde Aufgaben übernehmen (Wolf-Ostermann 2014).

1.4 Wichtige Grundhaltungen

Vor dem Hintergrund obiger raumtheoretischer Grundlegungen sollten Sozialraumanalysen entlang einer Perspektive der gelingenden Lebensführung und Lebensbewältigung und den dabei wirksamen Dynamiken ausgerichtet werden (Deinet 2009, 56). Für die Umsetzung lassen sich folgende Grundhaltungen identifizieren, die Sozialraum- und Lebensweltanalysen unterstützen können (Spatscheck 2012; 2013; 2019):

a) Ein *Forschender Habitus*: Sozialraum- und Lebensweltanalysen sind Verfahren einer alltäglich anwendbaren Praxisforschung. Die hierzu nötigen Methoden können im Arbeitsalltag von Praktiker:innen niedrigschwellig und handlungsleitend angewandt werden. Um einen fundierten Erkenntnisgewinn für die Beteiligten zu erreichen, ist eine Haltung der Neugierde und der Offenheit für neue Entdeckungen unerlässlich. Darüber hinaus können die methodologischen Standards und Verfahren der qualitativen und quantitativen Forschung dazu genutzt werden, forschende Zugänge auch auf anwendungsbezogene und alltäglich vorfindbare Settings anzuwenden. Der dabei eingenommene „sozialräumliche Blick" sollte helfen, zwischen den Perspektiven von Forschung und Praxis zu vermitteln (Deinet 2009, 59).

b) *Reflexivität*: In sozialräumlichen Kontexten kommen Wirkungen von Macht, Differenz, sozialen Erwartungen und verinnerlichten Rollen, Werten und Normen zum Tragen. Aus berufsethischer Sicht ist es zentral, die Angemessenheit von Denkweisen und Verhalten der Fachkräfte und der Adressat:innen zu diesen Aspekten kontinuierlich zu reflektieren. Dies sollte sowohl die eigene Person mit ihren Bildern und Haltungen als auch die Gestaltung von Rollen, Mandaten und Aufträgen umfassen. So können unangemessene Zuschreibungen und illegitime Machtausübungen thematisiert und verhindert werden (Kessl/Reutlinger 2010, 33).

c) Eine *entwickelnde und ermöglichende Perspektive*: Ausgehend von Sozialraum- und Lebensweltanalysen können begründete Verfahren, Konzepte und Vorhaben entwickelt werden, um die Bedingungen und Möglichkeiten einer gelingenden Lebensführung der Beteiligten zu erweitern (Homfeldt/Reutlinger 2009; Reutlinger/Wigger 2008). Mit Bezug auf Rechte, Bedürfnisse und Anliegen der Beteiligten kann im Kontext von Sozialraumanalysen diskursiv und partizipatorisch geklärt werden, welche Angebote am Passendsten erscheinen, um die Lebensbedingungen für möglichst viele der Beteiligen konkret zu verbessern. Unter dem Gesichtspunkt der Förderung von Verhältnissen der Aneignung sollten beteiligte Personen befähigt werden, ihre Interessen und Potenziale zu entwickeln und diese in räumlichen Settings zu realisieren (Deinet/Reutlinger 2004). Um diese Prozesse zu unterstützen, sollten räumliche Settings so mitgestaltet werden, dass sie diese Ziele unterstützen.

d) *Die Einnahme einer verstehenden Haltung*: Die Rekonstruktion lebensweltlicher Zusammenhänge durch qualitative Zugänge erfordert ein hohes Maß an Offenheit und Neugierde sowie ein aufrichtiges Interesse an der Begegnung und Auseinandersetzung mit dem alltäglich gelebten Leben der Beteiligten. Auf dieser Grundlage können tiefere persönliche und inhaltliche Zugänge zu Lebenswelten gefunden werden.

e) *Eine empirische Herangehensweise*: Die Erhebung und Analyse qualitativer und quantitativer Daten erfordert einen sorgsamen und kriteriengeleiteten Umgang beim Erfassen, Messen und Erklären von Zusammenhängen. Um den Analysen hohe Qualität und Relevanz zuschreiben zu können, ist es erforderlich, die Verfahren der empirischen Forschung anzuwenden und deren Gütekriterien zu gewährleisten.

Darüber hinaus sollten bei der Betrachtung von Sozialräumen zwei verkürzende Formen der Betrachtung vermieden werden (Kessl/Reutlinger 2010, 50):

- *Symbolische Inszenierungen*: Manchmal erscheint es nützlich, bestimme Sozialräume in besonders drastischer und negativer Weise als „arm“, „vernachlässigt“ oder „gefährlich“ zu etikettieren, etwa um mehr Fördermittel für Entwicklungs- und Gestaltungsaufgaben zu erhalten. Diese Zuschreibungen sind jedoch höchst ambivalent, sie führen zur Stigmatisierung ganzer Gegenden und schaffen dadurch oft neue Probleme und Vorurteile, die eine positive Entwicklung auf längere Sicht erschweren.
- *Homogenisierungen*: Oft werden in Beschreibungen von Räumen die Eigenschaften von wenigen Bewohner:innen auf die ganze Stadtteile und Nachbarschaften übertragen. Um solche verkürzenden Generalisierungen zu vermeiden, ist es nötig, zu differenzieren, welche Eigenschaften welchen Gruppen oder räumlichen Arrangements zugeschrieben werden können.

Um vorschnelle und pauschale Urteile zu vermeiden, ist es geboten, räumliche Eigenschaften und Raumwahrnehmungen immer wieder auf ihre Korrektheit zu reflektieren und die beteiligten Mandate, Interessen und Aufträge zu reflektieren.

2. Sozialräumliche Daten erheben

In ein Design einer Sozialraumanalyse können sehr unterschiedliche Erhebungsmethoden einbezogen werden. Mit der Erhebungsmethode wird immer auch der zu betrachtende Gegenstand, der Ausschnitt eines bestimmten Blickwinkels und eine bestimmte Art und Weise der Betrachtung mit festgelegt. Aus diesem Grund sollten die Erhebungsmethoden sorgfältig und begründet ausgewählt werden. Als Grundsatz gilt hierbei stets:

Die Fragestellung bestimmt die Methode.

Erst im Anschluss an diese Klärung erfolgt die Wahl von Erhebungsmethoden und nachfolgender Auswertungsmethodiken.

Für die Wahl der Erhebungsmethoden schlagen wir folgenden Ablauf vor:

a) Klärung der Fragestellung: Was möchte ich und was möchten die weiteren Beteiligten wissen? Welches Erkenntnisinteresse ist mit im Raum? Wie können die Fragestellungen gut und klar formuliert werden?
b) Klärung des Entstehungs- und Verwertungszusammenhangs: Warum soll etwas erfasst werden? Was ist die Ausgangslage meines Forschungsinteresses und wozu dienen die erzielten Ergebnisse?
c) Gegenstandsklärung: Anhand welcher Beobachtungsgegenstände kann ich Informationen zu meiner Fragestellung erhalten? Welche Gegenstände möchte ich betrachten? Wie sind diese beschaffen?
d) Zugänge: Welche Zugänge sind zu meinen Beobachtungsgegenständen adäquat? Wie kann ich realisierbare Wege der Datenerhebung und Auswertung schaffen, die pragmatisch und realistisch umsetzbar sind? Auf welche Ressourcen, Motivationen und Interessen kann ich dabei bei mir und anderen bauen, auf welche nicht?

e) Ethische Betrachtungen: Sind die gewählten Zugänge ethisch vertretbar? Dient eine Erhebung und Auswertung der Daten den Beteiligten und ihren Interessen? Wessen andere Interessen sind hier mit verwickelt?

Grundsätzlich können aus der empirischen Sozial-, Gesundheits- und Bildungsforschung heraus betrachtet zwei unterschiedliche Verfahren der Datenerhebung und -auswertung genutzt werden. Zum einen sind dies die Verfahren der qualitativen Sozialforschung, die als rekonstruktive und verstehende Verfahren die qualitativen Aspekte von betrachteten Menschen und Gegenständen erfassen und die subjektive und persönliche Sichtweise der Akteur:innen mit einbeziehen. Diese Verfahren werden im Folgenden unter Kapitel 2.1 als qualitative Erhebungsmethoden für Sozialraumanalysen beschrieben. Zum anderen sind dies die Verfahren der quantitativen Sozialforschung, die die quantitativen Aspekte von betrachteten Menschen und Gegenständen erfassen und dabei einen Schwerpunkt auf objektiv messbare Eigenschaften und verallgemeinerbare Aussagen legen. Diese Verfahren werden im Folgenden unter Kapitel 2.2 als quantitative Erhebungsmethoden für Sozialraumanalysen beschrieben.

Unabhängig davon, ob qualitative oder quantitative Verfahren der empirischen Forschung Verwendung finden, soll jedoch auf die Bedeutung eines systematischen Ansatzes hingewiesen werden, um als Ergebnis tatsächlich sinnvolle und interpretatorisch belastbare Erkenntnisse zu erzielen: „*Empirische Sozialforschung ist die systematische Erfassung und Deutung sozialer Erscheinungen. Empirisch bedeutet, dass theoretisch formulierte Aussagen an spezifischen Wirklichkeiten überprüft werden. ‚Systematisch‘ weist darauf hin, dass dies nach Regeln vor sich gehen muss. Theoretische Annahmen und die Beschaffenheit der zu untersuchenden Realität sowie die zur Verfügung stehenden Mittel bedingen den Forschungsablauf*“ (Atteslander 2003, 5).

Grundsätzlich lassen sich Unterschiede von Verfahren der qualitativen und quantitativen empirischen Forschung damit beschreiben, dass qualitative Ansätze theoriegenerierend sind und i. a. eher auf der Beschreibung von Einzelfällen beruhen, wohingegen quantitative Ansätze immer theoriebasierend sind und der Beschreibung von Gruppen/Populationen dienen (vgl. Abbildung 4).

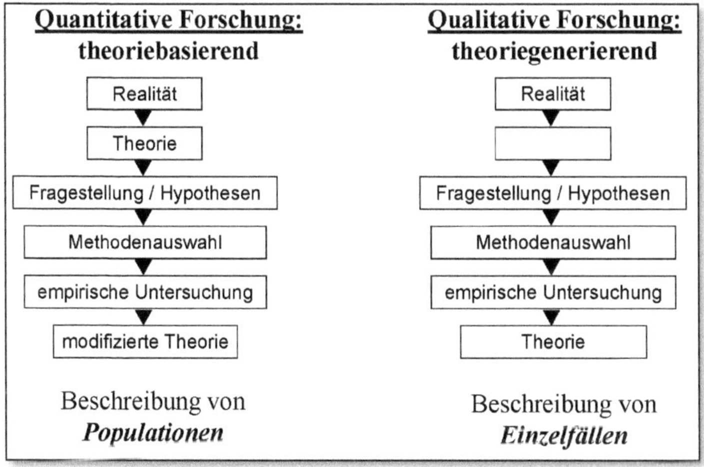

Abbildung 4: Schematische Darstellung qualitativer und quantitativer Forschungsansätze (eigene Darstellung)

Die Durchführung eines empirischen Forschungsvorhabens – wie z.B. einer Sozialraumanalyse – beschränkt sich dabei also nicht auf die reine Anwendung qualitativer oder quantitativer Forschungsinstrumentarien – dem „wie" der Forschung – sondern beginnt weit im Vorfeld mit der Beantwortung der leitenden Forschungsfragen zum „was bzw. wer" und „warum". Entsprechend ist das Forschungsvorhaben auch nicht mit der Sammlung/Erhebung von Informationen bzw. Daten abgeschlossen, sondern beinhaltet auch eine adäquate Auswertung dieser Informationen und letztendlich auch die Dokumentation und/oder Präsentation der erzielten Ergebnisse.

Obwohl wir in diesem Buch die Ansätze für eine bessere Unterscheidung und Systematik getrennt beschreiben, plädieren wir gegen eine strikte und dogmatische Trennung qualitativer und quantitativer Forschungszugänge und schlagen auch für Sozialraumanalysen einen „Mixed Methods Approach" (vgl. Creswell 2013; Flick 2011, 42; oder für Sozialraumanalysen auch Riege/Schubert 2005) vor, der gegenstandsangemessene Brücken zwischen diesen Traditionen schlägt. Wie im vorigen Kapitel erläutert, sind Sozialräume besser erklärbar, wenn sowohl die subjektiven lebensweltlichen Sichtweisen als auch die quantitativ-strukturellen Rahmenbedingungen in einer Zusammenschau berücksichtigt werden. In diesem Sinne plädieren wir für die Überlegung, Sozialraumanalysen mit einem „Mixed Methods Approach“ zu entwickeln, der diese Perspektiven integriert. Nach Creswell (2013) werden hierzu quantitative und qualitative Daten zunächst getrennt anhand der jeweiligen Gütekriterien erhoben, getrennt analysiert, vor einer Zusammenführung zueinander gewichtet und durch eine analytische Zusammenschau anhand offen gelegter Kriterien systematisch integriert.

Wie in Abschnitt 1.3.3 ersichtlich, betrachten wir Sozialraumanalysen als Verfahren zur Praxisforschung, die sowohl von Praktiker:innen alleine als auch von Wissenschaftler:innen und Praktiker:innen gemeinsam durchgeführt werden können (vgl. hierzu auch Deinet 2009, 59). Wir möchten Sie ermutigen, die folgenden Methoden in der Praxis zu nutzen, um Fragestellungen im Arbeitsalltag zu analysieren und reflektieren.

Abschließen möchten wir dieses Kapitel mit einem Zitat des österreichisch-britischen Philosophen Sir Karl Raimund Popper (1902-1994) zur wissenschaftstheoretischen Grundlage empirischer Sozial- und Pflegeforschung: *„So ist die empirische Basis der objektiven Wissenschaft nichts Absolutes; die Wissenschaft baut nicht auf Felsengrund. Es ist eher ein Sumpfland, über dem sich die kühne Konstruktion ihrer Theorien erhebt; sie ist ein Pfeilerbau, dessen Pfeiler sich von oben her in den Sumpf senken – aber nicht bis zu einem natürlichen, ‚gegebenen‘ Grund. Denn nicht deshalb hört man auf, die Pfeiler tiefer hineinzutreiben, weil man auf eine feste Schicht gestoßen ist: wenn man hofft, dass sie das Gebäude tragen werden, beschließt man, sich vorläufig mit der Festigkeit der Pfeiler zu begnügen“* (Popper 1935: 66).

2.1 Qualitative Verfahren

Vor allem Ulrich Deinet, Richard Krisch und Christian Reutlinger (Deinet 2002, 291; 2009, 65-86; Krisch 2009, 97-109; Kessl/Reutlinger 2010; 2022; Deinet/Spatscheck 2021) haben in den letzten Jahren die Methodik der qualitativen Sozialraum- und Lebensweltanalysen erarbeitet und fortentwickelt. Einige dieser Verfahren sind als Weiterentwicklung von Erhebungsmethoden von Norbert Ortmann (1999) entstanden, der die Stadtteilerkundung mit Schlüsselpersonen, die Nadelmethode, die Jugendkulturenkataster und Leitfadeninterviews mit Schlüsselpersonen für seine Tätigkeit bei Fundus e.V. (Planung und Entwicklung in der Kinder- und Jugendhilfe) nutzte.

Die von Ulrich Deinet, Richard Krisch und Christian Reutlinger weiter entwickelten sozialräumlichen Lebensweltanalysen sind in der Tradition der Alltags- und Lebensweltorientierung nach Hans Thiersch verortet (vgl. Thiersch 2005; Engelke/Borrmann/Spatscheck 2018, 418-435). Menschliche Entwicklung wird hier als Wechselwirkung zwischen individueller *Lebenswelt* und Einflüssen öffentlich-gesellschaftlicher *Systeme* betrachtet.

Der Begriff der Lebensweltorientierung wird seit Ende der 1970er Jahre insbesondere von Hans Thiersch im Kontext der Theoriebildung der Sozialen Arbeit diskutiert. Für Thiersch (2005; 2011; Grunwald/Thiersch 2008; 2011) ist die alltägliche Lebenswelt der Adressat:innen der zentrale Gegenstand sozialer und personenbezogener Dienstleistungen auf den sich sowohl individuelles, familiäres, sozialräumliches als auch sozialpolitisches und forschendes Interesse richtet. Thiersch definiert den Begriff der Lebenswelt im Rückgriff auf Habermas' Differenzierung von objektiven *System* und individueller *Lebenswelt*. Er bezieht sich dabei auf die Idee des phänomenologischen Ergründens von sozialen Situationen, wie etwa beim Philosophen Edmund Husserl formuliert, das prozessorientierte hermeneutische Verstehen und Deuten sozialer Situationen, etwa beim Philosophen Wilhelm Dilthey beschreiben, sowie auf interaktionistische Betrachtungen des sozialen Zusammenlebens, wie von Soziologen wie Erving Goffman oder Alfred Schütz begründet (Grunwald/Thiersch 2011, 856).

Lebensweltliche Bezüge bestehen aus alltäglichen Lebensaufgaben, die von den Individuen im sozialräumlichen Kontext bewältigt werden. Gleichzeitig sind die lebensweltlichen Bezüge für Thiersch Ansatzpunkte der Hilfe zur Selbsthilfe: Indem dort Potenziale freigesetzt, stabilisiert und gestaltet werden, können bessere Lebensbedingungen geschaffen werden. Lebensweltorientierung nach Thiersch bedeutet, das Alltagsleben von Menschen in seiner sozialen, zeitlichen und räumlichen Bedingtheit zu erfassen und Menschen zu befähigen, ihre lebensweltlichen Kontexte förderlicher zu gestalten. Lebensweltorientiertes Handeln nimmt dabei eine Brückenfunktion zwischen System und Lebenswelten ein: „*Lebensweltorientierte Soziale Arbeit sieht ihre Adressatinnen in ihren alltäglichen Lebenswelten, in den Erfahrungen, den Bewältigungsaufgaben und Bewältigungskonzepten, den Problemen und Ressourcen ihrer Lebenswelt, um ihnen in geeigneten Räumen und stabileren Kompetenzen zu einem gelingenderen Alltag zu helfen; lebensweltorientierte Soziale Arbeit nutzt dazu ihre institutionellen und professionellen Möglichkeiten im Horizont sozialer Gerechtigkeit"* (Thiersch 2011, 62).

Praxisbeispiel: die Lebenswelten von Zielgruppen besser verstehen lernen
Professionelle Fachkräfte haben oft wenig Kontakt zu den Lebenswelten ihrer Zielgruppen, etwa zu Kindern und Jugendlichen, Menschen in marginalisierten Verhältnissen oder Menschen in Subkulturen oder gefährlichen und gefährdenden Lebensbedingungen. Die Sichtweise der Fachkräfte ist eher geprägt durch Sichtweisen der Institutionen, in denen sie tätig sind oder durch eigene persönlich-biografische Erfahrungen. Durch das Einnehmen einer hermeneutischen Perspektive können Fachkräfte ein besseres Verständnis über den Alltag ihrer Zielgruppen entdecken und erhalten. So können sie Einblicke in Gedanken, Interessen, Bedürfnisse, Ressourcen ihrer Zielgruppen vertiefen und die Lebenssituation ihrer Adressat:innen besser im Kontext von gesellschaftlichen Strukturen und professionellen Aufgaben und Anliegen reflektieren. Vor diesem Hintergrund können Fachkräfte neue Sichtweisen und Lösungen zusammen mit den Adressat:innen und den beteiligten Organisationen entwickeln.

Auch für soziale, bildungs- oder gesundheitsbezogene Dienste können lebensweltorientierte Zugänge helfen, die subjektiven Sichtweisen und Begründungszusammenhänge im Kontext ihrer räumlichen Verfasstheit besser zu erkennen und dabei die Adressat:innen auch als Expert:innen ihrer eigenen Lebenswelt zu verstehen (Deinet 2009, 56). Um dies besser erreichen zu können, sollten Fachkräfte sich Zeit und Raum für die intensive Betrachtung und ein besseres Erkennen und Verstehen ihrer Zielgruppen und deren Lebenssituationen und -bedingungen nehmen. Auf der Grundlage von lebensweltlichen Beobachtungen und Reflexionen können dann weitere Strategien und Interventionen ansetzen. Ulrich Deinet (2009, 29) betont hier die Notwendigkeit, unterschiedliche Werte, Wahrnehmungen und Interpretationen zu thematisieren und gemeinsam zu reflektieren. Geteilte lebensweltliche Verständigungen und Deutungen können dann als Bezugspunkte für die weitere Gestaltung und Entwicklung von Sozialräumen genutzt werden (Deinet 2009, 58).

In den folgenden Abschnitten werden die verschiedenen Erhebungsverfahren der qualitativen Sozialraumanalyse beschrieben. Anhand von realen und weiter gedachten Praxisbeispielen wird jeweils am Ende jeder Methode erläutert, wie diese praktisch angewandt werden.

2.1.1 Strukturierte Stadtteilbegehungen/Windshield-Surveys

> *Kurzbeschreibung*: Fachkräfte und Bewohner:innen erkunden Sozialräume über gemeinsame Begehungen und reflektieren das dabei Gesehene und Erlebte.

Diese Methode dient insbesondere zur ersten Erkundung von neuen und bisher unentdeckten Sozialräumen (Deinet 2009, 66 bzw. 68; Krisch 2009, 88 bzw. 97). Die Sichtweise der Fachkräfte ist nicht immer identisch mit jener der Zielgruppe, die sich in den Sozialräumen alltäglich aufhält. Und auch innerhalb der Zielgruppen sind nicht immer homogene Sichtweisen vorhanden.

Durch Begehungen werden Eindrücke von Räumen und ihren alltäglichen Qualitäten als direkte Felderfahrung vor Ort gewonnen (Deinet 2009, 66; Krisch 2009, 97). Der Schwerpunkt liegt auf der Wahrnehmung atmosphärischer Aspekte, besonderer und auch versteckter Qualitäten des Raumes. Als Nebeneffekt kann diese Methode auch gut zur Kontaktaufnahme mit „Lebensweltexpert:innen" vor Ort genutzt werden.

Richard Krisch hat die Methode als „strukturierte Stadtteilbegehung" (Krisch 2006, 127) zu einem zweistufigen Verfahren weiter entwickelt. In einer ersten „Begehungsphase" werden Beobachtungsrundgänge von Fachkräften alleine und ohne Kontaktaufnahme zu Personen im Raum durchgeführt. In einer zweiten „Befragungsphase" werden dann Zielgruppen mit in die Begehung einbezogen und/oder Menschen im betrachteten Sozialräumen mit Fragen konkret angesprochen und zu ihren lebensweltlichen Einblicken und Sichtweisen befragt. *„Der Begriff ‚strukturiert' bezieht sich dabei auf zwei Aspekte des Verfahrens: Zum einen auf die Festlegung bestimmter Routen im Stadtteil, auf die mehrmalige Begehung dieser Wege und Orte zu* *verschiedenen Zeiten, aber auch auf die kontinuierliche Dokumentation der Beobachtungsrundgänge. Zum anderen soll durch die Kombination von Beobachtungsrundgängen und den Begehungen mit Kindern und Jugendlichen eine systematische Erforschung der vielschichtigen Wechselwirkungen sozialräumlicher Zusammenhänge erreicht werden"* (Krisch 2008, 128).

Zur Vorbereitung ist es hilfreich, sich die Strukturdaten zu den betrachteten Sozialräumen zu besorgen und zu sichten. Ein begründetes Wissen über die Bewohner:innenstrukturen und die Entwicklung des Stadtteils hilft, Beobachtungen und Informationen besser einordnen zu können.

Für die Durchführung von Stadtteilbegehungen sind unterschiedliche Varianten denkbar:

a) das Losgehen auf eigene Faust anhand einer selbst gewählten Route,
b) durch Zielgruppen geführte Begehungen, die deren Sichtweisen in den Vordergrund stellen und diese als Lebensweltexpert:innen befragen,
c) leitfadengestützte Verfahren, bei denen ein Beobachtungsleitfaden genutzt wird um bestimmte Aspekte (Bebauung, Verhalten, Stimmungen, etc.) in den Blick zu bekommen,
d) regionale Varianten, etwa Dorfbegehungen im ländlichen Raum oder Spielplatztouren um bestimmte Aspekte der regionalen Räume zu erfassen.

Alle Formen der Begehung weisen interessante Parallelen zur in der Sozialwissenschaft seit Walter Benjamin, Georg Simmel oder Siegfried Kracauer verbreiteten Idee des sozialwissenschaftlichen „Flanierens" auf (vgl. Düllo 2010). Der französische Philosoph Michel de Certeau prägte hierfür auch den Begriff der „Promenadologie" und schreibt hierzu: *„Der Akt des Gehens ist für das urbane System das, was die Äußerung (der Sprechakt) für die Sprache oder für formulierte Aussagen ist. ... Die Spiele der Schritte sind Gestaltungen von Räumen. Sie weben die Grundstruktur von Orten. In diesem Sinne erzeugt die Motorik der Fußgänger eines jener realen Systeme, deren Existenz eigentlich den Stadtkern ausmacht, die aber keinen Materialisierungspunkt haben. Sie können nicht lokalisiert werden, denn sie schaffen erst den Raum"* (de Certeau 1988, 188f.).

Vorbereitung

- Klärung der bereits hier im Eingang von Kapitel 2 formulieren Leitfragen: Fragestellung, Gegenstand, Zugänge und ethische Vertretbarkeit.
- Auswahl des geografischen Gebietes, wichtig wäre hier, ein für die vorhandene Zeitmenge überschaubares Gebiet zu wählen, das zu Fuß gut erkundet werden kann.
- Gewinnen von Vorinformationen über das Gebiet über lokale Sozialstrukturdaten und weitere Informationssysteme aus Stadt- und Regionalplanung und -entwicklung.
- Auswahl der an der Begehung beteiligten Personen und Routen. Für ein umfassenderes Bild sind Begehungen mit unterschiedlichen Gruppen wichtig, um persönliche Sichtweisen berücksichtigen zu können. Mit mehreren Personen sollten die Routen so verteilt werden, dass störungsfreie Einblicke ins lebensweltliche Geschehen möglich bleiben. Bei der Personenauswahl sollten Differenzmerkmale wie Geschlecht, Alter, Kultur, Herkunft, etc. vielschichtig und repräsentativ mit einbezogen werden.
- Es sollten verschiedene Begehungszeitpunkte gewählt werden. Die Auswahl kann entlang der Fragestellung oder den Aktivitäten der Zielgruppen getroffen werden. Kinder, Jugendliche, Erwachsene oder ältere Menschen halten sich zu unterschiedlichen Zeiten im öffentlichen Raum auf und Faktoren wie Ferien und Wochenenden sollten berücksichtigt werden.
- Informieren der relevanten Personen. Hier wäre zu bedenken, wer vorab informiert oder einbezogen werden sollte, gleichzeitig ist es im Sinne einer teilnehmenden Beobachtung wichtig, dass Begehungen möglichst in den Alltag eintauchen und nicht zu viel Aufmerksamkeit auf den Beobachtenden und seine Fremdheit legen.
- Vorbereiten des nötigen Erhebungsmaterials (Karten, Apps, GPS-Geräte, Audiogeräte, ggf. Leitfaden, Kontaktpersonen). Ein Einsatz von auffälligen Materialien oder ein Einsatz von Foto- bzw. Videokameras sollte überlegt werden, auch hier wird die Rolle des teilnehmenden Beobachtenden verlassen und Aufmerksamkeit auf die Beobachtenden gelegt, was zu verzerrenden Effekten führen kann.
- Klärung der Formen der Auswertung und Präsentation: Wer wertet das erhobene Material aus, wem soll es präsentiert werden und

mit welcher Zielstellung soll dies geschehen? (Weitere Überlegungen hierzu unter Kapitel 3).

Durchführung

- Zu Beginn einer Begehung ist es wichtig, sich noch einmal der Fragestellung zu vergewissern. Mit diesem Interesse im Hinterkopf sollten Beobachter:innen bewusst in das Geschehen vor Ort eintauchen, den Geschehnissen vor Ort folgen und Beobachtungen, Eindrücke, Stimmungen und Gefühle bewusst wahrnehmen und sammeln.
- Das Erlebte soll möglichst gut, aber nicht störend festgehalten werden, sei es durch Erinnerungen, kleine Notizen, ggf. auch Fotos oder Tondokumente. Bei Begehungen sollten jene Grundlagen und Haltungen beachtet werden, wie sie für die Erhebungsmethode der teilnehmenden Beobachtung (vgl. etwa Mayring 2002, 80) gelten: Man bewegt sich im Feld als Fremde:r und versucht, ohne viel zu intervenieren, möglichst viele Eindrücke einzufangen.
- Wichtig sind das zeitnahe Festhalten und Sortieren der Impressionen, am besten unmittelbar nach der Begehung. Sollten mehrere Personen beteiligt sein, können erst die Beteiligten einzeln und dann die Gruppe gesamt ihre Eindrücke austauschen. Ergebnisse können strukturiert werden, bis die gefundenen Bilder als „gesättigt“ empfunden werden, sei es durch Visualisierungen, Moderationsmethoden, Thesenbildungen und Diskussionen entlang des Materials.
- Eine Protokollierung des Gesehenen kann sich pragmatisch an einem Leitfaden für Beobachtungen orientieren, den Gabriele Rosenthal (Rosenthal 2005, S. 115) entwickelt hat.
  Wesentliche Punkte darin sind:

  – objektive Daten zu Orten, etwa zur Lage, Gestaltung, Bedeutung innerhalb der Umgebung,
  – objektive Daten zu Personen, etwa eine Altersschätzung oder die Geschlechtszugehörigkeit,
  – Beschreibung von Aktivitäten der Personen, davon ein bis zwei differenzierter,
  – Notieren erster Interpretationen (z.B. auf der Basis anderer bekannter Studien der Forschung).

Für die zweistufige Variante der strukturierten Stadtteilbegehung nach Krisch kann für die erste Phase der Beobachtung ein Beobachtungsleitfaden genutzt werden. Ein Beispiel dafür aus dem Kontext der Kinder- und Jugendarbeit zur Betrachtung der Situation von jungen Menschen in öffentlichen Räumen ist der folgend abgebildete Leitfaden, der von der Wiener Jugendarbeiterin Ulli Haschka entwickelt wurde (vgl. Krisch 2006, 131).

Leitfaden: Worauf man/frau bei einem strukturierten Stadtteil-Rundgang die Aufmerksamkeit lenkt

1.) Dinge:

- Sind die Häuser, Haltestellen, Wände angeschmiert? Mit welchem Text?
- Wie schauen die Müllräume aus?
- Wie viel Schmutz liegt herum?
- Was ist alles kaputt? (Mistkübel [Mülleimer], Bänke, Spielplätze …)
- Gibt es eine offene/versteckte Drogenszene?
- Findet man Utensilien für Drogengebrauch?
- Öffentlicher Umgang mit Alkohol? Von wem?
- Befinden sich Obdachlose im Grätzel [Quartier]? Wie wird mit diesen umgegangen?
- Wie (un-)gepflegt sind die Innenhöfe? (Blumen, Gartenzwerge, …)
- Gibt es Zeichen von politischen Äußerungen? (Hakenkreuze, …)

2.) Menschen:

- Wer ist im öffentlichen Raum? (Welches Alter, welcher Migrationshintergrund, welches Geschlecht, Verweilende oder Passierende, …)
- Was machen die Einzelnen miteinander? (spielen, ausgrenzen, reden, dealen, …)
- Welche Sportarten werden auf den einzelnen Plätzen ausgeübt? Von wem?
- Wer hält sich auch bei Regen/Kälte im öffentlichen Raum auf?

3.) Stimmungen:

- Reden die Leute miteinander?
- Reden die unterschiedlichen Generationen miteinander?
- Findet eine Vermischung der Kulturen statt?
- Gibt es Wickel [Konflikte] zwischen den Bewohner:innen? Zwischen welchen?

- Mischen sich die unterschiedlichen Generationen beim Spielen?
- Wie werden die Konflikte ausgetragen? (Polizeidrohung versus Zivilcourage)
- Welche Generation gewinnt die Platzkämpfe, wenn es eng wird?
- Welche Gruppen bestimmen das Geschehen auf den öffentlichen Plätzen? (Alter, Migrationshintergrund, Geschlecht)
- Wer zeigt sich erst dann im öffentlichen Raum, wenn die „Capos" besseres zu tun haben?
- Wie ist die Grundstimmung in Höfen etc.? Wie üblich sind rassistische, ausländerInnenfeindliche, sexistische Bemerkungen oder Beschimpfungen?
- Wie hoch ist der Aggressionspegel bei unabsichtlichen Zusammenstößen?
- Wie hilfsbereit sind die Leute miteinander?

4.) Erkennung jener Orte, wo sich Jugendliche regelmäßig aufhalten:

- Orte, die Rückendeckung bieten (Plakatwände, Pavillons, Gerüste; zur Not zusammengeschobene Bänke, ...)
- viele Zigarettenstummel
- Spuckflecken (wenn sie noch nicht lange weg sind)
- leere Zigarettenpackerln
- zusammengeschobene Bänke
- angemalte Bänke, Wände

5.) Systematik für das gesamte Einsatzgebiet:

- Welche Wiesen sind bespielbar, welche sind voll Hundekot?
- Wie ist der Zustand der „Käfige" [eingezäunte Sportflächen]? Was ist kaputt?
- Wie viele Spielplätze gibt es und für wen? Was ist kaputt? Für welche Gruppe gibt es keine Spielplätze?
- Wo sind dunkle Durchgänge, wo sich die Leute fürchten?
- Wo sind Straßen oder andere bauliche Barrieren, die Kinder, Teenies, Jugendliche daran hindern, ihren Sozialraum auszunützen?
- Taubenproblem?
- Hundeproblem?
- Welche Geschäfte/Lokale gibt es im Grätzel [Quartier], mit denen kooperiert werden kann?
- Welche freien Plätze könnten für Großevents benützt werden?
- Welche Sportstätten gibt es? Welche geben Jugendlichen verbilligte Eintritte?

Ulli Haschka

Auch für die zweite Stufe der Stadtteilbegehung kann es zur stärkeren Kontextualisierung des bisher Gesehenen mit Sichtweisen von Bewohner:innen hilfreich sein, einen neuen Leitfaden zu entwickeln, der Fragen vertiefen kann. Ein Beispiel hierfür ist die folgende Aufstellung von Ulrich Deinet (2009, 56). Hier liegt der Schwerpunkt auf der Erkundung und Entdeckung struktureller Aspekte und Qualitäten eines Sozialraums, insbesondere infrastrukturelle Aspekte und Potenziale, die einer Deutung der Beteiligten bedürfen und durch reine Beobachtungen nicht voll erfassbar wären.

Leitfaden: Erfassung infrastruktureller Aspekte eines Sozialraums

Struktur des Sozialraums

Siedlungsgebiete, öffentlicher Raum, Industrie und kommerzielle Nutzung, gewerbliche Nutzung, Hauptverkehrswege, Einkaufsmöglichkeiten, öffentlicher Personennahverkehr, informelle Treffs, Grenzen und Abgrenzungen von Sozialräumen, z. B. durch große Verkehrsstraßen.

Angebotsstruktur des Sozialraums

Welche Institutionen sind im Stadtteil vorhanden (in verschiedenen Bereichen)?

Wer macht welche Angebote für welche Zielgruppen, Öffnungszeiten, etc.? Sprechen Sie mit den Zuständigen.

Kooperationen im Sozialraum

Welche Einrichtungen arbeiten wo und wie zusammen?

Welche Kooperationsstrukturen und Netzwerke sind vorhanden bzw. welche Gremien (Runde Tische, Ordnungspartnerschaften, Stadtteilkonferenzen, Quartiersmanagement)?

Konflikte im Sozialraum

Wo gibt es immer wiederkehrende Konfliktorte, informelle Treffpunkte, Angsträume die von entsprechenden Gruppen thematisiert werden? Wo werden Kinder, Jugendliche und andere Bevölkerungsgruppen ausgegrenzt, durch wen? Wo stehen sich unterschiedliche Nutzungskonzepte konflikthaft gegenüber? Wo werden Kinder und Jugendliche aus dem öffentlichen Raum verdrängt (Shopping Malls etc.), wo werden Freiflächen, Rückzugsräume durch andere Nutzungen (z.B. kommerzielle) aufgegeben?

Aneignungsorte und -räume im Sozialraum

Wo gibt es Hinweise auf Umnutzungen (kreative) Gestaltungen durch Kinder und Jugendliche im öffentlichen Raum oder in Institutionen, im halböffentlichen Raum, in Sportanlagen, ...? Welche jugendkulturellen Aneignungsformen können Sie sehen? Wie schätzen Sie diese ein? Welche jugendkulturellen Szenen sind erkennbar?

Schlüsselpersonen im Sozialraum
Wo leben die Schlüsselpersonen des Stadtteils, d.h. Vertreter:innen der Kommunalpolitik, die Vorsitzenden von Vereinen, Initiativen; welche Organisationen sind in diesem Feld überhaupt vorhanden?

Zur vertiefenden Kontextualisierung des Beobachteten können folgende Leitfragen nach Krisch (2006, 134) herangezogen werden:

- Wo trefft ihr euch gerne?
- Wo treffen sich die anderen?
- Welche Cliquen sind an diesem Raum anzutreffen?
- Welche Probleme und Affinitäten gibt es zwischen Cliquen?
- Welche Orte erlauben was? (Bewegung, Sport, sich treffen, in der Nacht sitzen, usw.)
- Welche Hindernisse und Hemmnisse ergeben sich bei der Aneignung dieser Räume?
- Was gefällt Euch/Dir am Stadtteil, was ist mühsam?

Bei Begehungen muss darauf geachtet werden, Aspekte des Datenschutzes und das Vertrauen und die Interessen der Klient:innen zu wahren und dies den Beteiligten immer wieder transparent zu machen.

Praxisbeispiel: Stadtteilbegehungen zur Frage der sozialen Teilhabe von älteren Menschen im Stadtteil
Die folgend beschriebenen Stadtteilbegehungen finden im Rahmen eines Forschungsprojektes statt, das an einer Hochschule angesiedelt ist und in Kooperation mit Praxispartnern aus der Altenhilfe und der Stadtentwicklung durchgeführt wird. Das Projekt verfolgt das Ziel, die Einbindung älterer Menschen mit Migrationsgeschichte in die lokale Angebotsentwicklung exemplarisch in zwei Stadtteilen zu erkunden. Daraus sollen Anhaltspunkte für die zukünftige Angebotsentwicklung für diese Zielgruppe ermittelt werden.

Das zweijährige Projekt beginnt mit einer sechsmonatigen sozialräumlichen Felderschließung, die zum Kennenlernen der Stadtteile und ihrer räumlichen Verfasstheit dient. Nach der Felderschließung finden vier längere Teilprojekte statt, die anhand umfangreicherer qualitativer Interviews weitere Fragestellungen vertiefen.

Für die Felderschließung werden sechs strukturierte Stadtteilbegehungen durchgeführt. Hierzu wird ein Kurzleitfaden genutzt. Dieser beinhaltet folgende Kriterien: Datum und Uhrzeit, Leitung und Teilnehmende, aufgesuchte Orte und Begebenheiten sowie eine Beschreibung von „Ablauf, Aktionen während der Begehung, Gespräche vor Ort, Auffälligkeiten". Ergänzt werden die Begehungen durch begleitende Interviews mit Sozialraumexpert:innen. Die je 1,5stündigen Begehungen werden begleitet von Akteur:innen des Stadtteilgeschehens und älteren Menschen. Von allen Rundgängen wird ein Protokoll zu Beobachtungen und Eindrücken angefertigt.

Bei der Begehung wird zum einen die materiell-objektive Qualität der Infrastruktur der Sozialräume sichtbar, etwa in Bezug auf Mobilität und Zugang zu Verkehrsmitteln, Einkaufsmöglichkeiten, Vorhandensein von Arztpraxen und Apotheken, Postfilialen, Pflegestützpunkten, Treffpunkten oder die Möglichkeit von Spaziergängen und sportlichen Aktivitäten. Zum anderen werden die subjektiv-qualitativen Dimensionen der Räume erkundet. Hier wird die „gefühlte" Lebensqualität für ältere Menschen sichtbar, etwa in Bezug auf die soziale Verankerung im Stadtteil, empfundene Qualitäten der Nachbarschaft, Kontakte zu unterschiedlichen Gruppen sowie Stimmungen und Aussagen im Stadtteil.

Darüber hinaus helfen die Stadtteilbegehungen, neue Kontakte im Stadtteil zu gewinnen und thematische Anstöße für tiefer gehende Fragen zu bekommen. Kontakte zu Einrichtungen und Bewohner:innen werden vor Ort hergestellt und Einblicke und Eindrücke zu mentalen und räumlichen Barrieren, zur Wegeführung und Wohnqualität, zum Zustand der Wohnhäuser, zu Lärmquellen und Konfliktpotenzialen, zur Erreichbarkeit von Einrichtungen und Dienstleistern, zu beliebten Treffpunkten und Grünflächen können systematisch und anschaulich erfasst werden.

Anhand der Begehungen werden verdichtete Eindrücke und wertvolle Informationen zur sozialräumlichen Situation in den Stadtteilen vor Ort gewonnen. Die dabei geknüpften Kontakte zu Praxispartner:innen sind für das weitere Projekt förderlich und öffnen Türen für weitere Vorhaben.

Eine Variante: Windshield-Surveys – „Begehungen“ mit dem Auto

Aus dem US-amerikanischen Raum stammt der Begriff der „Windshield-Surveys“ – hier wird die Idee einer Stadtteilbegehung motorisiert vorgenommen – eine Einschätzung der Umgebung erfolgt aus dem Auto („durch die Windschutzscheibe“) heraus (vgl. Cassels 2015, 95ff.). Vorteil einer solchen motorisierten Variante ist der größere Aktionsradius, Nachteil ist die objektiv größere Distanz zum beforschtem Sozialraum[2].

In Anlehnung an Cassels fokussieren gesundheitsbezogene Windshield-Surveys auf Informationen zu den folgenden Themenblöcken (Cassels 2015, 98):

Lebendigkeit des Sozialraums/Dynamik im Sozialraum

- Welche Personen sind im Sozialraum/der Kommune sichtbar? Welchen Aktivitäten gehen sie nach?
- Welche Personen leben im Sozialraum/der Kommune? Wie ist der Altersdurchschnitt? Welche Altersgruppe ist am stärksten vertreten?
- Welche Ethnizität ist am stärksten vertreten?
- Was ist das generelle gesundheitliche Erscheinungsbild der sichtbaren Bevölkerung? Fallen Personen mit funktionalen oder kognitiven Einschränkungen/Behinderungen auf? Gibt es Bereiche, in denen diese Personen verstärkt anzutreffen sind?
- Gibt es Auffälligkeiten in Bezug auf den Ernährungszustand (unter-/übergewichtig), die körperliche Belastbarkeit (Gebrechlichkeit), das äußere Erscheinungsbild, etc.?
- Sind im Sozialraum/in der Kommune Touristen oder Besucher:innen anzutreffen?
- Fallen Personen auf, die alkoholisiert oder drogenabgängig sind?
- Sind schwangere Frauen oder Personen mit Kindern sichtbar?
- …

Indikatoren für soziale und ökonomische Bedingungen

- Welchen generellen Eindruck machen die Wohngebäude im Sozialraum/der Kommune? Sind eher Einfamilienhäuser oder Mehrfamilienhäuser vorhanden? Sind Gebiete mit sozialem Wohnungsbau

2 Reizvoll scheint hier auch die Variante der Erkundung eines Stadtteils mit dem Fahrrad. Auch hier können größere Strecken befahren werden, aber der Kontakt zum Raum wäre noch etwas unmittelbarer als aus dem Auto heraus.

vorhanden und welchen Eindruck hinterlassen diese Gebiete? Gibt es Hinweise auf verfallende Wohnstrukturen oder, umgekehrt, renovierte Gebiete?

- Welche Verkehrsmittel werden überwiegend im Sozialraum/in der Kommune genutzt? Ist ein öffentlicher Nahverkehr vorhanden und wie ist dieser gestaltet? Sind Haltestellen adäquat mit Wetterschutz und Bänken ausgestaltet? Sind Einrichtungen der Gesundheitsversorgung an den öffentlichen Nahverkehr angebunden?
- Gibt es Hinweise auf Beschäftigungsangebote für Bewohner:innen und wenn ja, welche (Fabriken, kleinere Gewerbebetriebe, etc.)? Gibt es Hinweise auf Arbeitslosigkeit oder Obdachlosigkeit?
- Sind Personengruppen auf den Straßen sichtbar? Wenn ja welche und was tun diese?
- Sind schulpflichtige Kinder und Jugendliche während der Schulzeiten im Sozialraum/der Kommune sichtbar?
- Ist der Sozialraum/die Kommune eher ländlich geprägt? Gibt es Bauernhöfe/ländliche Betriebe?
- Gibt es Hinweise auf Saisonkräfte bzw. Tagelöhner?
- Fallen politische und/oder soziale Kampagnen im Sozialraum/in der Kommune auf und welches Interesse erzeugen sie?
- Gibt es Hinweise auf gesundheitsbezogene Anzeigen, Kampagnen auch in lokalen Radio- oder Fernsehsendungen? Falls ja, scheinen diese Aktivitäten gut auf die dort lebende Bevölkerung zugeschnitten?
- Welche Schultypen und Kindertagesstätten sind vorhanden?
- …

Ressourcen der Gesundheitsversorgung

- Sind Krankenhäuser im Sozialraum/in der Kommune vorhanden? Wenn ja, welcher Art und wo sind sie gelegen?
- Gibt es Polikliniken oder medizinische Versorgungszentren? Welche Fachrichtungen sind dort vertreten?
- Wie ist die Versorgung mit Allgemein- und Fachärzten?
- Gibt es Pflegeheime?
- Sind ambulante Pflegedienste vertreten? Gibt es Sozialstationen?
- Wie ist die therapeutische Versorgung?
- Gibt es Rettungsdienste im Sozialraum/der Kommune?
- Gibt es Apotheken?
- Gibt es administrative Einrichtungen der Gesundheitsversorgung (Gesundheitsamt, etc.)?
- Sind die gesundheitsbezogenen Ressourcen ausreichend, um die entsprechende Bevölkerung adäquat zu versorgen?

- ...

Umweltbezogene gesundheitsförderliche Faktoren

- Gibt es Hinweise auf Umweltverschmutzung (Wasser, Boden, Luft)?
- Wie sind die sanitären Bedingungen in Wohngebäuden? Gibt es Hinweise auf Überbelegung, Verschmutzungen, Reparaturbedarf, etc.?
- In welchem Zustand sind öffentliche Straßen, Radwege und Gehwege? (Beleuchtung, Schlaglöcher, Kanalisation, Beschilderung, etc.)?
- Gibt es gesicherte Bahnübergänge?
- Wie ist die Verkehrssituation insgesamt (viel/wenig Verkehr)?
- Gibt es gefährliche Straßenverhältnisse (z. B. Kreuzungen, Kurven, etc.)?
- Sind Straßen Gehwege und Zugänge zu Gebäuden behindertengerecht gestaltet?
- Gibt es Spiel- und Bolzplätze?
- Gibt es Grün- und Erholungsflächen?
- Spielen Kinder auf Straßen oder in Parks?
- Gibt es Restaurants?
- Gibt es Straßenverkäufer für Lebensmittel oder Imbisse? Essen Personen in der Öffentlichkeit? Gibt es entsprechende Möglichkeiten, Abfall zu entsorgen? Gibt es öffentliche Toiletten?
- Gibt es Hinweise auf Ungeziefer oder streunende Tiere?
- ...

Soziales Gefüge des Sozialraumes

- Gibt es im Sozialraum/in der Kommune Familien? Welche Strukturen weisen diese auf? Wie und von wem wird eine Kinderbetreuung geleistet? Gibt es generationenübergreifende Strukturen?
- Gibt es im Sozialraum/der Kommune erkennbare Gruppierungen sozialer oder geografischer Art?
- Wie sieht das Nachbarschaftsgefüge aus? Gibt es Hinweise auf gute Nachbarschaftlichkeit?
- Gibt es Hinweise auf einen guten sozialen/kommunalen Zusammenhalt? Gibt es Hinweise auf ein Bemühen um eine Verbesserung allgemeiner Lebensumstände im Sozialraum/der Kommune?
- Gibt es Vereine, Selbsthilfegruppen, etc.?
- Gibt es Kirchen, Synagogen, Moscheen oder andere religiöse Zentren?

- Gibt es Hinweise auf soziale Problemlagen (z. B. Jugend- oder Bandenkriminalität, Alkohol- Drogenmissbrauch, Schwangerschaft im Jugendalter, …)?
- …

Einstellungen bzgl. Gesundheit und Gesundheitsversorgung
- Gibt es Hinweise auf alternative Heilmethoden (z. B. Heilpraktiker:innen, Anwendung traditioneller Hausmittel, religiöse /rituelle Verfahren, etc.)?
- Werden die vorhandenen Ressourcen der Gesundheitsversorgung entsprechend genutzt?
- Gibt es Wellness-Zentren oder präventive Einrichtungen?
- Gibt es Hinweise darauf, dass Anstrengungen unternommen werden, die gesundheitliche Lage im Sozialraum/der Kommune zu verbessern? Gibt es öffentliche Ankündigungen für gesundheitsbezogene Veranstaltungen, Kurse, etc.?
- …

Eine Protokollierung kann wie bereits bei den Stadtteilbegehungen geschildert erfolgen. Auch fotografische Dokumentationen sind möglich. Die weiteren Ausführungen zu strukturierten Stadtteilbegehungen gelten hier analog.

2.1.2 Befragung von Schlüsselpersonen

Kurzbeschreibung: Personen mit besonderen Einblicken in Sozialräume werden befragt und beteiligen sich bei der Auswertung der Informationen.

Mit der Technik der Befragung von Schlüsselpersonen werden die Eindrücke von „Lebensweltexpert:innen“ durch Interviews über Sozialräume erfasst (Deinet 2009, 70; Krisch 2009, 97). Die Interviews dienen zur „dichten Beschreibung“ von Situationen aus Sicht der Expert:innen für bestimmte Themen. In jedem Sozialraum gibt es Menschen, die sich vor Ort besonders gut auskennen. Diese Personen können durch besonders lange Erfahrung im Raum oder durch spezielle Berufe, Funktionen oder Ämter wertvolle Informationen über Entwicklungen, Strukturen und Tendenzen in einem Sozialraum liefern. Jenseits der offiziellen Agenda können diese Personen Einblicke geben, wie bestimmte Programme, Vorhaben und Interventionen von den Betroffenen persönlich aufgenommen und erlebt werden und welche Auswirkungen und Möglichkeiten sich dabei ergeben. Hier sichtbar werdende Konfliktlinien und -themen sind besonders relevante Informationen. Durch Einblicke hinter die Kulissen und in lokales und kontextspezifisches Wissen werden Schlüsselpersonen zu einer Quelle für das bessere Verstehen und Erkennen der lebensweltlichen Verfasstheit von Sozialräumen.

Dieses Wissen muss in doppelter Weise ergründet werden. Zum einen werden Schlüsselpersonen dieses nur preisgeben, wenn sie das Vertrauen haben, dass ihr Wissen in gute Hände kommt und dort vertrauensvoll behandelt wird. Insofern ist es nötig, Transparenz und Vertrauen über den Umgang mit den Informationen zu schaffen und die erhaltenen Informationen im besten Interesse der Befragten zu behandeln. Zum anderen liegt manches Wissen auch eher implizit als explizit vor und muss als „stilles Wissen" erst ergründet werden. Hier helfen ein vertrauensvoller Kontakt und gute Fragestellungen, um unbewusste oder verschüttete Wissensbestände dialogisch zu ergründen.

Im Sinne eines parteilichen Ansatzes können die Belange und Interessen bestimmter Personengruppen, etwa Jugendlicher, älterer Menschen, oder von Menschen mit Behinderung besonders in den Blick genommen werden. So können die Anliegen der Zielgruppe im Kontext der involvierten Personen und Institutionen beleuchtet und Barrieren und Möglichkeiten benannt und identifiziert werden.

Die Interviewten sprechen oft aus ihrer Rolle und Funktion und nehmen bestimmte Ausschnitte, Sichtweisen und Aspekte in den Blick. Eine reflektierte Auswahl der zu befragenden Personen, Rollen und Institutionen und die Zusammenschau der Ergebnisse kann hier ein vielschichtiges Bild der verschiedenen Sichtweisen liefern.

Neben der Informationsgewinnung können Befragungen von Schlüsselpersonen sehr gut als Türöffner für Kontaktaufnahmen genutzt werden. Für neu zu erkundende Sozialräume und dem Ziel einer längeren Zusammenarbeit kann dieser Faktor sehr hilfreich sein (vgl. für Forschungsprojekte auch Spatscheck/Beutler/Kart 2013).

Vorbereitung

- Klärung der bereits hier im Eingang von Kapitel 2 formulierten Leitfragen: Fragestellung, Gegenstand, Zugänge und ethische Vertretbarkeit.
- Auswahl der Schlüsselpersonen. Diese werden im lokalen Kontext identifiziert, die Auswahl erfolgt nach vorher entwickelten und explizierten Kriterien. Hier könnten beispielsweise Ladenbetreiber:innen, Polizist:innen, Sozialarbeiter:innen, Lehrer:innen oder auch langjährige Bewohner:innnen oder im Stadtteil engagierte Bürger:innen nach ihren persönlichen und rollenbezogenen Eindrücken befragt werden. Als Methode hat sich hier ein einfaches Brainstorming mit anschließender Gewichtung als hilfreich erwiesen.
- Ausgewogenheit des Samples: Entlang der Fragestellung und Differenzmerkmalen, etwa Geschlecht, Alter, Kultur, Herkunft, etc. sollte eine möglichst vielschichtige und repräsentative Personengruppe einbezogen werden.
- Auswahl des geografischen Gebietes, wichtig wäre hier, ein zur vorhandenen Zeitmenge passendes Gebiet zu wählen.
- Gewinnen von Vorinformationen über das Gebiet durch lokale Sozialstrukturdaten und weitere Informationssysteme aus Stadt- und Regionalplanung und -entwicklung.
- Informieren der nötigen Personen. Hier wäre zu bedenken, wer vorab informiert oder einbezogen werden sollte.
- Vorbereiten des nötigen Erhebungsmaterials (Leitfäden mit passenden Fragen, Audiogeräte, passender Ort für die Interviews).
- Klärung der Formen der Auswertung und Präsentation: Wer wertet das erhobene Material aus, wem soll es präsentiert werden und mit welcher Zielstellung soll dies geschehen? (Weitere Überlegungen hierzu unter Kapitel 3).
- Vorab sollte geklärt werden, welche Aspekte des Datenschutzes wichtig sind und wie Mitarbeitende die Schweigepflicht einhalten können. Ein hilfreicher Standard ist die Anonymisierung der Interviews, um die beteiligten Schlüsselpersonen zu schützen.

- In einer offenen Form können die Interviews für etwa 1 bis 2 Stunden als narrative (erzählende) Interviews geführt werden. Dabei werden offene Fragen (Seit wann leben Sie hier im Stadtteil? Was gefällt Ihnen hier, was nicht? Was hat sich über die Zeit verändert?) aus einem Interviewleitfaden als Erzählimpuls und Strukturierungshilfe genutzt. Diese Methode eignet sich insbesondere zur Vertiefung des Verständnisses über Sozialräume nachdem bereits andere Erkundungsmethoden vorab genutzt wurden.
- In einer strukturierten Form können Interviewleitfäden genutzt werden, die entlang von Leitfragen gezielt auf Aspekte eingehen, die für die Befragenden besonders relevant sind und wo wichtige Informationen vermutet werden. Leitfäden können hier Orientierung bieten und ermöglichen eine höhere Vergleichbarkeit zwischen unterschiedlichen Interviews.
- Als Erfahrungswert hat sich gezeigt, dass ein Interview mit etwa acht offenen Fragen etwa 45-60 Minuten benötigt.
- Sowohl offene als auch strukturierte Interviews mit Schlüsselpersonen sollten mit einem Aufnahmegerät aufgezeichnet werden, um die spätere Auswertung zu ermöglichen und Missverständnisse zu vermeiden.

Praxisbeispiel: Befragungen von Schlüsselpersonen zur Angebotsentwicklung für ältere Menschen im Stadtteil

Als Einstieg für ein Forschungsprojekt zur sozialen Teilhabe von älteren Menschen im Stadtteil wird die Methode der Befragung von Schlüsselpersonen ausgewählt. Ziel ist es, zum Beginn des Projekts möglichst viele Einblicke aus dem Stadtteil und seiner lebensweltlichen Bezüge zu erhalten.

Dazu werden neun qualitative Interviews mit Schlüsselpersonen durchgeführt. Für die Erhebung wird ein strukturierender Leitfaden verwendet, der anschließend mit Philipp Mayrings Methode der qualitativen Inhaltsanalyse ausgewertet wird (vgl. Abschnitt 3.1.2 bzw. Mayring 2007a; b). Bei der Auswahl der Interviewpartner:innen wird darauf geachtet, Personen auszuwählen, die vielschichtig über den Stadtteil Auskunft geben können. Als relevant werden dabei Vertreter:innen von sozialen Einrichtungen, pflege- und gesundheitsbezogenen Diensten, Personen aus den Bereichen Politik und Planung sowie Menschen mit eigener Migrationsgeschichte betrachtet.

In den Interviews werden Sozialraumexpert:innen zu ihrer Einschätzung zu den bestehenden Angeboten für ältere Menschen im Stadtteil, deren inhaltlicher Qualität und deren Zugängigkeit und Erreichbarkeit befragt. Der Leitfaden umfasst 13 Fragen, die allen Interviewten gestellt wurden. Er enthält allgemeine Fragen zum Stadtteil und den Bewohner:innen, zu bestehenden Angeboten, zum Verhältnis zwischen freiwilligem Engagement und professionellen Diensten sowie zu politischen und administrativen Aspekten des Stadtteils.

Die Befragten sind sehr gut im Stadtteil verwurzelt und können offen und geschützt über ihre Einschätzungen berichten. Dadurch geben die Interviews wichtige Einblicke in den Alltag des Stadtteils. So werden auch Einblicke möglich, die von der offiziellen tagespolitischen Programmatik abweichen oder auf versteckte Stärken und Potenziale hinweisen.

Auf dieses Hintergrundwissen aufbauend kann das weitere Forschungsprojekt viele Fragestellungen und Dynamiken im Sozialraum erst erkennen und im weiteren Verlauf aufgreifen. Dabei werden Informationen zu Lebenslagen der Menschen im Stadtteil, zur familiären und wirtschaftlichen Situation und zur Einschätzung von vorhandenen Ressourcen und Kompetenzen sichtbar, die ansonsten nicht bekannt geworden wären. Durch die Interviews wird deutlicher, in welchen Bereichen ältere Menschen mit Migrationsgeschichte nur wenig erreicht werden.

Zur Auswertung wird das Interviewmaterial zunächst parallel von drei Mitarbeiter:innen des Projektteams getrennt voneinander kodiert. Die Ergebnisse und Unterschiede dieses Schrittes werden dann im Team diskutiert und in gemeinsamer Abstimmung auf ein Set von Kategorien zusammengeführt, welches dann für die Kodierung der weiteren Interviews angewandt wird. Nach dem ersten Gesamtdurchlauf der Kodierung werden einige Kategorien in zusammenfassende Meta-Kategorien zusammengefasst. Die Ergebnisse werden zusammengefasst und den Beteiligten in Präsentationen und Berichten zurückgespiegelt.

2.1.3 Nadelmethode

Kurzbeschreibung: Bewohner:innen oder Passant:innen werden gebeten, Orte mit für sie wichtigen Bedeutungen auf Karten zu markieren und die erhaltenen Informationen gemeinsam auszuwerten.

Diese Methode dient der Visualisierung von für die Befragten bedeutsamen Orten auf Karten von Stadtteilen, Quartieren, Dörfern oder Regionen (Deinet 2009, 72; Krisch 2009, 97). Ziel ist es, die Eigenschaften von Orten für sich und andere sichtbar zu machen. Die Befragten werden dazu gebeten, Stecknadeln auf vorbereiteten Stadtplänen oder Landkarten zu platzieren. Den Nadelfarben werden bestimmte Bedeutungen und Kodierungen zugeordnet, wie z.B. zu Alter und Geschlecht oder zu Raumeigenschaften, wie „angenehm“, „gefährlich“ oder „hier bin ich häufig“. Die Karten können dann in Gruppen diskutiert, ausgewertet, verglichen und präsentiert werden.

Durch die Visualisierung und die Einladung zu einer direkten Aktivität eignet sich diese Methode sehr gut für aktivierende Befragungen. Sie animiert die Befragten, sich unverbindlich und ohne viel Aufwand einzubringen und weckt das Interesse bei weiteren Beteiligten und Passant:innen im öffentlichen Raum. Die Methode ist sehr niedrigschwellig und hilft, auch mit Unbekannten schnell ins Gespräch zu kommen. Ziele des Einsatzes der Nadelmethode können sein (Krisch 2006, 101):

- Erkenntnisse und Einblicke in sozialräumliche Gegebenheiten zu bekommen,
- im Sinne einer „Türöffner-Funktion“ Anknüpfungspunkte für weitere Erhebungen zu bekommen, die dann ggf. auch mit weiteren Methoden gestaltet werden,
- Diskussionen unter den Beteiligten auszulösen,
- Mitarbeiter:innen helfen, Orte im Umfeld der Einrichtung kennenzulernen, die für ihre Zielgruppen besondere Bedeutungen haben,
- Ausgangspunkte erhalten, um mit den Beteiligten passgenaue Fragestellungen für Sozialraumanalysen und andere Interventionen zu entwickeln.

Mit der Nadelmethode können sehr unterschiedliche Fragestellungen angegangen werden, sei es das Kennenlernen von Treffpunkten und Wegstrecken, Wahrnehmungen zu bestimmten Orten, Formen der Raumaneignung auf Plätzen und in Parks, „geheime“ Aufenthaltsorte von Kindern und Jugendlichen, Mobilitätsbarrieren für Menschen mit körperlichen oder psychischen Einschränkungen und Behinderungen, Angsträumen sowie Sichtweisen oder Wünsche nach Veränderung von Menschen aus bestimmten Altersgruppen, Geschlechtern, (Sub-)Kulturen oder Lebenslagen.

Den Farben der Nadeln werden bestimmte Bedeutungen zugeordnet, die dann mit in das „Nadeln“ einfließen können. Neben der Kodierung der Nadeln selbst können die Befragenden auch weitere Aktivitäten, Kommentare, Emotionen und Hinweise während der Befragung wahrnehmen und reflektiert in die Analyse mit einfließen lassen. Hier bietet sich das direkte oder zeitnahe Anfertigen von Feldnotizen an, um Beobachtungen, Stimmungen, Aussagen und andere relevante Vorkommnisse mit festzuhalten und später mit in die Auswertung zu nehmen.

Technisch sind verschiedene Varianten möglich. Stadt- oder Ortspläne können auf Pinnwänden oder auf Tischen oder Bänken liegenden Styroporplatten angebracht sein. Neben den Nadeln können auch Bewegungslinien zwischen den Nadeln mit Schnüren oder Gummiringen angebracht werden, um Bewegungsströme und Schnittlinien sichtbar zu machen. Auch diese können farbig kodiert werden. Nach dem Sammeln der Nadeln können die Karten durch Abfotografieren gesichert und weiterverbreitbar werden. Zum Transport und der Archivierung der Karten können die Nadeln wieder entfernt und durch farbige Klebepunkte oder Markierungen mit Stiften festgehalten werden.

Neben dem Arbeiten mit Karten auf Papier sind digitale Varianten einer „Nadelmethode 2.0“ denkbar (vgl. etwa Dummer/Malcherowitz/Weck 2015). Hier werden über Tablets oder Smartphones digitale Geoinformationssysteme wie Google Maps, Google Earth oder Wikipedias OpenStreetMap genutzt und deren Kartenmaterial mit Markierungen bearbeitet, gespeichert und anderen verfügbar gemacht. Diese elektronische Variante eignet sich sehr gut für größere Datenmengen und deren Sicherung und Verteilung. Gleichzeitig haben sie jedoch den Nachteil, dass sie etwas weniger animierend für die Teilnehmer sind und oft nicht an die Sichtbarkeit einer größeren Karte im öffentlichen Raum herankommen.

Vorbereitung

- Klärung der bereits hier im Eingang von Kapitel 2 formulierten Leitfragen: Fragestellung, Gegenstand, Zugänge und ethische Vertretbarkeit.
- Treffen einer Auswahl der zu erreichenden Personengruppen und der geeigneten Orte. Mit der Nadelmethode können auch sehr große Gruppen und auch ganze Einrichtungen wie Schulen oder Kliniken erfasst werden. Wichtig ist zu reflektieren, wie repräsentativ die erreichten Personenkreise sind.
- Vorbereiten von geeignetem Kartenmaterial. Für den Einsatz auf Pinnwänden oder Styroporplatten eignen sich Karten im Maßstab von 1:1.000 bis 1:15.000. Je nach Fragestellung müssen detaillierte Elemente auf den Karten sichtbar sein. Von vielen Städten und Regionen gibt es offiziell benutzbare Karten von lokalen statistischen Diensten und Sozialplanungsabteilungen, die für den Einsatz angefragt werden können.
- Vorbereiten von Pinnadeln, die farblich vorsortiert, in ausreichender Menge und gut zugängig vor Ort bereitgestellt werden.
- Formulieren und visualisieren von klaren Fragestellungen, die die Personen beim Stecken der Nadeln gut sichtbar an der Karte vorfinden. Beim Einsatz von mehreren Farben ist eine Legende mit der Farbkodierung der Nadeln bei den Karten hilfreich.

Durchführung

- Schaffen eines guten Settings, das die Karten gut sichtbar macht und viele Personen animiert, an der Karte zu verweilen und sich zu beteiligen. Es sollte genug Raum und Platz für größere Gruppen geschaffen werden, ohne dass Gedränge entsteht oder die Karten dem Ansturm nicht standhalten können.
- Um möglichst viel von den Beteiligten wahrnehmen zu können, sollte das Stecken der Nadeln in Ruhe und mit etwas Muße geschehen und auch genug Raum dafür bestehen, auf die einzelnen Statements zu den Nadeln eingehen zu können.
- Bereitstellen von genug Personal um das Setting des „Nadelns“ gut zu begleiten, um als Ansprechpartner:innen zur Verfügung zu stehen und um genug Zeit zu haben, sich Beobachtungen und Erlebnisse schon vor Ort als Feldnotiz festhalten zu können.

- Klärung des Verbleibs: Was passiert mit den Daten nach Abgabe der Voten über die Nadeln? Wer wertet diese aus? Wie wird dies dokumentiert? Und vor allem: Bekommen die Personen, die die Nadeln stecken, die Gelegenheit, etwas über die Ergebnisse zu erfahren? Sowohl für die Befragenden als auch die Befragten sollten diese Fragen vorab geklärt sein und beim „Nadeln" transparent gemacht werden.
- Daran schließt auch an zu klären, dass die erhaltenen Informationen anonym und im Interesse der Befragten behandelt werden und die Grundsätze des Datenschutzes Anwendung finden.
- Die Auswertung der Nadeln kann dann anhand von Häufigkeitsauszählungen zu Orten oder interessanten Zusammenhängen auf den Karten festgehalten werden. Über diese quantitativen Aspekte hinaus sind die qualitativen Aspekte und die durch Nadeln repräsentierten Eigenschaften des Raumes die meist ergiebigere Informationsquelle. Die hinter den Nadeln stehenden „Raumgeschichten" und die beim Stecken der Nadeln mitgeteilten Hintergrundinformationen und Reaktionen geben oft interessante Einblicke in die lebensweltliche Verfasstheit der betrachteten Räume und ihrer Bewohner:innen.

Praxisbeispiel: Befragung mit der Nadelmethode zur konzeptionellen Weiterentwicklung der kommunalen offenen Kinder- und Jugendarbeit

Eine größere Stadt führt mit drei Dozent:innen einer Hochschule und einer studentischen Seminargruppe eine sozialräumliche Analyse durch, die in die Konzeptentwicklung der kommunalen Kinder- und Jugendarbeit einfließen soll. Neben Interviews mit Schlüsselpersonen und der Analyse von Sozialdaten werden auch Befragungen von Kindern und Jugendlichen geplant, bei denen 20 Studierende an fünf Tagen die Sichtweisen der jungen Menschen in der Stadt einfangen sollen.

Um dabei viele junge Menschen erreichen zu können, wird die Nadelmethode gewählt und es werden die jungen Menschen direkt an vier Schulen aller Schularten befragt. Das Vorgehen wird mit Schulleitungen, Eltern und Mitarbeiter:innen der Kinder- und Jugendarbeit vorher abgestimmt.

Die Befragung mit der Nadelmethode gibt den Schüler:innen die Gelegenheit, auf den auf Styroporplatten angebrachten Stadt- und Quartierkarten verschiedenfarbige Nadeln zu stecken, die deutlich machen, wo sie sich im Stadtteil aufhalten und wie sie diese Orte hinsichtlich der Lebensqualität, des Wohlfühlens für verschiedene Gruppen (Mädchen-Jungen, ältere-jüngere, etc.) sowie der bestehenden Angebote einschätzen. Pro Schule werden je sechs Karten erstellt, die in den Schulpausen an geschützten und begleiteten Orten mit Nadeln bestückt werden können. Dabei wird folgende Kodierung gewählt:

- Lieblingsort in der Stadt von weiblichen Befragten = rot
- ungeliebtester Ort in der Stadt von weiblichen Befragten = grün
- Lieblingsort in der Stadt von männlichen Befragten = schwarz
- ungeliebtester Ort in der Stadt von männlichen Befragten = blau

Nach der Befragung werden die Nadeln pro Schule auf eine „Masterkarte" übertragen. Um die Karten archivierbar zu machen, werden die Nadeln mit farbigen Punkten von Stiften gesetzt.

Später werden diese Karten in den Schulklassen diskutiert, hierbei entstehen weitere wichtige Einblicke in die Räume und ihre unterschiedlichen Qualitäten. Ergänzt wurden die Befragungen durch Cliquenraster (vgl. nächster Abschnitt 2.1.4), die in Schulklassen erstellt werden und Kurzbefragungen auf der Straße zu den Angeboten der Jugendarbeit anhand eines kurzen Interviewleitfadens mit vier Fragen.

In einer weiteren Auswertungsrunde werden die Karten, deren Kommentare und die Ergebnisse aus den Cliquenrastern und Befragungen dann den Jugendarbeiter:innen der Stadt und Mitarbeiter:innen der Jugendförderung präsentiert. Die erhobenen Daten ermöglichen wichtige Einblicke und neue Erfahrungen und Deutungen für die Beteiligten. Die Karten der Nadelmethode dienen hierbei auch als hilfreiche geografische Bezugspunkte, auf die in der Diskussion immer wieder verwiesen wird.

2.1.4 Cliquenraster

Kurzbeschreibung: Erwachsene entdecken die lokal vorhandenen Cliquen, Jugendkulturen oder Milieus durch Befragungen und Beobachtungen entlang eines Analyserasters und reflektieren die Ergebnisse.

Dieses Verfahren dient zum Entdecken und Erfassen von Bildern und Einschätzungen über lokale Cliquen und Jugendkulturen (Deinet 2009, 79; Krisch 2009, 117). Anhand von Kurzbefragungen werden junge Menschen im öffentlichen Raum (in der Regel Zufallsstichproben) befragt. Diese aktivierende Methode wird angewandt, um eine

Bestandsaufnahme regional vorliegender Jugendkulturen und Cliquen aus der Sicht von Jugendlichen zu erstellen und einen differenzierten Blick auf regional vorkommende Lebensformen, -stile, Bedürfnisse und Problemstellungen zu erhalten. Wichtig ist die erkundende Haltung, weder sollen Beobachtungen bei der Aufnahme bewertet oder normativ kommentiert werden, noch sollen Probleme und Konflikte gelöst werden. Stattdessen ist zunächst das Erkennen und Verstehen sozialräumlicher und lebensweltlicher Bedeutungen von jugendkulturellen Praxen im Vordergrund.

Anhand eines strukturierten Kurzfragebogens mit offenen Fragen werden Kinder und Jugendliche befragt, welche Cliquen sie in ihrem Umfeld kennen. In der ursprünglichen Form (Krisch 2006, 107) werden dabei folgende Kategorien angewandt:

Gruppe, Clique oder Szene, Alter, Geschlecht, ethnische Zugehörigkeit, Cliquennamen	Verhalten, Tätigkeiten, Outfit, Musik, Weltbild, Sprache	Treffpunkte, Orte	Problemlagen, Bedürfnisse, Interessen, kommunikative Anknüpfungspunkte	Ansprüche, Anforderungen, Kontakte, mögliche Ansatzpunkte für die Jugendarbeit

Um spezielle Fragestellungen zu erfassen, die die Jugendlichen oder die Befragenden vor Ort interessieren, können weitere Kategorien formuliert werden. Für die Betrachtung anderer Personengruppen (z.B. Nachbarschaftsraster, Milieuraster, Zielgruppen- bzw. Nutzer:innenraster) sind andere Kategorien hilfreich und individuell erstellbar.

Beim Einsatz von Cliquenrastern kann auf ein Modell von Krafeld (1992, 29) zurückgegriffen werden. Dieses betrachtet Jugendkulturen als übergreifende „sozio-kulturelle Orientierungssysteme", die von Szenen als „sozial-räumliche Organisationsformen im Alltag" gebildet werden. Szenen wiederum werden von Cliquen gebildet, die als „sozial-interkommunikative Beziehungsgeflechte" im lebensweltlichen Alltag junger Menschen entstehen. Gleichaltrigengruppen in ihren spezifischen Differenzierungen und Selbstdarstellungen bieten für Jugendliche in den immer komplexer und diffuser werdenden biografischen Übergängen wichtige Bezugs- und Abgrenzungsmöglichkeiten (Bütow 2011; 2012; Krüger et al. 2010). Die mit der Methode des Cliquenrasters erhobenen Wissensbestände dokumentieren einerseits die durch Jugendliche wahrgenommenen und angenommenen (stereotypen) äußeren Differenzierungsmerkmale anderer Jugendlicher, die zu bestimmten Jugendcliquen oder -kulturen gehören. Andererseits bilden diese Wahrnehmungen tatsächliche Beziehungsgeflechte von direkter oder indirekter Kommunikation und Interaktion ab.

Nach der Datensammlung können die Ergebnisse aufbereitet und durch eine qualitative Inhaltsanalyse (vgl. Mayring 2007a; b und auch Kapitel 3) interpretiert sowie mit den Kindern und Jugendlichen als lokalen Experten vor Ort diskutiert werden. Ziel der Methode ist, einen Überblick über die im Sozialraum vorhandenen Cliquen zu bekommen sowie deren inhaltliche Ausrichtung, Verbindungen, Lebenslagen und Interessen der Mitglieder zu identifizieren.

Auf der Grundlage dieser Analysen können Mitarbeiter:innen von Kinder- und Jugendhilfe-, Gesundheits- oder Bildungseinrichtungen ihr Wissen über Jugendkulturen und Cliquen in ihrem Einzugsbereich vertiefen sowie überprüfen, ob ihre Angebotsformen den Bedürfnissen und Interessen der Jugendlichen gerecht werden. Mit dem explorativen Verfahren der Cliquenraster kann „stilles Wissen" aus dem Alltag junger Menschen für die Beteiligten sichtbar gemacht werden.

Darüber hinaus können mit dieser Methode partizipatorische Anliegen verfolgt werden, wenn junge Menschen mit ehrlichem Interesse als Expert:innen über ihre Belange befragt werden und die Ergebnisse in zukünftigen Planungen und Angebotsentwicklungen mit einbezogen werden.

Varianten

- Ergänzend zu Befragungen von Kindern und Jugendlichen kann diese Methode mit Erwachsenen angewandt werden, dabei entstehen interessante kontrastierende Aussagen über die Selbst- und Fremdwahrnehmung von Jugendlichen und Jugendkulturen aus der Sicht anderer Gruppen.
- Ebenso kann bei Befragungen unterschieden werden, ob nach Selbsteinschätzungen (Cliquen über sich) oder Fremdeinschätzungen (andere Personen über jugendliche Cliquen) gefragt wird.
- Mit der Variante „Cliquenportraits" (Sturzenhecker 1999) kann noch umfangreicheres Wissen über Cliquen erhalten werden. Diese Variante erkundet neben den äußerlichen Eigenschaften auch

die inneren Strukturen von Cliquen (Rollen, Beziehungen, Soziogramme) und reflektiert die Funktionen für die Mitglieder, etwa in Bezug auf die alltägliche Lebensführung, Problembewältigung und Freizeitgestaltung.

- Beim „Jugendkulturenraster“ (Krisch 2006, 113) beschreiben andere Jugendliche die ihnen im Sozialraum bekannten Jugendkulturen und Cliquen. Damit kann im Sinne einer „kleinen Jugendstudie“ die jugendkulturelle Landschaft innerhalb einer Region erfasst werden und die Beziehungen der Cliquen untereinander erkundet werden. Für solche entdeckenden Studien zu Jugendkulturen hat sich ein vereinfachtes Raster mit den Kategorien „Name“, „Kleidung“, „Musik“, „Verhalten“, „Politisches Interesse“ und „Treffpunkte“ bewährt (vgl. Spatscheck/Bütow 2010).
- Bei den „assoziativen Cliquenrastern“ (Krisch 2006, 115) tauschen Mitarbeiter:innen ihre Assoziationen über die Jugendkulturen und Cliquen in ihrem Zuständigkeitsbereich aus. Hier geht es vordergründig um die Erkundung der Fremdbilder über Jugendliche und die Entwicklung einer „geteilten Wirklichkeitskonstruktion“. Die Fremdbilder können mit Sichtweisen der Jugendlichen konfrontiert werden.
- Bei „kontinuierlichen Cliquenbeobachtungen“ (Krisch 2006, 117) werden bestimmte Gruppen an bestimmten Treffpunkten über längere Zeit beobachtet und befragt, um Verläufe und Entwicklungen sichtbar zu machen. Hierzu können in den Rastern die zu einem Zeitpunkt sichtbaren Aneignungs- und Nutzungsweisen und Konflikte der Personen erfasst werden und subjektive Beobachtungen und Anmerkungen des Befragenden mit einbezogen werden.
- In den Varianten „Nachbarschaftsraster“, „Milieuraster“ oder „Zielgruppen- bzw. Nutzer:innenraster“ kann dieses Verfahren zur Erfassung von Erwachsenen aus verschiedenen soziokulturellen Milieus und weiterer Zielgruppen genutzt werden.
- Kombinationen mit weiteren Erhebungsverfahren, insbesondere der Stadtteilbegehung und der Nadelmethode sind denkbar und ermöglichen eine vielschichtigere Erfassung.

Vorbereitung

- Klärung der bereits hier im Eingang von Kapitel 2 formulieren Leitfragen: Fragestellung, Gegenstand, Zugänge und ethische Vertretbarkeit.
- Auswahl der zu befragenden Gruppe und der Befragenden.
- Überlegungen zur Frage, wo und wann die erwünschten Gruppen besonders gut erreichbar sind und wie diese am besten angesprochen werden können. Hierbei sollten möglichst verschiedene Zeitpunkte und Orte ausgewählt werden, um ein vielschichtigeres Bild zu erhalten.
- Für eine gute Kontaktaufnahme können Befragungen gut alleine durchgeführt werden. Ein Zweierteam für Befragungen ist denkbar und hilft, sich später besser über die Eindrücke austauschen zu können.
- Befragende sollten sich über bestehende eigene Vorannahmen, Erwartungen und Vorinformationen über bestimmte Cliquen und Jugendkulturen vergewissern und versuchen, auf dieser Grundlage dennoch offen und neugierig in die Befragungen zu gehen.
- Haltung im Umgang mit persönlichen Daten klären. Mit dieser Methode werden sensible und persönliche Daten erfassbar, die aus Sicht der Befragten nicht für alle (erwachsenen) Personen offen sein sollten. Hier muss besonders gut reflektiert und kommuniziert werden, welche Informationen erhoben werden, was damit geschehen soll, wem welche Ergebnisse zukommen und wie die Beteiligten vorab in Bezug auf deren Privatsphäre und Lebenswelt angesprochen werden
- Informieren der nötigen Personen und Abklärung, wer vorab informiert oder einbezogen werden sollte.
- Vorbereiten des nötigen Erhebungsmaterials, insbesondere eines geeigneten Rasters mit begründeten Kategorien, Tabellen und ggf. Vorbereitung von Aufnahmegeräten, Kameras und Karten.
- Klärung der Formen der Auswertung und Präsentation: Wer wertet das erhobene Material aus, wem soll es präsentiert werden und mit welcher Zielstellung soll dies geschehen? (Weitere Überlegungen hierzu unter Kapitel 3).

Durchführung

- Zu Beginn einer Befragung ist es wichtig, sich noch einmal der Fragestellung der Erhebung zu vergewissern und mit einer größtmöglichen Offenheit in die Interviews zu gehen.
- Das Zugehen auf fremde Cliquen kann Überwindung kosten. Gleichzeitig kann es für die Jugendlichen aber auch eine Anerkennung darstellen, zu ihren Jugendkulturen befragt zu werden und ihr „Expertenwissen“ über Cliquen und Szenen zu zeigen.
- Bei Kontaktaufnahme ausdrücklich klären, von wem diese Befragung ausgeht, zu welchem Zweck sie durchgeführt wird, was mit den Ergebnissen passieren soll, wie mit persönlichen Informationen umgegangen werden wird und wie die Befragten im Verlauf ggf. eingebunden werden können.
- Das Sammeln der Informationen kann anhand offener Fragen geschehen, die mitgeschrieben und parallel mit einem Aufnahmegerät aufgezeichnet werden, um später weiteren Zugriff auf das Material zu haben.
- Die Ergebnisse in die Spalten und Zeilen der Raster eintragen. Dabei durch Kommentierungen oder Farbwahl unterscheiden, welche Information von welcher Quelle stammt. Zudem können eigene Beobachtungen der Befragenden zur Situation oder spontane Eindrücke am Rande der Raster als Feldnotizen aufgenommen werden.
- Das erhaltene Material sollte durch weitere Personen gegenlesen werden. So können beispielsweise mehrere Cliquen befragt werden, verschiedene Interviewende Daten zur selben Fragestellung erheben oder auch weitere Erhebungsverfahren angewandt werden. Eine gute Möglichkeit für ergänzende Verfahren liefern teilnehmende Beobachtungen (Spatscheck/Bütow 2010)
- Die Raster können dann in einer ersten Auswertungsrunde im Team betrachtet und diskutiert werden. Hier ist ein Einbezug der Zielgruppen denkbar, um vielschichtigere Perspektiven zu erhalten.
- Nach einer ersten Sichtung können die Ergebnisse in ein Masterdokument zusammengeführt werden.
- Dieses dient dann als Grundlage für die weitere Interpretation der Daten. Hierzu können Verfahren der qualitativen Inhaltsanalyse (vgl. Mayring 2007a; b und auch Abschnitt 3.1.2) angewandt

werden. Dabei muss geklärt werden, wer das erhobene Material auswertet, wem dieses präsentiert werden soll und mit welcher Zielstellung dies geschehen soll (Weitere Überlegungen hierzu unter Kapitel 3).

- Bei jedem Schritt sollte geklärt werden, was offen und was weiter vertraulich bleiben sollte, um den Interessen der Zielgruppe und dem Datenschutz gerecht zu werden.

Praxisbeispiel: Cliquenraster zum Erkunden von Cliquen und Szenen einer Stadt als Überblick und „thematisches Update" für Erwachsene

Anlass für die Erstellung der Cliquenraster sind die unterschiedlichen Sichtweisen von Lehrer:innen und Jugendarbeiter:innen auf die im Stadtteil vorhandenen Jugendkulturen, Szenen und Cliquen. Manche Mitarbeiter:innen haben sehr differenzierte Einblicke in die jugendkulturellen Lebenswelten vor Ort. Andere können nur sehr unklar unterscheiden, mit welchen Jugendkulturen ihre Zielgruppen zu tun haben und wie diese einzuschätzen sind.

Durch einen Lehrauftrag eines Mitarbeiters aus der Jugendarbeit besteht ein Kontakt zum örtlichen Studiengang für Soziale Arbeit. Im Rahmen einer internationalen Woche ist es möglich, viertägige Workshops mit Studierenden durchzuführen. Der Jugendarbeiter bietet in diesem Rahmen einen Workshop „Sozialräumliches Erkunden von Jugendkulturen in unserer Stadt" an. Viele Studierende sind interessiert und so findet sich eine 18köpfige Forschungsgruppe, die die Stadt erkunden will und Interesse an den Cliquen und Szenen der Stadt hat.

Neben Begehungen und teilnehmenden Beobachtungen wird schnell klar, dass die Cliquenraster eine besonders geeignete Methode für diese Erkundung sind. Mit dieser Methode befragen die Studierenden die jungen Menschen im öffentlichen Raum der Stadt an verschiedenen Orten und Zeiten (tags und abends) und nutzen dabei folgende Leitfragen aus dem Jugendkulturenraster (Krisch 2006, 113):

- Welche Cliquen kennst Du/kennt Ihr in X?
- Was sind deren auffälligste Eigenschaften? Hierbei werden folgende sieben Kategorien angeboten: Name der Clique, Outfit, Musikgeschmack, Verhalten, Weltanschauung/ politische Anschauungen, Botschaft an die Gesellschaft, Treffpunkte.

Mit insgesamt sechs Interviewteams werden Daten erhoben und zahlreiche Jugendliche befragt. Bei der Wahl der Orte werden nach Rücksprache mit den örtlichen Studierenden jene Orte identifiziert, die für Jugendliche die Haupttreffpunkte im öffentlichen Raum darstellen. Dabei handelt es sich vor allem um Parks, öffentliche Plätze in der Stadtmitte sowie weitere Orte und Treffpunkte junger Menschen rund um Sport und Clubkultur. Dass die meisten der Studierenden fremd in der Stadt sind und teilweise auch in Englisch fragen, ist sogar eher ein Vorzug. Durch ihre unvoreingenommene, offene und interessierte Haltung finden sie schnell Kontakt und stoßen als „internationales Befragungsteam" auf viel Interesse bei den Jugendlichen.

Nach einer Kurzschulung und Konzeptentwicklung erhalten die Forscher:innen zwei Tage Zeit für die Datenerhebung und gehen in Gruppen zwischen zwei und vier Studierenden zu den für die Befragungen vorgesehenen Orten. Sie geben sich bei den Jugendlichen offen als Interviewer:innen aus und machen sich durch Namensschilder als Teilnehmer:innen der Internationalen Woche der Hochschule kenntlich.

Die Ergebnisse werden am dritten Tag an der Hochschule aufbereitet, gesichtet und diskutiert. Schnell wird klar, wie vielschichtig und ausdifferenziert die lokale Situation der Cliquen und Szenen ist, wo Konflikte der Raumnutzung vorliegen, welche Verbindungen zwischen den Gruppen bestehen und welche Gruppen oft übersehen werden. Am vierten Tag präsentieren die Studierenden die Ergebnisse den Lehrer:innen und Jugendarbeiter:innen des Stadtteils und diskutieren dabei auch, welche Konsequenzen aus dem Dargestellten für die Arbeit in der Schule und die Angebots- und Konzeptentwicklung abgeleitet werden könnten. Die Cliquenraster dienen als wichtige Referenzpunkte und inspirierende Quelle für das bessere Verständnis der lebensweltlichen Situation der jungen Menschen in der Stadt.

2.1.5 Subjektive Landkarten

Kurzbeschreibung: Adressat:innen werden animiert, selbst gemalte oder gezeichnete Karten ihrer Lebensräume zu erstellen, um die subjektiven Bedeutungen der Räume sicht-, präsentier- und diskutierbar zu machen.

Mit dieser Methode werden Adressat:innen angeleitet, innere Bilder zu ihren Lebens- und Sozialräumen durch selbst erstellte Karten oder Zeichnungen sichtbar zu machen (Deinet 2009, 75; Krisch 2009, 110; frühere Formen bei Schuhmann 1995, 215). Um die Teilnehmenden zu ermutigen, persönliche Eindrücke, Erfahrungen und Ansichten in Bildern darzustellen, sind ein geschützter Rahmen sowie die „Erlaubnis“, gestalterische Mittel ohne künstlerische Bewertungskriterien nutzen zu dürfen, wichtige Voraussetzungen. Die Zeichnenden sollen in offenen Darstellungsformaten „ihren“ Sozialraum in seiner Ausdehnung, seinen wichtigsten Inhalten und den dazu gehörenden subjektiven Einschätzungen darstellen. Durch ergänzende Fragen und eine gemeinsame Betrachtung des Dargestellten können die lebensweltlichen Dimensionen von Räumen anschaulich erfasst werden. Unter Voraussetzung der Einwilligung können die Karten auch im Vergleich betrachtet werden. Im Rahmen von größeren Sozialraumanalysen können subjektive Landkarten auch in Kombination mit Befragungen, Gruppendiskussionen und Präsentationen eingesetzt werden.

Die besondere Qualität dieser Methode liegt darin, dass sie den subjektiven Charakter innerer Landkarten und Bezugssysteme sichtbar macht, die sonst nicht so offen gelegt und betrachtet werden. Sie zeigt anschaulich, wie „objektive“ Orte subjektiv angeeignet und verarbeitet werden. Durch eine gute und vertrauensvolle Begleitung können die emotionalen Qualitäten der inneren Bilder sehr gut sichtbar gemacht werden. Voraussetzung ist dabei der Raum für subjektive Interpretationen der Zeichnenden.

Vorbereitung

- Klärung der bereits hier im Eingang von Kapitel 2 formulieren Leitfragen: Fragestellung, Gegenstand, Zugänge und ethische Vertretbarkeit.
- Bei der Fragestellung sollte berücksichtigt werden, welche Themen sich aus Sicht der Beteiligten eignen, persönlich und im Kontext der Einrichtung bearbeitet zu werden.
- Bei allen Beteiligten sollte die Grundhaltung zum Malen und Zeichnen geklärt werden: Wichtig ist hier nicht der künstlerische Wert der Bilder oder deren kartografische Korrektheit, vielmehr steht der subjektive Ausdruck und die daran geknüpften Informationen über den Raum im Vordergrund.

- Die Methode kann gut in Gruppen von 5-10 Personen durchgeführt werden. Die Methode eignet sich für alle Altersgruppen.
- Die Gruppen sollten nicht zu groß sein, eine Vertrautheit untereinander ermöglicht persönlichere Ergebnisse und die Anleitung durch eine Bezugsperson des Vertrauens ist hier besonders wichtig.
- Es gibt keinen festen Zeitrahmen. Je nach Zielgruppe und Interesse hat sich ein Umfang von 1,5 bis 4 Std. für den kompletten Durchlauf bewährt. Beim Erstellen der Karten ist genug Zeit nötig um in Ruhe vorgehen zu können. Irgendwann stellt sich dann bei den Zeichnenden ein Gefühl der „Sättigung" ein, das allmählich ein Ende einleitet.
- Die Auswertung der Bilder sollte am besten direkt nach dem Erstellen erfolgen, ein größerer Abstand schafft hier eher zu viel Distanz zum Dargestellten.
- Wichtig ist ein ruhiger und abgetrennter Raum, bei dem die Gruppe nicht von Dritten gestört wird.
- Wichtige Grenzen sind die Wahrung der Privatsphäre der Beteiligten und die Wahrung der Interessen der Zielgruppe. Die erstellten Bilder sollten im Regelfall nicht in die Öffentlichkeit. Dies sollte mit allen Beteiligten vorab thematisiert werden.
- Vorab ist es wichtig, alle nötigen Personen über das Vorhaben zu informieren. Hier wäre vor allem zu bedenken, wer auf Seiten der Sorgeberechtigten aber auch innerhalb der Einrichtung vorab informiert oder einbezogen werden sollte.
- An Material werden große Papiere (mindestens DIN A3), Stifte und Farben in jeweils ausreichender Anzahl benötigt. Zudem ist es wichtig, dass ein Raum vorhanden ist, der genügend Tische und Arbeitsflächen für ungestörtes Arbeiten ermöglicht. Für die spätere Aufbewahrung der Bilder können Mappen genutzt werden, die an einem sicheren Ort aufbewahrt werden.
- Während des Erstellens der Karten kann es hilfreich sein, das Malen und Zeichnen mit nicht zu lauter Musik zu untermalen um den kreativen Prozess anzuregen.
- Geklärt werden sollte, wer die Begleitung der Gruppe übernimmt. Am besten geeignet ist eine Person, die den Teilnehmenden vertraut ist, Fragen zu den Bildern stellt und die Teilnehmenden mit Interesse begleitet.

- Besonders wichtig ist zu Beginn, einen sicheren Raum zu schaffen. Die Methode lebt sehr vom persönlichen Kontakt zur anleitenden Person und deren Vorstellung des Vorhabens.
- Wichtig sind folgende Regeln: JedeR kann eine oder ggf. auch mehrere Karten für sich malen bzw. zeichnen und muss später nur zeigen und kommentieren, was er oder sie der Gruppe mitteilen möchte. Zudem muss geklärt sein, dass die Deutung der Bilder stets in letzter Instanz beim Zeichnenden verbleibt.
- In der Gruppe ist es wichtig, sich der Haltung zu vergewissern, dass der subjektive Ausdruck im Vordergrund steht und nicht künstlerische Höchstleistungen. Auch jemand, der „nicht malen kann", kann wunderbare subjektive Karten anfertigen.
- Zu Beginn des Zeichnens sollte ein gemeinsamer geografischer Fixpunkt festgelegt werden, etwa die Wohnung oder die durchführende Einrichtung. Dieser dient als grafischer „Anker" für die Bilder. Um diesen herum können dann beliebig viele Elemente ergänzt werden, so lange, bis sich das Gefühl einer „dichten Beschreibung" einstellt.
- Hier werden oft die „geografischen Inseln" im Sinne des Inselmodells von Helga Zeiher sichtbar, die nach und nach auf dem Blatt darstellen, welche separaten Orte als subjektiv wichtig erachtet und durch die „innere Landkarte" der Zeichnenden vernetzt und zusammengehalten werden.
- Für viele Teilnehmer:innen ist es hilfreich, nach einer Weile des zunächst ruhigen Zeichnens auch Fragen von der Gruppenleitung oder von anderen Teilnehmer:innen zu bekommen, die nach den Bedeutungen des Dargestellten fragen und den Prozess mit Interesse begleiten.
- Alle Teilnehmer:innen sollen so viel Zeit für das Erstellen bekommen, wie sie subjektiv benötigen. Beim Zeichnen und Malen stellt sich nach einer bestimmten Zeit das Gefühl einer „Sättigung" ein, manchmal entsteht durch kleine Gespräche noch einmal der Wunsch, etwas zu ergänzen, letztlich zeichnet sich in der Gruppe aber dann ein Zeitpunkt ab, der auf das Ende des Erstellens verweist.
- Die Landkarten fallen oft sehr unterschiedlich aus, detailreiche und bunte Welten liegen neben schlichten Skizzen und Bildern in

schwarz-weiß. Wichtig ist die Erlaubnis, hier unterschiedlich und vielfältig sein und bleiben zu dürfen.

- Direkt nach dem Zeichnen erfolgt eine erste gemeinsame Betrachtung der Bilder am Tisch. Sie werden dann das erste Mal von den Einzelnen in der Gruppe gezeigt und es sollte genügend Raum für das Erläutern, Nachfragen und das Ergänzen von Details geben. Ggf. kann hier mit unterschiedlichen Farben gearbeitet werden.
- Daran anschließend können die Bilder aufgehängt werden und in einer Präsentation und Diskussion betrachtet werden. Kommentare sollten in der Form „Ich sehe …“, „Auf mich wirkt das …“ formuliert zu werden, um klar zwischen den Deutungen von Beobachtenden und Zeichnenden zu unterscheiden. Auch hier wäre es ggf. noch möglich, weitere Ergänzungen vorzunehmen, bei Interesse auch in einer neuen Farbe.
- Daran anschließend kann die Gruppe ein Fazit ziehen, welche Orte für sie besonders interessant oder wichtig sind. Falls sich geteilte positive oder negative Bewertungen zu bestimmten Orten oder unterschiedliche Einschätzungen in der Gruppe finden, können diese jeweils als solche festgehalten werden.
- Möglicherweise verweisen die Bilder auch auf Grenzen, Übergänge, Schnittstellen oder andere Orte in Sozialräumen, die von besonderem Interesse sind.
- Da die Deutung ohne Zeichnende oder in zu großen Gruppen eher verzerrend wirkt, ist das gemeinsame Entdecken und der Kontakt in der Gruppe während aller Phasen eine zentrale Voraussetzung.
- Übertragen lassen sich vor allem jene Trends und Ergebnisse, die in der Gruppe eindeutig geteilt und kommuniziert werden und dann verbal oder schriftlich an weitere Beteiligte kommuniziert werden können.
- Auf diese Weise können Botschaften aus den Bildern der Gruppe durch Mitglieder oder Anleitende später nach außen gerichtet werden.

Praxisbeispiel: Subjektive Landkarten bündeln Einblicke von Schüler:innen in die lebensweltliche Raumnutzung und -aneignung auf einem Schulcampus

Eine Schulsozialarbeiterin stellt fest, dass den Lehrer:innen und Schulsozialarbeiter:innen einer größeren Ganztags- und Gesamtschule nur sehr wenig bekannt ist, welche Orte die Schüler:innen auf dem Schulcampus nutzen und wie sie diese Orte einschätzen. Gleichzeitig ist sie beauftragt worden, Vorschläge für die neue Gestaltung des Campus und der Räume der Schule vorzulegen, die von der Schule in den nächsten Monaten umgesetzt werden sollen.

Aus dieser Situation heraus trifft die Schulsozialarbeiterin den Entschluss, die Schüler:innen mit einzubeziehen und wählt die Methode der Subjektiven Landkarten, um mehr über die Raumnutzung und -aneignung der Schüler:innen zu erfahren. Um die Methode später gut präsentierbar und anonymisiert zu halten, wählt sie die Möglichkeit, die Schüler:innen in verschiedenen Klassen anzusprechen und nutzt vorgefertigte einheitliche Pläne des Schulcampus auf großen Papierbögen, auf die die Schüler:innen Orte und Räume markieren und beschreiben können.

Dabei gibt sie die Möglichkeit vor, ausdrücklich Orte einzuzeichnen, die gerne oder nicht so gerne aufgesucht werden sowie bestimmten Orten bestimmte Aktivitäten zuzuweisen und mit Einschätzungen zu benennen, wie diese empfunden werden. Zudem fragt sie gezielt nach „Orten, an denen etwas verändert werden sollte" und „geheimen Orten", um hier ggf. Informationen zu bekommen. Diese Karten lässt sie anonymisiert in verschiedenen Klassen erstellen, die die Schülerschaft exemplarisch abbilden. Darüber hinaus gibt sie Lehrer:innen, weiteren Mitarbeiter:innen und Eltern die Gelegenheit, Orte auf Karten zu markieren. Somit ist gewährleistet, dass möglichst viele der teilhabenden Gruppen der Schule mit einbezogen sind.

Die einzelnen Befragungen in der Gruppe werden mit ca. 45-60 Minuten eher kurz gehalten um eine hohe Fokussierung zu erreichen. Die Befragung wird insgesamt über mehrere Wochen durchgeführt und animiert sehr viele Menschen, sich zu beteiligen.

Die spätere Auswertung der Karten macht deutlich, wie unterschiedlich der Schulcampus von unterschiedlichen Alters- und Interessengruppen, Geschlechtern und ethnischen Gruppen genutzt wird und welche zeitlichen Muster im Tagesverlauf eine Rolle spielen. Schnell werden auch Konflikte bei der Raumnutzung und -aneignung deutlich, die in sehr unterschiedlicher Form ausgetragen werden. Viele Informationen sind vor allem für die Erwachsenen neu und bieten erweiterte Sichtweisen auf die Schülerschaft. Hinsichtlich der geäußerten Veränderungsbedarfe lassen sich eindeutig einige Schwerpunkte identifizieren: Manche Gruppen suchen Orte und Räume, die mehr Ruhe ausstrahlen und die helfen, an den oft langen Schultagen etwas Abstand vom turbulenten und inhaltlich vollen Schulalltag zu finden.

Einige der benannten Konflikte waren bislang nicht offen bekannt, durch die Befragung liegen nun Hinweise für die Entwicklung stimmiger Interventionen vor. Zudem lassen sich einige Trendsportarten identifizieren, die im Pausenbereich gut angewandt werden könnten, aber bislang zu wenig Raum finden. Und einige Orte und Räume werden sehr deutlich als Räume markiert, die mit einfachen baulichen Veränderungen verschönert und verbessert werden können.

Mit diesen gut dokumentierten und interessanten Ergebnissen gelingt es der Schulsozialarbeiterin, bei den weiteren Mitarbeiter:innen und Schüler:innen viel Gehör zu finden und sie für konkrete Aktivitäten zur Verbesserung des Zusammenlebens und baulichen Situation des Schulcampus zu gewinnen. Aufgrund des Erfolgs der Befragung wird festgehalten, eine Befragung zum Schulcampus in Zukunft jährlich durchzuführen und diese jeweils mit passenden Methoden zu gestalten.

2.1.6 Autofotografie

Kurzbeschreibung: Fachkräfte bitten Adressat:innen jene Orte zu fotografieren, die mit Bezug auf eine bestimmte Fragestellung für sie persönlich wichtig sind. Die anschließende Betrachtung der Bilder dient dazu, Lebenswelten besser kennenzulernen und fachliche Angebote weiterzuentwickeln.

Bei der Methode der Autofotografie werden Adressat:innen gebeten, Orte ihrer sozialräumlichen Lebenswelt fotografisch festzuhalten, auszuwählen und zu arrangieren um sie dann mit anderen betrachten und diskutieren zu können (Deinet 2009, 78; Krisch 2009, 115). Der Ursprung dieser Methode entstammt aus dem pädagogischen Arbeiten mit Kindern (von Spiegel 1997, 191), sie kann aber auch gut mit anderen Zielgruppen eingesetzt werden.

„Ein Bild erzählt mehr als tausend Worte", Fotografien bilden Eindrücke der „Verortung" im Sozialraum ab und zeigen die subjektiv empfundenen Qualitäten von Orten. In Verbindung mit einer Themenstellung können Lieblingsräume, Orte an denen die Befragten nicht so gerne sind oder Orte mit anderen Bedeutungen sicht- und diskutierbar gemacht werden.

In der ursprünglichen Form wurden Einwegfotokameras mit Filmen genutzt, die dann entwickelt wurden. Durch die technische Entwicklung können nun Smartphones und digitale Kameras genutzt werden, die die Bilder direkt speichern. Für den Effekt des Besonderen können aber auch bewusst wieder alte Polaroid-Kameras als „Retro-Variante“ genutzt werden, die die Bilder direkt nach dem Fotografieren verfügbar machen.

Nach dem Erstellen der Fotos werden Bildreihen ausgewählt, die zunächst einzeln präsentiert und diskutiert und dann in einer Gesamtschau betrachtet werden. Dabei entstehen sehr persönliche Einblicke in Lebenswelten, subjektive Verortungen und Aneignungserfahrungen. Die unterschiedlichen Qualitäten werden in ihrer Vielfalt sichtbar und ermöglichen ein besseres Verstehen und Kennenlernen von Altersgruppen, Milieus, Kulturen und deren Raumerfahrungen. Eine große Stärke ist die nonverbale Visualisierung und die Symbolkraft der Bilder. Die Bildinhalte sollten nicht therapeutisierend oder normativ gedeutet werden, vielmehr sollen die subjektiven Bedeutungen und Gedanken in den Vordergrund treten (vgl. hierzu auch Röll 1998). Die Methode der Autofotografie ist auch gut kombinierbar mit anderen Methoden der Sozialraumanalyse, eine Verbindung zur Stadtteilbegehung wird oft genutzt, um subjektive visuelle Eindrücke von Begehungen mit zu erfassen.

Vorbereitung

- Klärung der bereits hier im Eingang von Kapitel 2 formulierten Leitfragen: Fragestellung, Gegenstand, Zugänge und ethische Vertretbarkeit.
- Die Fragestellung sollte aus Sicht der Zielgruppen interessant und auch aus Sicht der Einrichtung relevant sein.
- Die Methode kann gut in Gruppen von 5-10 Personen durchgeführt werden. Die Gruppen sollten nicht zu groß sein, eine Vertrautheit untereinander ermöglicht persönlichere Ergebnisse.
- Als Zeitraum für das Sammeln der Bilder hat sich eine Woche sehr bewährt.
- Die Bilder sollten dann sehr zeitnah ausgewählt und gut aufbereitet werden. Hierzu haben sich Ausdrucke oder das Entwickeln der Bilder bewährt.
- Möglich wäre auch eine Darstellung in einer nicht-öffentlichen Online-Fotogalerie. Diese virtuelle Form schafft eine bessere Zu-

gängigkeit, nimmt den Bildern aber auch etwas von ihrer Einzigartigkeit.

- Wichtige Grenzen sind die Wahrung der Privatsphäre und Interessen der Zielgruppe. Es muss überlegt sein, welche Bilder in welcher Form in der Öffentlichkeit präsentiert werden sollen und die Beteiligten selbst sollen jederzeit die Möglichkeit haben, bestimmte Bilder nicht zu zeigen. Dies sollte mit allen Beteiligten thematisiert und während des Verlaufs beachtet werden.
- Vorab ist es wichtig, alle nötigen Personen über das Vorhaben zu informieren. Hier ist zu bedenken, wer auf Seiten der Sorgeberechtigten und innerhalb der Institution und deren Umfeld informiert und einbezogen werden sollte.
- Es sollte geklärt werden, mit welchen Kameras die Bilder gemacht werden, wo diese gespeichert und archiviert werden, wo diese entwickelt oder ausgedruckt werden und in welcher Form und mit welchen Zielgruppen diese präsentiert werden sollen.
- Weitere Hilfsmittel, wie Requisiten, Objekte (Stofftiere, Sofas, Logos, etc.) sowie technische Hilfsmittel (Ladegeräte, Speicherkarten, Filme, Projektoren, etc.) sollten gut vorbereitet sein und können ggf. im Laufe der Woche noch besorgt und ergänzt werden.

Durchführung

- Die Fragestellung und Zielsetzung der Autofotografie sollte gut formuliert sein, nicht zu offen, um zu viele und wahllose Bilder zu vermeiden, aber auch nicht zu eng, um Kreativität zu erlauben.
- Bei manchen Zielgruppen kann es hilfreich sein, die Zahl der Bilder zu beschränken.
- Fragestellung, Ablauf und Zielsetzung des Projektes sollten mit der Zielgruppe abgestimmt werden. Dies ist eine wichtige Voraussetzung für die Motivation und das Interesse der Zielgruppe.
- Hilfreich sind assoziative Themen wie etwa „Hier bin ich gerne“, „Meine geheimen Orte im Stadtteil“ oder „Take a walk on the wild side“, die insbesondere mit jüngeren Zielgruppen vorbereitend diskutiert werden.
- Gemacht werden sollten die Bilder von Einzelnen, um möglichst viele individuelle Eindrücke zu bekommen.
- Auch für die Präsentation und Diskussion ist es wichtig, die Beteiligten gut einzustimmen. Hierzu können die Bilder in eine

Rahmengeschichte eingebettet werden. Die Präsentation kann anhand eines bestimmten Ablaufs entlang eines Spannungsbogens oder bestimmten Stationen gestaltet werden, um Orientierung zu schaffen.

- Bei der Betrachtung und Diskussion der Bilder hat es sich bewährt, zunächst die Fotograf:innen einzeln eine überschaubare Anzahl ihrer eigenen Bilder auswählen zu lassen und diese den anderen zunächst unkommentiert vorstellen zu lassen. Danach sollen die anderen zunächst einzeln die Bilder kommentieren und dann abschließend in der Gruppe diskutieren, wo gemeinsame Eindrücke und Deutungen vorhanden sind und wo es Unterschiede gibt.
- Die Präsentation sollte von einer Atmosphäre der Wertschätzung und Neugierde geprägt sein.
- Oft beinhalten Bilder bestimmte Stimmungen und Symboliken oder lösen Assoziationen bei den Betrachtenden aus. Wichtig ist hier, den Fotograf:innen die Gelegenheit zu geben, sich zu diesen „Deutungsangeboten“ zu verhalten und zu prüfen, ob die Eindrücke der anderen auch mit den eigenen inneren Bildern übereinstimmen oder unterschiedlich bleiben. Ein wichtiges Motto ist hier: „Das materielle Bild ist nicht immer das innere Bild“.
- Wichtig ist zu klären, was mit den Ergebnissen der Autofotografie geschehen soll. Die Auswertung kann in der Gruppe verbleiben, um dort und in der Einrichtung bestimmte Prozesse anzuregen. Oder die Gruppe kann bewusst unterscheiden, was aus der ersten Runde heraus in der Gruppe bleiben soll und was in die weitere Öffentlichkeit gebracht werden sollte.
- Eine Veröffentlichung von ausgewählten Ergebnissen kann eine Chance für die Anliegen der Gruppe und der Einrichtung sein. Zentrale Botschaften können weiteren Personen zugängig gemacht werden, etwa als Ausstellung oder in einer Dokumentation, die möglichst vielen Personen zugängig gemacht wird.
- Darüber hinaus sind Präsentationen über das Online-Medien möglich. Denkbar sind offene oder geschlossene Bereiche auf der Einrichtungshomepage, das Erstellen eines Videoclips aus einzelnen Bildern, die mit Musik unterlegt werden oder auch eine Publikation in Social Media Fotoplattformen, wie Instagram, Snapchat oder TikTok.

- Für eine Konzeptentwicklung von Einrichtungen oder Trägern kann nach der ersten Gruppenrunde eine zweite Transferrunde mit oder ohne Zielgruppe gemacht werden, die die Fragen verfolgt, was a) aus dem Gesehenen auf die Angebote und Konzepte übertragen werden sollte, b) welche Bedarfe und Interessen sichtbar wurden und wo c) Hinweise für eine inhaltliche Neuausrichtung oder Weiterentwicklung deutlich wurden, die umgesetzt werden sollten.
- Träger und Organisationen können reflektieren, ob Ergebnisse aus der Erhebung genutzt werden sollten, um Interessen der Zielgruppen bei anderen Trägern und Organisationen bekannt zu machen oder diese anwaltschaftlich in der Öffentlichkeit zu vertreten.

Praxisbeispiel: Autofotografieprojekt gibt Einblicke in die persönlichen Lebenswelten von Jugendlichen und zeigt deren Anliegen

In einer Einrichtung der Offenen Kinder- und Jugendarbeit wurde deutlich, dass Nachbarn, Lehrer:innen und die Jugendarbeiter:innen selbst oft sehr wenig über den lebensweltlichen Alltag von Jugendlichen im Stadtteil wissen. Altersgemäß erzählen Jugendliche nicht sehr gerne Erwachsenen, wie, wo und womit sie ihren Tag verbringen. Durch dieses Nicht-Wissen entstehen viele Vorurteile, Bilder oder Vermutungen, die nicht immer berechtigt sind und es schwierig machen, Situationen richtig einzuschätzen. Manchen Jugendlichen, insbesondere jenen aus ärmeren Familien, wird oft unterschwellig unterstellt, dass sie in sehr „schwierigen Verhältnissen" leben, in nicht immer idealen Verhältnissen und sehr beengten Verhältnissen aufwachsen und Aktivitäten nachgehen, die auf sie eher „schlechte Einflüsse" ausüben. Gleichzeitig werden Jugendlichen manchmal auch hohe Kompetenzen im Arrangieren und Bewältigen von schwierigen Situationen zugeschrieben, ohne dies genauer greifbarer zu machen. Eine Darstellung dieser Fähigkeiten könnte auch zu einem realistischeren Bild von Jugendlichen in der Gesellschaft beitragen.

Vor diesem Hintergrund entsteht in einer Einrichtung der Offenen Kinder- und Jugendarbeit die Idee ein Fotoprojekt „So sieht's aus ..." zu machen, bei dem die Jugendlichen über eine Woche Fotos von ihrem Alltag machen, bei regelmäßigen Zwischentreffen Bilder betrachten und auswählen und am Schluss die Bilder in einer Ausstellung im Jugendzentrum und in einem passwortgeschützen Bereich im Internet präsentieren.

Jugendliche nutzen zum Erstellen der Bilder die Kameras ihrer Smartphones und, falls die Bildqualität der Smartphones zu niedrig ist, digitale Kameras, die sie über die Einrichtung gegen ein Pfand ausleihen können. Die Einrichtung kann für das Projekt auch eine örtliche Fotokünstlerin gewinnen, die den Jugendlichen Tipps und Techniken für das Erstellen guter und ansprechender Fotos sowie der Bildbearbeitung vermittelt. Im Laufe der Woche entstehen viele eindrückliche Bilder von den Zimmern, dem Familienalltag, der Freizeit, dem „Abhängen" und abendlichen Aktivitäten der Jugendlichen. Gleichzeitig werden sie beim Erstellen und Auswählen der Fotos dafür sensibilisiert, was sie von sich zeigen möchten und was nicht und wie dies in einer Weise geschehen kann, die die Betrachter gut anspricht. Vielen Jugendlichen gefällt dabei auch, sich in ihrem Alltag und ihrer Kultur inszenieren und zeigen zu können und Resonanz von anderen zu bekommen.

Nach der Auswahl der Bilder werden diese für einen Monat im Jugendzentrum gezeigt. Zur Vernissage der Veranstaltung werden Eltern, Politiker:innen, Lehrer:innen und weitere Personen aus dem Stadtteil eingeladen. Über den Internetbereich werden die Fotos langfristig dokumentiert und archiviert. Auch die örtliche Presse druckt einige der Bilder ab und zeigt eindrücklich den Alltag junger Menschen für eine breitere Leserschaft. Viele der Teilnehmer:innen berichten, dass es ihnen Freude bereitet, ihren Alltag zu zeigen und dafür auch sehr unterschiedliches Feedback zu bekommen. Und für viele Erwachsene geben die Bilder gute Gelegenheiten, mehr von jugendlichen Lebenswelten zu erfahren und ein Stück besser nachvollziehen zu können, was diese umtreibt.

2.1.7 Zeitbudgets

Kurzbeschreibung: Adressat:innen werden gebeten, die Zeitanteile ihrer „typischen Woche" grafisch darzustellen um ihre Aktivitäten im Alltag sichtbar zu machen.

Mit der Methode der Zeitbudgets werden die Beteiligten gebeten, die zeitliche Verteilung ihrer alltäglichen Aktivitäten zu visualisieren (Deinet 2009, 78; Krisch 2009, 134; frühere Formen auch bei von Spiegel 1997, 193). In einem geschützten Gruppenkontext werden mit Tabellen, Grafiken und Leitfragen die Proportionen der persönlichen Aktivitäten im Tages- oder Wochenverlauf erfasst und diskutiert. Zeitbudgets können den Beteiligten zur Selbstreflexion dienen und Fachkräften helfen, die Lebensbedingungen, Interessen und Bedürfnisse ihrer Zielgruppen besser zu verstehen.

Dabei werden die Teilnehmenden gebeten, „typische Aktivitäten“ als Anteile in vorgefertigte Wochenpläne einzutragen und die Inhalte farbig oder symbolisch zu kodieren. In einem zweiten Schritt werden diese dann offengelegt und diskutiert. Dabei werden die Gewichtung von Aktivitäten, wichtige Orte und Relationen sichtbar und in ihrer Unterschiedlichkeit und ihrer Zeitgebundenheit darstellbar. Zudem ermöglicht sie vergleichende Einblicke im Zeitverlauf und zwischen den Generationen. Durch die übersichtliche Darstellung und gemeinsamen Reflexion kann die Gelegenheit geschaffen werden, zu überprüfen, was an der bisherigen Zeitaufteilung subjektiv als stimmig betrachtet wird und was nicht.

Für Mitarbeiter:innen von Einrichtungen ist diese Methode besonders wertvoll, da sie Einblicke in Zeiten gibt, die jenseits öffentlicher Orte, in der Familie oder allein verbracht werden. Gerade jene Gruppen, die sich wenig öffentlich artikulieren oder als „schwer erreichbar“ gelten, werden mit ihren Anliegen sichtbarer. Gleichzeitig handelt es sich jedoch um sensible Bereiche der Privatsphäre, die immer einen entsprechenden Vertrauensschutz benötigen.

Vorbereitung

- Klärung der bereits hier im Eingang von Kapitel 2 formulierten Leitfragen: Fragestellung, Gegenstand, Zugänge und ethische Vertretbarkeit.
- Bei der Wahl der Fragestellung sollte berücksichtigt werden, welche Themen sich für eine Veröffentlichung eignen, welcher Grad des Einblicks sinnvoll ist und wer für einen Zugang gewonnen und überzeugt werden müsste.
- Prinzipiell ist diese Methode für alle Zielgruppen geeignet.
- Sie kann auch in bestehenden Gruppen angewandt werden, dass sich die Mitglieder etwas kennen, kann hilfreich sein, ist jedoch keine Voraussetzung.
- Für die Begleitung der Erstellung der Schaubilder wird eine Person als Moderator:in benötigt, auch Mitarbeiter:innen aus der Klasse oder Leiter:innen von Gruppen können in diese Rolle gehen.

- Die Erstellung und Diskussion der Zeitbudgets sollte in überschaubaren Gruppen erfolgen, eine ergänzende Auswertung ist auch in größeren Gruppen denkbar.
- Als Dauer für die Erstellung einer Zeittafel sind etwa 45 Minuten sinnvoll. Für die zeitnahe Betrachtung und Diskussion der Bilder sollte genügend weitere Zeit eingeplant werden.
- Als Grundmaterial werden ausreichend vorgefertigte Wochenpläne benötigt, die die Wochentage und das Wochenende auf einem DIN A3 Blatt darstellen. Hier sind vergrößerte Kopien aus einem Wochenkalender nutzbar.
- Für die Gestaltung der Zeitanteile sollten genügend Stifte und möglichst auch Aufkleber und Symbole bereitgestellt werden. Dabei sind vorgefertigte Bilder für bestimmte Kategorien (z.B. schlafen, essen, fernsehen, Computer, Zeit mit Freunden) aber auch offene Bilder zum Selbstbeschriften hilfreich.
- Wichtig ist ein großer Raum, der eine ruhige Arbeitsatmosphäre ermöglicht und genug Platz zum Erstellen und Auswerten der Zeitbudgets bietet.
- Voraussetzung ist auch bei dieser Methode die Wahrung der Privatsphäre und Interessen der Zielgruppe. Zeitbudgets sollten nur anonymisiert oder als anonymisierte Gruppenauswertung in die Öffentlichkeit gebracht werden. Dabei sollte gut überlegt werden, welche Botschaften zu welchem Zweck an Dritte gerichtet werden.
- Vorab ist auch hier wichtig, alle nötigen Personen über das Vorhaben zu informieren, insbesondere die Teilnehmenden und deren Sorgeberechtigten, aber auch die Schüsselpersonen innerhalb der Einrichtung sollten vorab einbezogen werden.

Durchführung

- Ein guter Start basiert auf einer guten Anmoderation, die die Fragestellung und Zielsetzung der Zeitbudgets verdeutlicht, den Teilnehmenden klar macht, was ihr persönlicher Nutzen sein könnte und wie der Ablauf der Methode sein wird.
- Dabei sollte die Moderator:in deutlich machen, was mit den Inhalten passiert und in welcher Weise persönliche Informationen geschützt werden.

- Die Zeitbudgets werden zunächst von den Teilnehmenden einzeln angefertigt. Für das Erstellen sollten sie genügend Zeit und Ruhe bekommen. Während des Erstellens kann durch interessierte Rückfragen zu den Inhalten die Motivation vergrößert werden.
- Beim Material können insbesondere die vorgefertigten Bilder und Symbole sowie Beispiele für Kategorien helfen, kreativ zu werden.
- Eine Kodierung von Bedeutungen mit bestimmten Farben oder Symbolen hilft, bei der Auswertung auch größere Datenmengen bearbeiten zu können.
- Nach Ablauf der Erstellung können die einzelnen Beteiligten ihre Zeitbudgets zunächst den anderen vorstellen. Bei größeren Gruppen können Einzelne ihre Bilder exemplarisch präsentieren.
- Nach der Einzelpräsentation der Bilder erfolgt eine Runde der Kommentierung und Diskussion in der Gruppe. Hier kann vor allem nach Mustern, Unterschieden, Häufigkeiten, Arten von Aktivitäten aber auch nach Einschätzungen, Erklärungen und Bewertungen gesucht werden.
- Jenseits der Gruppe können die Zeitbudgets gut für die Weiterentwicklung von Konzepten und Angeboten verwendet werden. Zum einen können Bedarfe und Interessen von Gruppen sichtbar gemacht werden. Zum anderen können Einblicke in Lebenswelten der Zielgruppen helfen, besser zu verstehen, was diese benötigen und wie diese besser erreicht werden können.
- Zeitbudgets in größerer Anzahl, etwa von mehreren Schulklassen oder einer Nachbarschaft können auch als „kleine Sozialstudien" genutzt werden, um lokale Lebenswelten und Interessen sicht- und einschätzbar zu machen und Gruppen zu sensibilisieren, die davon wenig Kenntnis haben.
- Wichtig ist jedoch, sämtliche Schlüsse aus den Zeitbudgets mit den Erstellenden rückzukoppeln und keine vorschnellen Fehlschlüsse zu generieren.
- Bei einer größeren Zahl von Befragten muss mit reflektiert werden, dass die Selbstthematisierung der Befragten mit der von ihnen vermuteten Erwünschbarkeit der Antworten zusammenhängt und dass dieser Effekt vor allem bei größeren Stichproben zu Verzerrungen der Ergebnisse führen kann.

Praxisbeispiel: Zeitbudgets geben Einblicke in den Lebensalltag älterer Menschen im Stadtteil

In einem Forschungsprojekt einer Hochschule im Verbund mit Praxiseinrichtungen soll erkundet werden, wie ältere Menschen im Stadtteil leben, wie gut sie von Hilfeangeboten erreicht werden, wie sie im Stadtteil gemeinsam mehr für ihre Lebensqualität erreichen können und wie verhindert werden könnte, dass sich ältere Menschen zu sehr zurückziehen. Zu Beginn wird schnell deutlich, dass nur wenig Wissen über den tatsächlichen Lebensalltag der Zielgruppe vorhanden ist. Um später passendere Fragen für einen Fragebogen erstellen zu können, beschließt die Forscher:innengruppe, die älteren Menschen im Stadtteil zunächst mit der Methode der Zeitbudgets über deren Lebensalltag und die verbrachten Zeitanteile zu befragen.

Die Teilnehmer:innen werden über ein Stadtteilzentrum angesprochen, das viele Angebote an ältere Menschen richtet. Zudem können über ambulante Pflegedienste, Pflegestützpunkte und Dienstleistungszentren der Altenhilfe weitere Personen erreicht werden. Die Angesprochenen werden gebeten, in einem vorgefertigten Wochenplan anonym einzuzeichnen, welchen Aktivitäten sie in einer „normalen Woche" nachgehen. Sie können die Bögen zuhause ausfüllen und in einem verschließbaren Umschlag abgeben. Oder sie können den Bogen im Stadtteilzentrum, im Nachbarschaftscafé oder am Rande von Gruppenangeboten bekommen und dort gleich ausfüllen. Die Kontaktpersonen erläutern die Zielsetzung und das Vorgehen und klären darüber auf, dass die Befragung anonym stattfindet. Die Bögen werden über einen Zeitraum von vier Wochen gesammelt und werden dann von der Forschungsgruppe ausgewertet und gesichtet. Erste Ergebnisse werden verdichtet aufbereitet und an zwei Nachmittagen im Stadtteilzentrum öffentlich diskutiert und kommentiert. Denjenigen, die die Bögen zuhause ausgefüllt haben, wird eine Zusammenfassung der zentralen Ergebnisse schriftlich zugestellt. Auch sie haben die Gelegenheit, die Ergebnisse zu kommentieren.

Bei der Befragung mit den Zeitbudgets wird vor allem deutlich, wie unterschiedlich die Tagesaktivitäten der Befragten sind. Neben Wochenplänen mit sehr wenigen Aktivitäten und einer Beschränkung auf den Nahraum der Wohnung und Familie gibt es auch Wochenpläne, die sehr voll von unterschiedlichen Aktivitäten sind, die teilweise auch an weit verstreuten Orten stattfinden und viele Kontakte und Begegnungen mit involvieren. Zudem konnten mit der lokalen Studie auch interessante Einblicke in das Internetverhalten älterer Menschen erhalten werden, die neue Anregungen bringen. Über zwei Felder „Was hätte ich gerne anders in meiner Woche?“ und „Was fehlt mir hier an Angeboten und Treffpunkten im Stadtteil“ können erste Aussagen über die weiteren Interessen und Bedarfe an Infrastruktur erfahren werden.

Auf der Grundlage dieser Befragung kann die Lebenslage und Alltagsgestaltung der Befragten klarer eingeschätzt werden. Da die Aussagen nicht repräsentativ sind, geben sie nur erste Einblicke wieder, aufgrund dieser Einblicke können jedoch neue Fragen generiert werden, die im weiteren Forschungsprojekt aufgegriffen und vertieft werden. Zudem erhalten die Träger, Institutionen und Befragten interessante Einblicke in die Alltagsgestaltung von älteren Menschen in ihrem Nahraum und deren Interessen und Wünschen. Im Verlauf der Studie können diese weiter vertieft werden. Sie helfen, eine Debatte über die Lebenssituation von älteren Menschen im Stadtteil anzuregen und die Weiterentwicklung von Konzepten und Angeboten zu initiieren, die näher an ihrer Zielgruppe liegen sowie deren Ressourcen und Fähigkeiten stärker in die Angebotsentwicklung mit einzubeziehen.

2.1.8 Institutionenbefragungen

Kurzbeschreibung: Mitarbeiter:innen und Bewohner:innen werden zu Einschätzungen über lokal vorhandene Angebote für bestimmte Zielgruppen befragt und nutzen die Ergebnisse zur fachlich-konzeptionellen Weiterentwicklung.

Institutionen des Sozial-, Gesundheits- und Bildungswesens übernehmen eine zentrale Rolle für die Daseinsfürsorge und die Realisierung der Teilhabe an den Errungenschaften einer Gesellschaft. Sie gestalten Entwicklungsmöglichkeiten und machen diese sozialräumlich erreichbar. Die Qualität der Zusammenarbeit dieser Institutionen ist ein gewichtiger Faktor für die Schaffung guter Lebensbedingungen in Stadtteilen und Regionen.

Mitarbeiter:innen aus Einrichtungen haben einen intensiven und oft persönlichen Kontakt zu ihren Zielgruppen und erhalten Einblicke in Lebenswelten, die anderen Personengruppen verschlossen bleiben. Auf der Grundlage dieser Begegnungen entstehen viele Kontakte und Kooperationen. Das dabei gebildete Erfahrungswissen kann hilfreich für die Weiterentwicklung von Angeboten in Einrichtungen sein.

Vor diesem Hintergrund werden bei dem Verfahren der Institutionenbefragung (Deinet 2009, 84; Krisch 2009, 149) Fachkräfte und ggf. auch Zielgruppen mit strukturierten Fragebögen zu Einschätzungen über lokal vorhandene Institutionen und zivilgesellschaftliche Akteur:innen befragt. Es soll eruiert werden, in welchem Umfang Organisationen bekannt sind, welche Stärken und Schwächen ihnen zugeschrieben werden und wie ihre sozialräumliche Einbindung beschaffen ist. Dabei werden drei Hauptziele verfolgt:

a) Die Analyse der lokalen Angebotsinfrastruktur und der Qualität der Zusammenarbeit vor Ort.
b) Das Gewinnen von Einblicken in die Lebenslagen und -situationen der Zielgruppen.
c) Den Transfer dieser Analysen in die konzeptionelle Weiterentwicklung und persönliche Reflexionen.

Als Erhebungsmethode werden Leitfadeninterviews eingesetzt. Die Leitfäden beziehen sich auf die lokal vorhandene Infrastruktur in den Bereichen Soziales, Gesundheit und Bildung (und ggf. noch weiteren Angebotsbereichen), aktuelle Herausforderungen im Gemeinwesen sowie die Situation und die Lebenslagen der Zielgruppen. Hierzu werden „Expert:innen“ aus verschiedenen Bereichen befragt. Zum einen die Mitarbeiter:innen von einschlägigen Institutionen und Trägern, zum anderen „Schlüsselpersonen“ aus dem Sozialraum, die als direkt Betroffene oder „Lebensweltexpert:innen“ mit besonderen Einblicken, etwa als Ladenbesitzer:in, Polizist:in, Kinderärzt:in oder Hausmeister:in befragt werden können.

Grundsätzlich sind alle Institutionen auf Kooperation und Abstimmung ihrer Angebote im Sozialraum angewiesen. Das Projekt der Sozialraumorientierung verfolgt die Umsetzung und Ausgestaltung dieser Zielstellung. Jedoch trifft dieses immer wieder auf Hindernisse bei der Umsetzung, sei es durch die Trägerkonkurrenz um knappe „Aufträge“ von Geldgebern, fachliche Konfliktlinien zwischen verschiedenen Arbeitsansätzen, konzeptionell unterschiedliche Rollen der freien, öffentlichen und kommerziellen Träger, Konkurrenzen zwischen den Professionen, etwa im Bereich Jugendhilfe-Schule oder Soziales-Gesundheit, unterschiedliche Fördertöpfe, organisationsbezogene Betriebsblindheiten, dem Denken in Sektoren und Kurzsichtigkeiten, unterschiedliche Verständnisse über das Geben und Nehmen bei „Kooperationen“ oder einfach durch unterschiedliche persönliche Vorlieben und Vorbehalte der Mitarbeiter:innen: Das oft postulierte Ziel der Abstimmung, Vernetzung und Kooperation stößt immer wieder an reale Grenzen.

Gleichwohl handelt es sich hierbei nicht um feste und unveränderbare Grenzen. Institutionenbefragungen verfolgen deshalb die Frage, wo Bewegung und Spielräume möglich und gestaltbar sind. Sie setzen auf eine geteilte Gesamtverantwortung für einen Sozialraum und Blicke jenseits kurzfristiger Legitimation und Vorteile. Dabei soll das Handeln im Sinne der Zielgruppen und das Schaffen einer guten Infrastruktur immer wieder in den Blick genommen werden. Institutionenbefragungen dienen dem Offenlegen von Informationen, die hierfür nützlich sein könnten und zum Ausloten von Möglichkeitsräumen, in denen Veränderungen gestaltbar sind.

Vorbereitung

- Klärung der im Eingang von Kapitel 2 formulierten Leitfragen: Fragestellung, Gegenstand, Zugänge und ethische Vertretbarkeit.
- Auswahl der zu befragenden Personen. Hier sind mindestens drei Grundvarianten denkbar: a) Mitarbeiter:innen, b) Bereits erreichte oder potenzielle Zielgruppen, oder c) Weitere „Schlüsselpersonen“ aus dem Sozialraum. Kriterien könnten die Repräsentativität, Einfluss und Definitionsmacht, Innovation oder die Qualität der Einblicke sein.
- Klärung, welche Träger, Vereine, Akteur:innen und Persönlichkeiten auch jenseits der „üblichen Verdächtigen“, eingebunden werden können. Hilfsmittel können hier ein Brainstorming im Team, das Sammeln von Infobroschüren und Internetquellen oder die Vorschläge weiterer Personen sein.
- Schlüsselpersonen schließen den Sozialraum im wahrsten Sinne auf, sie machen Vorgänge und Erwartungen sichtbar, die nicht immer präsent oder erwünscht sind, jenseits der Eigenlogiken der Träger liegen aber hilfreiche Außenperspektiven bieten.
- Die Zahl der Befragten sollte bei 10 + x liegen. Für das Führen eines Leitfadeninterviews mit etwa acht Fragen sollte etwa 45-60 Minuten Zeit eingeplant werden.

- Überlegungen zur Frage, wo und wann die zu befragenden Gruppen besonders gut erreichbar sind und wie diese am besten angesprochen werden können. Hier ist es wichtig, verschiedene Zeitpunkte und Orte auswählen, um ein möglichst vielschichtiges Bild zu erhalten.
- Klärung, wer aufgrund seiner Rolle und Person wen am besten befragen kann. Zum Festhalten von Ergebnissen empfiehlt es sich, in Interviewteams zu arbeiten. So können Ergebnisse besser erfasst werden und später ist mehr Austausch über die Eindrücke möglich.
- Die relevanten Personen und Institutionen sollten über das Vorhaben informiert werden. Hier ist zu bedenken, wer innerhalb der Organisation und seitens der Teilhabenden vorab einbezogen werden sollte.
- Das nötige Erhebungsmaterial sollte gut und in ausreichender Menge vorbereitet sein, insbesondere ein geeigneter Leitfaden mit gut ausgewählten Fragen. Diese sollten möglichst klar und offen formuliert sein und animieren, viel zu erzählen.
- Folgender Leitfaden aus dem Bereich der Offenen Kinder- und Jugendarbeit, publiziert bei Richard Krisch (2006, 112), kann als Anregung genutzt und für andere Settings angepasst werden:

Leitfadeninterview
Zur sozialen Infrastruktur im Stadtteil:
Welche Personen/Institutionen gibt es?
  Was machen sie?
Wie hat die Lage vor fünf Jahren ausgesehen?
  Was hat sich geändert?
  Was haben diese Institutionen/Personen dazu beigetragen?
Zur Einschätzung der Situation der Jugendlichen im Stadtteil:

Stärken generell +
Was funktioniert gut im Stadtteil?

Schwachstellen generell -
Welche Probleme siehst Du/sehen Sie im Stadtteil für Kinder und Jugendliche?
Wie ist die Struktur der Probleme?
Wer ist beteiligt?
Wo ist die Ursache?
Gibt es Ansätze zur Selbsthilfe?

Stadtteilsituation im Detail +/-

Treffpunkte von Kindern und Jugendlichen

Welche Treffpunkte haben die Jugendlichen im Stadtteil?
 Kommerziell?
 Privat?
 Institutionalisiert?
 Informell?

Welche Mängel gibt es?
 Versorgung mit Treffpunkten?
 Ausstattung von Treffpunkten?
 Sonstiges

Mobilität

Wie mobil sind Jugendliche, um die Freizeit nicht im Stadtteil zu gestalten?

Wie attraktiv ist es für sie, die Freizeit nicht im Stadtteil zu gestalten?

Jugendkulturen

Was für unterschiedliche Jugendcliquen/-szenen kennst Du/kennen Sie?
 Wie viele sind das?
 Wie alt sind die Jugendlichen? Was machen sie?
 Welche Jugendkultur?

Welche Entwicklungen in der Jugendszene sind dominant?

Welche Entwicklungen findest Du/finden Sie besonders bemerkenswert?

Welche Jugendszenen prägen den Stadtteil?

Kinder und Jugendarbeit

Welche Rolle spielt die Kinder- und Jugendarbeit im Stadtteil?

Was sagst Du/sagen Sie zu den Aktivitäten der einzelnen Vereine?

Wie bewertest Du/bewerten Sie die Elemente der Offenen Kinder- und Jugendarbeit?

Netzwerk

Welche Formen des Kontaktes oder der Zusammenarbeit zwischen der Institution und der Jugendarbeit gibt es derzeit?

Welche Kontakte und Kooperationen wären wünschenswert/realisierbar?

- Zu Beginn der Befragung sollte eine kurze Vorstellung der Befragenden, ihrer Rolle und des Zwecks der Befragung erfolgen
- Als guter Einstieg für ein Interview hat sich die Bitte gezeigt, die Meinung von Fachleuten zur Entwicklung im Sozialraum einzuholen um die fachliche Arbeit und das Gesamtangebot zu verbessern.
- Die Fragen sollten möglichst kurz und motivierend gestellt werden.
- Die befragende Person führt das Interview, eine zweite Person kann das Interview mit Notizen dokumentieren und mit einem Aufnahmegerät mitschneiden.
- Bei der Befragung können ergänzende Feldnotizen zu besonderen Vorkommnissen, Beobachtungen und Gedanken festgehalten werden.
- Die Angaben der Befragten sollten nicht kommentiert oder richtiggestellt werden, beim Interview sollen O-Töne erfasst werden, die Bewertung und der Umgang mit den Ergebnissen erfolgt nach der Auswertung.
- Für die Auswertung sind unterschiedliche Verfahren denkbar. Das Verfahren einer vollen qualitativen Inhaltsanalyse nach Mayring (2007a; b bzw. Kapitel 3) bietet das transparenteste und gründlichste Auswertungsverfahren.
- Ein weniger zeitaufwändiges und dennoch nachvollziehbares Verfahren bietet die Beschränkung der Auswertung auf jene Textpassagen, die in einer ersten Sichtung als besonders relevant und interessant erscheinen. Hierzu werden diese Interviewausschnitte schriftlich transkribiert oder als Tondokument neu auf ein Aufnahmegerät gesprochen.
- Diese Passagen werden dann anhand einer Kategorienbildung (vgl. Kapitel 3) inhaltsanalytisch ausgewertet. Dazu werden sie auf prägnante Meinungen, Aussagen, Muster oder Strukturen hin durchgegangen, deren Aussagen dann zu Kategorien zusammengeführt werden.
- Für die Aufbereitung und Präsentation der Ergebnisse bieten sich verschiedene Formen an, sei es eine öffentliche, träger- oder teaminterne Veranstaltung, ein schriftlicher Bericht als Textdokument oder ein Thesenpapier mit Vorschlägen für die Konzeptentwicklung. Zur Konzeptentwicklung weist die Auswertung bereits auf Defizite und Fehlentwicklungen hin und macht Bedarfe

und Interessen an Kooperation oder der Erweiterung von Angeboten deutlich, die im Sinne einer sozialräumlichen Konzeptentwicklung weiter diskutiert werden können.

- In Anlehnung an die Cliquenraster können auch „Institutionenraster“ (Krisch 2006, 124) erstellt werden, bei denen die markantesten Antworten in einer tabellarischen Form aufbereitet werden.
- Auch bei der Präsentation der Ergebnisse muss darauf geachtet werden, die Interessen der Zielgruppen zu wahren und Informationen nicht gegen sie zu verwenden.
- Als erweiterte „Institutionenbefragung“ (Krisch 2006, 124) können die Antworten anhand der Kategorien „Image positiv“, „Image negativ“, „Kooperationswünsche“ und „weitere Wünsche“ sortiert dargestellt werden.
- Institutionenbefragungen lassen sich gut mit Cliquenrastern und Stadtteilbegehungen kombinieren. Diese Verfahren bieten sich als vorbereitende Einstiege an, auf die die Institutionenbefragungen dann aufbauen können.

Praxisbeispiel: Nutzung einer Institutionenanalyse zur sozialraumbezogenen Weiterentwicklung der Angebote eines Trägers der Behindertenhilfe

Ein Träger der Behindertenhilfe arbeitet an seiner sozialräumlichen Öffnung und beschließt eine Institutionenanalyse durchzuführen. Der Träger bietet verschiedene Formen der ambulanten und stationären Begleitung, Beschäftigung und Arbeitseinmündung von Menschen mit geistiger Behinderung an. Er möchte sich noch mehr zum Stadtteil und den dort vorhandenen Institutionen und Organisationen hin öffnen.

Mitarbeiter:innen eines Regionalteams sammeln zunächst in einem Brainstorming die relevanten Institutionen und Personen. Sie identifizieren insbesondere andere Träger, Vereine, Kulturinstitutionen, Sozialdienste, Gesundheitsdienste, Hausärzt:innen, Vertreter:innen von Interessenverbänden und der Behindertenbewegung sowie Eltern und Betroffene und befragen diese mit folgendem Leitfaden:

1. Einschätzungen zur Infrastruktur für Menschen mit Behinderung im Stadtteil (Institutionen, Angebote, Personen und deren Entwicklung im Vergleich zu vor fünf Jahren)
2. Einschätzung zur Einbindung und Teilhabe von Menschen mit Behinderung im Stadtteil (Was funktioniert gut, was nicht? Wo sind

konkrete Schwachstellen? Wer müsste was konkret verändern? Wo gibt es schon Erfolgsgeschichten und gute Beispiele?)

3. Wie ist die Situation im Stadtteil generell? (Wo gibt es Treffpunkte der Nachbarn? Wo sind wichtige Orte im Hinblick auf Soziales, Gesundheit, Bildung, Freizeit, Nachbarschaft, Arbeit?)
4. Überregionale Situation (Welche Verbindungen sehen die Befragten in andere Stadtteile und die umliegende Region? Wo sind Stärken und Schwächen zu erkennen?)
5. Angebote für Menschen mit Behinderungen sowie inklusive Angebote im Alltag (Was kennen Sie? Was sind besonders gute Beispiele? Wo gelingt Inklusion ganz konkret? Welche Unterstützungsfaktoren und Hindernisse sind sichtbar?)
6. Welche Hinweise haben Sie allgemein für die Verbesserung der Zusammenarbeit der Träger im Stadtteil (Auf fachlicher, persönlicher und struktureller Ebene?)

Die zentralen Passagen der Interviews werden transkribiert, anonymisiert von den Beteiligten gelesen und dann in Auswertungstreffen mit Teammitgliedern, Leitung, Eltern und Adressat:innen gesichtet und vertiefend weiter diskutiert. Neben Hinweisen für die Entwicklung und Öffnung eigener Angebote und einer verbesserten Kooperation der Träger untereinander kommen interessante Hinweise zu Tage, wie die alltägliche Inklusion der Menschen in Freizeitangebote und die Nachbarschaft deutlich verbessert werden könnte. Die Ergebnisse aus der Institutionenbefragung werden in weiteren Teamsitzungen diskutiert und in einem zweiten Workshop drei Monate später noch einmal dem Kreis der Interessierten präsentiert.

Die Ergebnisse werden als Teilkonzeption „Mehr Inklusion und Kooperation im Stadtteil“ schriftlich festgehalten und als Bereichsleitbild, Broschüre und Internetpräsentation zugängig gemacht. Um die alltäglichen Formen der Inklusion weiterzuentwickeln werden zukünftige Stadtteilbegehungen unter dem Motto „Stadtteilspaziergänge – Auf dem Weg zur Inklusion“ angeboten, die die sozialräumliche Ausrichtung der Angebote in der Zukunft weiter verbessern sollen.

2.1.9 Fremdbilderkundungen

Kurzbeschreibung: Erfassung der Außenwahrnehmung von Trägern und Einrichtungen durch Kurzinterviews mit Passant:innen und potenziellen Zielgruppen.

Institutionen und Organisationen im Sozial-, Bildungs- oder Gesundheitswesen sind bedeutsame Faktoren für die Schaffung von Lebensqualität in modernen Gesellschaften. Doch erfüllen diese nicht immer ihre Aufgaben, manche Institutionen verlieren ihre eigentlichen Aufgaben aus dem Blick, erreichen ihre Zielgruppen nicht, erstarren in Routinen oder verlieren den Bezug zu ihren potenziellen Adressat:innen.

Ein zentraler Faktor für die Inanspruchnahme und Mitwirkung an Angeboten von Institutionen ist deren Ruf bei Zielgruppen und Adressat:innen. Dieser entscheidet über den Zugang, das Vertrauen, die Mitwirkung, die Offenheit und über die Legitimation einer Einrichtung. Institutionen können nur wirksam werden, wenn ihnen von den relevanten Gruppen Kompetenzen zugeschrieben werden und sie diese tatsächlich vorweisen.

Über Fremdbilderkundungen (Deinet 2009, 84; Krisch 2009, 141) werden die Außenwahrnehmungen von Einrichtungen und deren Einbettung in den umgebenden Sozialräumen erfasst. Ergebnisse dieser Erhebungen können zur selbstkritischen Reflexion der Angebote, ihrer sozialräumlichen Ausrichtung und zur weiteren Konzeptentwicklung von Trägern und Einrichtungen genutzt werden.

Die Informationen für Fremdbilderkundungen werden mittels Kurzinterviews gewonnen, die im Umfeld von Institutionen mit möglichst vielen Personen geführt werden. Bestimmte Personengruppen können aufgrund ihrer Rolle oder Expertise gezielt ausgewählt werden oder als Passant:innen in zufälligen Stichproben befragt werden. Interessant könnte es auch sein, Personen zu befragen, die bislang als Nichtnutzer:innen in Erscheinung getreten sind.

Bei dieser Methode ist es wichtig, sich zu vergewissern, dass die Annahme „der Stadtteil weiß doch, was wir machen“ nicht immer zutreffend ist und dass stattdessen oft nur wenig Informationen, Vorurteile oder auch Desinteresse kursieren. Insofern gilt es zunächst, hier überhaupt Kommunikation zu schaffen, um Zugänge zur Einrichtung zu etablieren.

Bilder und (Vor-)Urteile über soziale, bildungs- und gesundheitsbezogene Dienste sind in der Öffentlichkeit und bei der Zielgruppe nicht immer positiv. Oft sind sie pauschalen Zweifeln an deren Effizienz oder Sinnhaftigkeit unterworfen, vielmals herrschen Nichtwissen oder oberflächliche Eindrücke vor und bei marginalisierten Zielgruppen kann sich deren negatives gesellschaftliches Image vorschnell auch auf Träger und Einrichtungen übertragen. Wichtig ist hier: Nur wer diese Bilder und Einstellungen kennt, kann auch agieren und sich als Institution so präsentieren, dass Fakten und positive Aspekte in den Blick geraten. Gleichzeitig kann es auch sein, dass einer Organisation Stärke, Vertrauen, Anerkennung und Relevanz in Bereichen zugeschrieben wird, die Mitarbeiter:innen und Geldgeber:innen selbst nicht immer bewusst sind. Auch positive Attribute müssen oft erst benannt und sichtbar gemacht werden, um auch diese in den Blick zu nehmen.

Vorbereitung

- Klärung der bereits hier im Eingang von Kapitel 2 formulieren Leitfragen: Fragestellung, Gegenstand, Zugänge und ethische Vertretbarkeit.
- Auswahl der zu befragenden Gruppe und der Personen. Hier sind mindestens drei Grundvarianten denkbar: a) Das Einholen eines Stimmungsbilds von Passant:innen, b) Die Befragung der (potenziellen) Zielgruppe; hier macht es ggf. Sinn, nicht Mitarbeiter:innen für die Befragung zu nutzen und die Befragten ausdrücklich um ehrliche Antworten zu bitten, c) Die Befragung weiterer Institutionen, die mit der zu erkundenden Institution zu tun haben; oder auch gerade jene, die noch keinen Kontakt hatten.
- Überlegungen zur Frage, wo und wann die zu befragenden Gruppen gut erreichbar sind und wie diese am besten angesprochen werden können. Möglichst verschiedene Zeitpunkte und Orte auswählen, um ein vielschichtiges Bild zu erhalten.
- Für die sichere Kontaktaufnahme und das Festhalten von Ergebnissen empfiehlt es sich, die Methode in Interviewteams zu zweit durchzuführen. So können Ergebnisse besser erfasst werden und man kann sich später besser über die Eindrücke austauschen.
- Eine Überlegung, welche kritischen Themen und Bilder einen erwarten könnten, hilft, sich auf die Situation einzustellen. Dennoch sollte man sich dann möglichst offen in die Situation begeben.
- Informieren der nötigen Personen. Hier wäre vor allem zu bedenken, wer innerhalb der Institution und auch seitens der Geldgeber vorab informiert oder einbezogen werden sollte.
- Vorbereiten des nötigen Erhebungsmaterials, insbesondere eines geeigneten Leitfadens mit gut ausgewählten Fragen. Diese sollten

im Sinne einer offenen Befragung möglichst klar und offen formuliert sein und die befragten Personen animieren, viel zu erzählen.

- Ein Leitfaden kann nach Krisch (2006, 150) folgende Fragen enthalten:

Fragestellungen der Fremdbilderkundung: ...
Öffnende Fragestellung: Wohnen Sie hier in der Nähe?
1. Wissen Sie, wo *Einrichtung XY* ist?
2. Wer geht dort hin?"
3. Was passiert dort?
4. Wer sind die Mitarbeiter:innen dort?
5. Kennen Sie jemanden, der in *Einrichtung XY* geht?

- Wichtige Hilfsmittel sind Aufnahmegeräte und Notizen zu den Interviews, um die Inhalte festzuhalten und erneut abrufen zu können.
- Weitere mögliche Medien sind Kameras oder Karten. Diese sollten nur eingesetzt werden, wenn dies nicht den direkten Kontakt zu den Befragten stört.
- Klärung der Formen der Auswertung und Präsentation: Wer wertet das erhobene Material aus, wem soll es präsentiert werden und mit welcher Zielstellung soll dies geschehen? (Weitere Überlegungen hierzu in Kapitel 3).

Durchführung

- Zu Beginn der Befragung sollte eine kurze Vorstellung der Befragenden, ihrer Rolle und dem Zweck der Befragung erfolgen.
- Die eigentliche Befragung kann mit der einleitenden Frage „Wohnen Sie hier in der Nähe?“ eingeleitet werden, die bewusst zur Kontaktaufnahme dient. Zudem kann diese Frage später bei der Auswertung als Filter „Nachbar/nicht Nachbar“ genutzt werden.
- Die Fragen sollten möglichst kurz und motivierend gestellt werden.

- Die befragende Person führt das Interview, eine zweite Person kann das Interview mit Notizen dokumentieren und das Interview mit einem Aufnahmegerät mitschneiden.
- Bei der Befragung können folgende Einschätzungen zu den Befragten mit erfasst werden: Geschätztes Alter, Geschlecht, Ort, Rolle, Besonderheiten.
- Interviews dieser Art sind relativ wenig zeitaufwändig, es können 10-15 Interviews pro Stunde gehalten werden
- Die Angaben der Befragten sollten nicht kommentiert oder richtiggestellt werden. Beim Interview sollen O-Töne erfasst werden, die Bewertung und der Umgang mit den Ergebnissen sollen nach der Auswertung erfolgen.
- Die Auswertung der Interviews verfolgt den Schwerpunkt, die leitenden Definitionen und Bilder zu erfassen, die im Wirkungskreis der Einrichtung kursieren und geteilt werden.
- Am meisten hat sich eine pragmatische Kurzform der Auswertung bewährt. Hierbei werden nur die markanten Aussagen von den Mitschnitten ausgesucht und dann schriftlich transkribiert.
- Wenn alle Textstellen ausgewählt sind, werden diese als Gesamtes gesichtet und auf Ballungen von Meinungen und Aussagen, dem Vorliegen bestimmter Gruppen, der Rolle von bestimmten Regionen im Sozialraum, Zeitpunkten oder weitere Muster und Strukturen hin untersucht.
- Für die Aufbereitung und Präsentation der Ergebnisse können verschiedene Formen gewählt werden, sei es ein schriftlicher Bericht, Vortrag, Poster, Internetpräsentation, etc. In Anlehnung an die Cliquenraster können auch „Fremdbildraster“ (Krisch 2006, 152) erstellt werden, bei denen die Fragen aus dem Leitfaden und markante Antworten in einer tabellarischen Form aufbereitet werden.
- Fremdbildraster können auch mit einer Institutionenbefragung kombiniert und dann als kombinierte „Institutionenraster“ (Krisch 2006, 124) aufbereitet werden, die das Image einer Einrichtung und Anliegen an die Organisation aus der Sicht von weiteren Institutionen und potenziellen Kooperationspartner:innen erfassen.

Praxisbeispiel: Eine Fremdbildanalyse zu einem stadtteilorientieren Gesundheits- und Familienzentrum

Ein größerer Träger hat im Vorjahr ein stadtteilorientiertes Gesundheits- und Familienzentrum mit Angeboten für Nachbarn, Eltern und Kinder eröffnet. Ziel der Einrichtung ist es, eine niedrigschwellige Anlaufstelle im Stadtteil zu schaffen, Angebote der Gesundheitsförderung und -prävention zu erstellen, über einen Mittagstisch, Kultur- und niedrigschwellige Beratungsangebote Menschen zu erreichen, auf weiterführende Angebote von Ärzt:innen, Hebammen, Pflege, Familienbildung, Tagesbetreuung und der Hilfen zur Erziehung aufmerksam zu machen und Gruppen mit Selbsthilfecharakter zu bilden.

Nach dem ersten Jahr der Tätigkeit besteht nun das Interesse, festzustellen, wie das Zentrum mittlerweile in seiner Nachbarschaft angekommen ist, wie es auf die Anwohner:innen wirkt, welche Angebote sie kennen und welche sie wahrnehmen.

Um hier systematischer vorzugehen, wird während einer Woche im Frühsommer eine Fremdbildanalyse im Umfeld der Einrichtung durchgeführt. Über eine Straßenbefragung mit einem Leitfaden sollen Häufigkeiten der Zustimmung erfasst werden sowie offene Fragen an die Personen gestellt werden. Dabei wird darauf geachtet, möglichst viele und unterschiedliche Personen zu erreichen und diese an verschiedenen Tages- und Abendzeiten anzusprechen. Ergänzend werden Personen in Arztpraxen, Kliniken, Pflege- und Kindertagesbetreuungseinrichtungen angesprochen. Die Fragen orientieren sich an den Inhalten der bisherigen Angebote, den Zielsetzungen der Einrichtung und an den Interessen, Meinungen und Erfahrungen der Befragten.

Nach der Erhebung werden die Ergebnisse in der Einrichtung von einem paritätisch mit Mitarbeiter:innen und Nutzer:innen besetzten „Kernteam Sozialraumanalyse“ gesichtet und aufbereitet. Die Resultate werden dann im Gesamtteam der Einrichtung präsentiert und an einem offenen Abend der weiteren Öffentlichkeit präsentiert.

Zentrale Erkenntnisse sind vor allem, dass zwar ein „harter Kern“ an Stammnutzer:innen die Angebote der Einrichtung kennt und wahrnimmt, dass es aber zugleich sehr viele Personen gibt, die das Angebot interessant finden, aber bisher nicht nutzen. Zudem taucht bei vielen Personen die Fehleinschätzung auf, das Zentrum erst dann nutzen zu können, wenn man krank ist oder Angehörige:r einer erkrankten Person ist. Der Wunsch nach mehr offenen und niedrigschwelligen Treffpunkten, Essensangeboten und Kulturveranstaltungen wird ebenfalls häufig geäußert und einige Personen zeigen Interesse an einem Tauschort für

Dinge, die nicht mehr persönlich genutzt werden, „noch zu gut zum Wegwerfen“ sind und hier neue Besitzer:innen finden könnten.

Die Hauptergebnisse werden im Team weiter diskutiert und unter Einbezug der bisherigen Analysen wird das Konzept der Einrichtung weiterentwickelt. Die Beteiligten fühlen sich bestärkt und sehen in den neuen Konzepten viele der geäußerten Anliegen aufgenommen. Dadurch kann das Gesundheits- und Familienzentrum besser auf die Lebenslagen, Bedarfe und Interessen im Stadtteil eingehen.

2.1.10 Weitere Verfahren

Längst nicht alle qualitativen Erhebungsmethoden für Sozialraumanalysen konnten hier beschrieben werden. Angesichts der Vielzahl der Verfahren haben wir nur die gängigsten Methoden beschrieben. Als weitere Methoden und Verfahren seien aber noch genannt:

- Teilnehmende Beobachtungen (Flick 2011, 281) ermöglichen ein Eintauchen ins Feld. Als verdeckt oder offen agierende Personen im Geschehen werden Beobachtungen gemacht, über Feldnotizen festgehalten und in Reflexionen und Diskussionen ausgewertet.
- Ethnografische Methoden (Flick 2011, 297) nutzen den Charakter der Fremdheit und der Unwissenheit eines Beobachtenden, halten dessen Erfahrungen bei Erkundungen, Beobachtungen und Interviews fest und erarbeiten daraus Studien zu kleinen Fällen und Situationen.
- Sozialraum- und Netzwerktagebücher (Alisch 2013) werden dazu genutzt, alltägliche sozialräumliche Abläufe, Aktivitäten und Aneignungsaktivitäten von Personen zu rekonstruieren und die Relevanz des betrachteten Alltäglichen zu analysieren.
- Datenerhebungen mit Videokameras (Flick 2011, 314) nutzen gefilmte natürliche Szenen, gefilmte Experimente sowie von Akteur:innen selbst aufgezeichnetes, ausgewähltes und kommentiertes Material um Informationen zu gewinnen und auszuwerten.
- Dokumentenanalysen (Flick 2011, 321) werten Akten, Dokumente der Stadt-, Raum- und Sozialplanung, Berichte oder Zeitungsartikel aus, indem sie Ausschnitte aus den Dokumenten als Textkorpus aufbereiten und dann, wie Texte aus Interviews, inhaltlich analysieren.

- Narrative und biografische Verfahren (Flick 2011, 436) versuchen, Menschen in autobiografischen Zugängen zu befragen und Sequenzen, bedeutsame Ereignisse und Lebensgeschichten in ihren Kontexten zu rekonstruieren und zu deuten.
- Hiltrud von Spiegel (1997) beschreibt in ihrem Arbeitsbuch „Offene Arbeit mit Kindern – (k)ein Kinderspiel" folgende aktivierenden Erhebungsverfahren: Teilnehmende Beobachtungen von Kindern, Explorative Befragungen, situative Kinderinterviews mithilfe von Medien, Mental Maps/Cognitive Maps, Autofotografie, Spiel- und Streifraumanalysen, Zeitbudgets, assoziative bzw. projektive Methoden, autobiografisches Erzählspiel, narrative Interviews, soziales Atomspiel, Soziogramme, Zukunftswerkstätten und Rollenspiele.

Im „Methodenkoffer" des Online-Journals „sozialraum.de" werden fortlaufend neue sozialräumliche Erhebungsmethoden dargestellt, in ihrer Anwendung beschrieben und in neuen Varianten und Weiterentwicklungen dargestellt. Darüber hinaus finden sich dort zahlreiche Texte zu bereits durchgeführten sozialräumlichen Projekten und Praxisaktivitäten sowie einführende und vertiefende Grundlagentexte zum sozialräumlichen Denken und Handeln.

2.2 Quantitative Verfahren

Zur Erfassung objektiver Lebensbedingungen und deren Effekte auf größere Gruppen können die im Folgenden beschriebenen Verfahren auch im Kontext quantitativer Forschungsdesigns umgesetzt werden. Ebenso wie bei qualitativen Verfahren ist es dafür unumgänglich notwendig, dass die jeweiligen (Praxis-)Forscher:innen zumindest über ausreichende Grundkenntnisse der entsprechenden Forschungsabläufe und Methoden verfügen. Hierzu gehört das Wissen um Forschungsdesigns und Forschungsinstrumentarien und zugehörige Gütekriterien ebenso wie Kenntnisse bzgl. statischer Modellierungen und Auswertungen von erhobenen Daten.

Typischerweise weist der Ablauf einer quantitativen empirischen Untersuchung folgende Schritte auf:

- Festlegung des Forschungsthemas und der Fragestellung
- Festlegung der Zielgruppe („Grundgesamtheit")
- Festlegung der Untersuchungsgruppe (Sozialraum, Community, „Stichprobe")
- Entwicklung des Forschungsinstrumentariums
  - Untersuchungs-/Erhebungsdesign
  - Instrumentendesign (z. B. Interviewleitfäden, Fragebögen, …)
  - …
- Anwendung des Forschungsinstrumentariums (Erhebung/Befragung/Beobachtung, …)
- Informationsauswertung
  - Informations-/Datenmanagement
  - Auswertung bzw. statistische Analyse
- Dokumentation / Präsentation der Ergebnisse

(vgl. etwa Ostermann/Wolf-Ostermann 2005; Bortz/Döring 2016; Babbie 2003; Rossi/Freeman 1996; Bergs/Rossi 1998)

Wie schon eingangs in Kapitel 2 aufgezeigt, muss jeder angewandten Forschung in einem Praxisfeld/Sozialraum zunächst eine klare Definition der Forschungsfrage und des Forschungszusammenhanges vorangehen („was" und „warum"), da nur so die nötige Klarheit über Ziele und Verfahren des angestrebten Forschungsvorhabens gewonnen werden kann. Hierzu ist es je nach Tiefe des angestrebten Vorhabens sinnvoll bis unerlässlich, durch systematische Recherchen in der Fachliteratur einen Überblick über den bisherigen Wissensstand zum jeweiligen Thema zu präzisieren oder auch Erfahrungswissen zu recherchieren. Die Präzisierung der Forschungsfrage impliziert dann auch, welches Forschungsdesign bzw. welcher Studientyp der Fragestellung angemessen ist. Hier reicht die Bandbreite von Beobachtungsstudien wie z. B. Querschnittstudien (Surveys) über Fall-Kontroll-Studien, Kohortenstudien oder auch Längsschnittstudien bis hin zu experimentellen Studien, den randomisierten kontrollierten Interventionsstudien. Im Bereich sozialräumlicher (Praxis-)Forschung werden in vielen Fällen Querschnittstudien eingesetzt, d. h. zu einem festen Zeitpunkt werden alle interessierenden Merkmale/Kenngrößen bei den in die Studie eingeschlossenen Personen erhoben. Für Leser:innen, die sich hier vertiefter einarbeiten möchten, sei auf entsprechende Fachliteratur verwiesen (z.B. Bortz/Döring 2016; LoBiondo-Wood/Haber 2005)

Genauso so wichtig wie die Festlegung des Forschungs- bzw. Studiendesigns ist es, sich vor Beginn der eigentlichen Feldphase eindeutig darüber klar zu werden, über wen die Analyse Aussagen liefern soll. Dies bestimmt maßgeblich mit, wie die Auswahl der eigentlichen Untersuchungsgruppe gestaltet werden soll und kann. Wenn ich mich bspw. in einem Sozialraum für die Lebenswelt älterer Menschen mit Pflegebedarf interessiere, macht es in Hinblick auf verwertbare Ergebnisse wenig Sinn, wenn die Befragung etwa auf Besucher:innen eines Jugendtreffs fokussiert. Umgekehrt wäre es bei einem Erkenntnisinteresse an der Lebenswelt Jugendlicher ebenso wenig sinnvoll, nur ältere Personen in die Untersuchung einzubeziehen.

Häufig steht man dabei zusätzlich vor dem Problem, dass die Gruppe, über die das Forschungsvorhaben Auskunft geben soll, deutlich größer ist als das, was von den Forschenden tatsächlich in der Feldphase anzahlmäßig in die Analyse aufgrund der vorhandenen Ressourcen eingeschlossen werden kann. In diesen Fällen – die in der angewandten Forschung häufiger vorkommen als der Einschluss aller interessierenden Personen – ist es notwendig, sich Gedanken über sinnvolle Auswahlverfahren für eine „handhabbare" Größe der einzuschließenden Teilgruppe zu machen. In der quantitativen Forschung spricht man hierbei von der Auswahl einer Stichprobe, die aufgrund von genauen Ein- bzw. Ausschlusskriterien sowie von Auswahlverfahren definiert wird. Möglichkeiten einer solchen Auswahl könnten beispielsweise die Auswahl einer Gelegenheitsstichprobe sein – hier wird eine entsprechende Anzahl zur Verfügung stehender Personen (Freiwilliger), die den Einschlusskriterien entsprechen, in die Studie eingeschlossen – oder einer Zufallsstichprobe – hierbei wird eine zufällige (randomisierte) Auswahl unter allen möglichen Personen getroffen, die den Einschlusskriterien entsprechen. Für genauere Ausführungen hierzu sei auf die entsprechende Fachliteratur verwiesen (vgl. z.B. Kauermann G./Küchenhoff H. 2010, Kreienbrock 2004; Quatember 2014 oder Cochran/Böing 1972). Grundsätzlich erfolgt die Auswahl einer zu befragenden Teilgruppe zum einen anhand theoretischer Kriterien (Stichprobenverfahren und definierte Ein- und Ausschlusskriterien) zum anderen aber auch anhand praxisbezogener Überlegungen (Erreichbarkeit der Teilgruppe, Kosten, etc.).

Im Folgenden werden Methoden zur quantitativen Erhebung sozialräumlicher Daten detaillierter vorgestellt.

2.2.1 Sekundärdatenanalyse

Als Sekundärdatenanalyse bezeichnet man die Nutzung bereits vorliegender Daten. Sekundär ist diese Analyse in dem Sinne, dass die Daten zu einem anderen als dem ursprünglich gedachten Verwendungszweck genutzt und ausgewertet werden. Dies ist z.B. der Fall, wenn Daten statistischer Ämter genutzt werden, die Informationen bzgl. sozialer Planungsdaten enthalten oder aber im Gesundheitsbereich etwa Daten der Gesundheitsberichterstattung des Bundes oder Routinedaten des Gesundheitswesens.

Daten, die für eine Sekundärdatenanalyse zur Verfügung stehen, werden oftmals im Zuge sozialer oder stadtplanerischer Erhebungen gewonnen und stehen bspw. als Daten zu soziodemografischen Merkmalen (Alter, Geschlecht, Migrationshintergrund, etc.), zu Einkommen, Sozialausgaben, Arbeitslosigkeit oder als gesundheitsbezogene Daten zur Verfügung. Viele Kommunen stellen eine Vielzahl dieser Daten zur Verfügung, die bereits unter sozialräumlichen Aspekten gewonnen wurden. Die Detailtiefe dieser Daten kann dabei recht unterschiedlich sein, ebenso wie kleinräumig eine regionale Zuordnung (Bundesland, Region, Stadt/Gemeinde, Stadtbezirk/Quartier, etc.) möglich ist. Von Interesse ist dabei, ob diese Daten nur einmalig für ein bestimmtes Erhebungsjahr zur Verfügung stehen oder kontinuierlich erhoben werden und es so erlauben, auch Entwicklungen und Trends zu analysieren. Mögliche Ansprechpartner für solche Daten sind in Deutschland z.B. das Statistische Bundesamt (DeStatis[3]), die Gesundheitsberichterstattung des Bundes (GBE[4]) bzw. auf europäischer Ebene das Statistische Amt der Europäischen Union (eurostat[5]). Aber auch einige Städte/Kommunen stellen detailreiche sozialräumliche Daten zur Verfügung. Beispielhaft sei hier etwa der Berliner Sozialstrukturatlas (Senatsverwaltung für Wissenschaft, Gesundheit, Pflege und Gleichstellung Berlin 2022) genannt, der öffentlich ver-

---

3 https://www.destatis.de/DE/Startseite.html [Zugriff 25.10.2022].

4 https://www.gbe-bund.de/gbe10/pkg_isgbe5.prc_isgbe?p_uid=gast&p_aid=0&p_sprache=D [Zugriff 25.10.2022].

5 http://ec.europa.eu/eurostat [Zugriff 25.10.2022].

fügbar ist und Daten auf sehr kleinräumiger Ebene für Nachbarschaftsräume zur Verfügung stellt.

In Anlehnung an Cassels (2015, 100f.) können für sozial-, gesundheits- und bildungsbezogene Community- und Sozialraum-Assessments folgende Parameter von Interesse sein:

- geografische Daten (Topografie, Klima, ...),
- populationsbezogene Größen (Anzahl, Bevölkerungsdichte, demograf. Kennzahlen wie Alter, Geschlecht, Migrationshintergrund, ...),
- Umwelt (Luft- und Wasserqualität, Nahrungsmittel, Abfallentsorgung, Wohndichte bis hin zu Umweltfaktoren wie Tollwuterkrankungen),
- Industrie (Branchen, Einkommensstrukturen, Qualifikationslevel, ...),
- Bildung (Kindertagesstätten, Schulen, Hochschulen, private und staatl. Bildungsträger, etc.),
- Erholung (Parks, Spiel- und Sportplätze, Büchereien, ...),
- religiöse Einrichtungen (Kirchen/Moscheen/Synagogen etc. aber auch Wohlfahrtseinrichtungen und -programme),
- Nachrichtenwesen (Zeitungen, Radio, Fernsehen, Internet, Hotlines, ...),
- Verkehrsmittel (Öffentliche Verkehrsmittel, Mobilitätsdienste, Notfalltransporte, ...),
- Öffentliche Dienste (Polizei, Feuerwehr, Rettungswesen, Gesundheitswesen, ...),
- Politik/Verwaltung (strukturelle Parameter, Arbeits- und Sozialämter, ...)
- Gesundheitskennzahlen (Morbiditäts- und Mortalitätskennzahlen, Todesursachenstatistiken, Geburtenraten, ...)
- soziale Problemlagen (Arbeitslosigkeit, Kriminalität, Schulverweigerer, Alkohol- und Drogenmissbrauch, ...)
- Gesundheitswesen (Anzahlen, Kosten, Strukturen, Qualifikation und Nutzung etc. von Krankenhäusern, Pflegeheimen, ambulanten Pflegediensten, Rehaeinrichtungen, freiberuflichen Gesundheitsdienstleistern, ...).

Diese Daten beschreiben insgesamt Faktoren, die soziale, gesundheitliche und bildungsbezogene Begleitumstände ebenso darstellen wie den Zugang zu Ressourcen oder kommunale Gegebenheiten. Die Auflistung erhebt dabei keinen Anspruch auf Vollständigkeit sondern soll die Bandbreite vorhandener Informationen verdeutlichen. Als Datenquellen kommen, wie bereits beschrieben, statistische Ämter, kommunale Behörden aber auch (Fach-)Zeitschriften und Wohlfahrtsträger etc. in Frage. Die Frage der Datenqualität ist dabei im Einzelfall sehr unterschiedlich zu beurteilen und sollte bei der Interpretation von Daten stets mitberücksichtigt werden.

Die Arbeitsgruppe Erhebung und Nutzung von Sekundärdaten (AGENS) der Deutschen Gesellschaft für Sozialmedizin und Prävention (DGSMP) und der Deutschen Gesellschaft für Epidemiologie (DGEpi) haben Leitlinien und Empfehlungen zu einer guten Praxis der Sekundärdatenanalyse veröffentlicht, die sich mit der (wissenschaftlichen) Analyse und Interpretation von Sekundärdaten befasst und sich als methodischer Standard für vielfältige Sekundärdaten etabliert hat (AGENS 2014). Einen guten Überblick zur Nutzung von Routinedaten im Gesundheitsbereich liefert auch das Handbuch zur Sekundärdatenanalyse von Enno Swart et al. (2014).

Vorbereitung

- Klärung der bereits hier im Eingang von Kapitel 2 formulierten Leitfragen: Fragestellung, Gegenstand, Zugänge und ethische Vertretbarkeit.
- Auswahl des geografischen Gebietes, wichtig ist hier zu klären, welche Daten hier prinzipiell wie kleinräumig zur Verfügung stehen.
- Kontaktaufnahme zu den datenhaltenden Institutionen, hierbei sollte klar hervorgehen, welche Daten zu welchem Forschungszweck genutzt werden sollen, wie eine Datenübermittlung aussehen kann und welche Richtlinien des Datenschutzes ggf. eingehalten werden (müssen). Während bspw. Daten aus öffentlich verfügbaren Tabellen unter Nennung der Quelle etwa direkt genutzt werden können, sind personenbezogene Gesundheitsdaten im Gegensatz dazu Daten, die einem hohen datenrechtlichen Schutz unterliegen.
- Ggf. Bereitstellung der notwendigen (technischen) Infrastruktur für Datenhaltung und Schutz personenbezogener Daten.

Durchführung

Sind der Zugang und die Übermittlungswege der Sekundärdaten, die analysiert werden sollen, geklärt, können die zur Verfügung stehenden Daten direkt mit den passenden statischen Auswertungsmethoden analysiert werden. Für einfache Analysemethoden sei auf das nachfolgende Kapitel 3.2 verwiesen.

Datenqualität

Die Qualität und Genauigkeit vorliegender Sozialdaten hängt stark davon ab, wer diese Daten zu welchem Zweck und in welcher Detailgenauigkeit erhoben hat. Daten statistischer Ämter sind in der Regel von hoher Datenqualität und von Einzelforscher:innen in ähnlicher Weise oft gar nicht zu beschaffen. Daten aus qualitativ ungenügenden Studien oder eher „zufällige" Datensammlungen, die für eine Zweitauswertung zur Verfügung stehen, sollten immer mit einer gewissen Vorsicht genutzt und interpretiert werden, da hier oft nicht mehr nachvollziehbar ist, wie diese Daten zustande gekommen sind und wie belastbar und verallgemeinerbar Erkenntnisse auf ihrer Basis sind.

Grundsätzlich hat eine Sekundärdatennutzung immer den Vorteil, dass diese Daten bzgl. Aufwand und Kosten „günstig" sind, da sie nicht extra erhoben werden müssen. Als Nachteil ist zu sehen, dass die vorhandenen Daten nicht unbedingt immer genau zu den zu untersuchenden Fragestellungen passen müssen.

Praxisbeispiel: Sekundärdatenanalyse als Referenz für die Entwicklung eines Entlastungsdienstes für pflegende Angehörige und hilfsbedürftige Personen

Im Rahmen eines Projektes soll für einen Stadtteil einer größeren Stadt ermittelt werden, welche Bedarfe und Ressourcen zum Aufbau eines Entlastungsdienstes für pflegende Angehörige und hilfsbedürftige Personen existieren. Die Aufgabe des Entlastungsdienstes wird darin gesehen, pflegende Angehörige von an Demenz erkrankten Menschen und ihre Familien zu entlasten, indem bspw. eine stundenweise Betreuung der Erkrankten in ihrem vertrauten häuslichen Umfeld gewährleistet wird. Damit soll die Möglichkeit einer Auszeit für pflegende Angehörige geschaffen werden sowie die direkte Betreuung und Unterstützung von alten, kranken und hilfebedürftigen Menschen gewährleistet werden, um ihnen die Teilnahme am Leben zu erleichtern bzw. das Leben im häuslichen Umfeld noch lange zu ermöglichen. Hierzu werden als Grundlage zunächst Daten zur Alters- und Erwerbstruktur, zur ethnischen und religiösen Zusammensetzung der Bevölkerung und zur Anzahl von Menschen mit Pflegebedarf benötigt, um Potenziale abschätzen zu können.

Um die benötigten Informationen zu erhalten, wendet sich die zuständige Projektgruppe an das zuständige statistische (Landes-)Amt, das diese Informationen auf einer Webseite für die allgemeine Öffentlichkeit bereitstellt. Im vorliegenden Beispiel können nicht nur auf Stadtebene, sondern sogar auf der Ebene von Bebauungsblöcken Daten zur Bevölkerungs- und Erwerbsstruktur als Datentabellen und grafische Darstellungen heruntergeladen werden.

Eine erste Durchsicht und Analyse der Daten zeigt, dass in einigen Stadtteilen der Altersdurchschnitt der Bevölkerung überproportional hoch ist und viele Einzelhaushalte mit Bewohner:innen über 65 Jahren existieren, so dass auf einen hohen Bedarf für den Entlastungsdienst geschlossen wird. Die Projektgruppe beschließt daraufhin, in Zusammenarbeit mit kirchlichen Trägern wie der Diakonie, Caritas und einer Moscheegemeinde, Pflegekassen und kommunalen Vertreter:innen die Ergebnisse einer breiten Öffentlichkeit vorzustellen und die Gründung eines gemeinnützigen Vereins zu initiieren, der es durch Mitgliedsbeiträge und Spenden ermöglichen soll, die internen Dienste zu finanzieren und Begegnungsstätten und Sprechstunden aufzubauen.

2.2.2 Dokumentenanalyse

Die Dokumentenanalyse bezeichnet ein Verfahren zur Informationssammlung aus Texten oder elektronischen Aufzeichnungen. Entsprechende Dokumente können sowohl aus (Fach-) Zeitschriften stammen, aber auch aus Akten, Protokollen, Pflege- oder Falldokumentationen, Internetauftritten, etc. In der quantitativen Dokumentenanalyse werden systematisch bereits vorliegende Texte und Dokumente anhand zuvor definierter Fragestellungen ausgewertet. Das Verfahren ähnelt dabei einer standardisierten Befragung (vgl. Kapitel 2.2.4), nur dass nicht Personen, sondern Texte und Dokumente „befragt"/analysiert werden.

Vorbereitung

- Zunächst muss wie in allen vorangehend beschriebenen Methoden eine Klärung und genaue Präzisierung der interessierenden Fragestellung erfolgen.
- Anschließend ist zu klären, welche Dokumente für die Analyse prinzipiell zur Verfügung stehen und wie diese zugänglich gemacht werden können.
- Als letzter Schritt der Vorbereitung müssen dann Analyseraster bzw. „Fragebögen“ für die vorzunehmende Dokumentenanalyse entwickelt werden, die die zuvor entwickelten Fragestellungen explizit abdecken.
- Möchte man beispielweise die Überleitung aus der akutstationären Versorgung in einem Krankenhaus in eine ambulante Versorgung analysieren, könnte dies etwa anhand der vorliegenden (Pflege-) Dokumentation eines Krankenhauses geschehen. In der Vorbereitung wäre also Kontakt zu diesem Krankenhaus aufzunehmen und die Frage der Akteneinsicht zu klären (wo, wie, in welchem Umfang, ...). Das zugehörige Analyseraster könnte dann z.B. auf soziodemografische Daten (Alter, Geschlecht, Familienstand, ...), Daten zum Krankenhausaufenthalt und Gesundheitszustand (Diagnose, Verweildauer, Pflegegrad, funktionale und kognitive Einschränkungen, ...) sowie Informationen zum Überleitungsprozess in eine ambulante Versorgung fokussieren.

Durchführung

- Liegen Analyseraster und Zugang zu den Dokumenten vor, so erfolgt die eigentliche Extraktion der interessierenden Daten/Informationen.
- Anschließend kann die eigentliche Zusammenführung aller Informationen, eine datentechnische Aufbereitung und die eigentliche Auswertung und Interpretation der Daten anhand der vorliegenden Fragestellungen erfolgen.
- Neben dieser quantitativ ausgerichteten Form besteht auch die Möglichkeit einer qualitativen Auswertung, hierbei können die entsprechenden Texte/Dokumente etwa einer qualitativen Inhaltsanalyse unterzogen werden.

Datenqualität

Die Datenqualität einer Dokumentenanalyse hängt stark von der Qualität der zugrundeliegenden Texte und Dokumente ab, da hier nicht mehr nachgebessert werden kann. Sind Texte und Dokumente frei zugänglich, können die getroffenen Aussagen jederzeit nachvollzogen werden. Forscher:innen sind nicht auf die Kooperation und „Tagesform“ ihrer Untersuchungspersonen angewiesen, was bspw. bei Personen mit eingeschränkten Kompetenzen von Vorteil sein kann. Auch stellen sich keinerlei Trainings- oder Verzerrungseffekte bei der „Befragung“/Analyse ein, zudem sind auch Aussagen über Personen und Sachverhalte möglich, die aus verschiedenen Gründen nicht mehr zur Verfügung stehen, weil sie bspw. schon verstorben sind. Vorteilhaft ist auch die in aller Regel schnelle Verfügbarkeit von Daten, es sind keine Abstimmungsprozesse bzgl. des Befragungs- und Analyseprozesses nötig. Einschränkungen ergeben sich ggf. im Vorfeld der Analyse bei Texten, die aus verschiedenen Gründen nicht frei verfügbar sind. Nachteilig kann sich auswirken, dass bei Forschungsfragen hoher Tagesaktualität die zur Verfügung stehenden Informationen nicht mehr aktuell bzw. noch gar nicht vorhanden sind.

Praxisbeispiel: Dokumentenanalyse zur Betrachtung des Entlassungsmanagements eines Krankenhauses

In Kooperation zwischen einem örtlichen Krankenhaus und einer externen wissenschaftlichen Evaluation durch Studierende einer Hochschule soll das Entlassungsmanagement eines Krankenhauses analysiert und verbessert werden. In diesem Zusammenhang soll auch eine Dokumentenanalyse durchgeführt werden, bei der aus vorhandenen elektronischen oder papiergestützten Dokumentationen des Krankenhauses erfasst wird, ob relevante Schritte eines Entlassungsmanagements regelhaft durchgeführt werden und wo ggf. Anpassungsbedarf hinsichtlich einer verbesserten Versorgung für die Patient:innen besteht. Ein funktionierendes Entlassungsmanagement ist in einer qualitätsgesicherten Versorgung deshalb so wichtig, weil nur so sichergestellt werden kann, dass der/die Patient:in auch nach seiner/ihrer Entlassung die notwendige Unterstützung und Versorgung erhält und es nicht zu Versorgungsbrüchen aufgrund von Schnittstellenproblematiken kommt.

Zunächst wird in gemeinsamen Sitzungen der leitenden Personen des Krankenhauses (ärztliche Leitung, pflegerische Leitung, Geschäftsführung) und der evaluierenden Gruppe definiert, welche Verfahrensordnungen zum Entlassungsmanagement im Krankenhaus bereits vorliegen. Hieraus wird ein Erfassungsbogen zur Dokumentation erfolgter Entlassungsprozesse entwickelt. Dieser enthält bspw. Informationen, ob und zu welchem Zeitpunkt entlassungsrelevante Daten im Krankenhaus erfasst und dokumentiert werden, ob und wie der zuständige Sozialdienst eingebunden ist, ob eine Entlassungsplanung notwendig ist und durchgeführt wird und welcher Informationsaustausch mit nachsorgenden Einrichtungen bzw. Angehörigen stattfindet. In einer aufwändigen Sichtung aller vorhandenen Patient:innenakten des vorangehenden Jahres erfolgt dann die Sammlung dieser Informationen, ergänzt durch notwendige demografische Angaben des/der jeweiligen Patient:in.

Die Ergebnisse zeigten, dass zwischen den theoretisch umfangreichen Vorgaben zum Entlassungsmanagement und der tatsächlichen praktischen Umsetzung deutliche Lücken klaffen. Die Ergebnisse werden zunächst in gemeinsamen Sitzungen der leitenden Personen des Krankenhauses (ärztliche Leitung, pflegerische Leitung, Geschäftsführung) und der evaluierenden Gruppe diskutiert. Als Konsequenz werden dann im Krankenhaus Arbeitsgruppen eingerichtet, die nach den Ursachen für die erzielten Ergebnisse forschen (Nicht dokumentiert oder nicht durchgeführt? Falls nicht durchgeführt, was sind die Gründe dafür?). Mittelfristig führt das Projekt zu einem verbesserten Bewusstsein für die Wichtigkeit des Entlassungsmanagements und einer Umstrukturierung von Arbeitsprozessen im Krankenhaus und erhöht damit die Versorgungsqualität der Patient:innen deutlich.

2.2.3 Beobachtungen

Beobachtungen können sowohl im Kontext qualitativer als auch quantitativer Forschungsansätze verwandt werden. Grundsätzlich bedeutet Beobachtung, dass alle Tatbestände systematisch erfasst werden, die über Sinnesorgane wahrnehmbar sind. Dies bedeutet, dass nicht nur visuell wahrnehmbare Dinge erfasst werden, ebenso können dies bspw. Äußerungen und Laute oder auch Gerüche sein.

Prinzipiell wird bei Beobachtungsverfahren zwischen teilnehmenden oder nicht teilnehmenden Verfahren unterschieden. Diese können dann strukturiert und unstrukturiert durchgeführt werden und offen oder verdeckt ablaufen. Im Sinne der quantitativ orientierten Verfahren sind Beobachtungen immer theoriegeleitet und (hoch) strukturiert. In der Regel agiert die beobachtende Person in quantitativ ausgerichteten Beobachtungsstudien eher nicht teilnehmend, sondern nur in der Rolle eines wissenschaftlich forschenden Beobachters.

Ob eine Beobachtung offen oder verdeckt durchgeführt wird, hängt von der jeweiligen Fragestellung und dem Kontext ab. Ist zu befürchten, dass eine offene Beobachtung die zu beobachtenden Tatbestände möglicherweise systematisch verändert, wäre bspw. eine verdeckte Beobachtung vorzuziehen. Umgekehrt kann es aus ethischen Gründen unzulässig sein, verdeckt zu beobachten. Dies ist also im jeweiligen konkreten Forschungskontext zu klären. Eine ausführliche Beleuchtung qualitativer und quantitativer Forschungsansätze zum Thema Beobachtung findet sich bspw. bei Atteslander (2003, 79ff.).

Vorbereitung

- Für die Vorbereitung einer Beobachtungsstudie gilt, wie in allen vorangehend beschriebenen methodischen Ansätzen, dass zunächst die Fragestellung genau formuliert werden muss.
- Dann muss geklärt werden, wann und wo die Beobachtung stattfinden soll und welche Zugangswege hierfür abgeklärt werden müssen. Ebenso muss klar definiert werden, wer und ggf. auch was beobachtet werden soll.
- In der Regel sind für die Abklärung des Beobachtungsgegenstandes räumliche, zeitliche und inhaltliche Kenntnisse wichtig. Soll eine Beobachtung beispielsweise Informationen darüber liefern, wie sich Menschen mit Behinderungen in einem neuen Wohnumfeld bewegen können, so macht es sicher wenig Sinn, diese Beobachtung in erster Linie spät nachts anzusetzen oder in Gebieten, die nur schwer zugänglich sind.
- Wer beobachtet wird, hängt dann von der gegebenen Fragestellung ab: Sind in dem genannten Beispiel allein Mobilitätsmuster von Menschen mit Behinderungen Zielstellung der Beobachtung, so würden diese im Mittelpunkt der Beobachtung stehen. Interessieren darüber hinaus auch Interaktionen mit anderen Personen zur Sicherstellung der Mobilität, so würde sich der Fokus der Beobachtungen entsprechend erweitern. Bei Beobachtungen, die di-

rekt die Privatsphäre der beobachteten Personen tangieren (z. B. pflegerische Handlungen in der stationären Langzeitpflege) ist zuvor die (schriftliche) Einwilligung der beteiligten Personen einzuholen und ggf. der Beobachtungsplan ethisch abzuklären.
- Als letzter Schritt der Vorbereitung muss dann bei einer strukturierten Beobachtung vorher definiert werden, welche Beobachtungen wie protokolliert werden. Dies könnte etwa durch Ankreuzen von Kategorien („wer macht wann was") geschehen, durch genaue zeitliche Protokollierung von einzelnen Aktivitäten oder auch durch Erfassen rein struktureller Merkmale (z. B. Erfassung von Hilfsmitteln, welche Personen sind in einer Situation anwesend, etc.) geschehen. Wichtig hierbei ist, dass alle Informationen, die zur Beantwortung der Forschungsfrage notwendig sind, zuvor definiert und dann auch erfasst werden.

Durchführung

- Bei einer sorgfältig durchgeführten Vorbereitung der Beobachtungsstudie ist im Vorfeld geklärt, was bzw. welche Aktivitäten in welchem Umfeld zu welcher Zeit wie beobachtet werden und auch der Zugang zum Feld besteht.
- Die beobachtende Person agiert dann entsprechend dem vorher festgelegten Beobachtungsplan und notiert die interessierenden Beobachtungen.
- Dabei ist darauf zu achten, dass Beobachtungspläne so gewählt werden, dass die Beobachtungen stets mit der gleichen Qualität durchgeführt werden, also bspw. keine Verzerrungen durch Ermüdung o. ä. auftreten.

Datenqualität

Die Datenqualität hängt auch hier von einer sorgfältigen Vorbereitung und genauen Erfassung ab. Je besser und detaillierter die Beobachtung vorbereitet wird, desto höher ist in aller Regel die Datenqualität. Durch die starke Strukturierung in quantitativen Beobachtungsstudien ist der Einfluss durch subjektive Verzerrungen prinzipiell wesentlich geringer als in weniger strukturierten oder auch teilnehmenden Studien, da hier keine Einflüsse der beobachtenden Person wirksam werden können.

Durch die Schulung der Beobachter:innen und „Pretests“ lässt sich die Datenqualität der einzelnen Beobachtung erhöhen und bei mehreren beobachtenden Personen können individuelle Unterschiede im Vorfeld ausgeglichen werden. Sollen die gewonnenen Beobachtungen nicht nur für eine spezielle Situation Informationen liefern, so muss die Repräsentativität der gewonnenen Informationen im Vorfeld durch die Auswahl des Beobachtungsfeldes sichergestellt werden.

Praxisbeispiel: Beobachtungen zu Wirkungen eines Tierbesuchsdienstes für Menschen mit Demenz

Der Träger einer stationären Altenhilfeeinrichtung möchte sein Versorgungsangebot für Menschen mit Demenz verbessern und plant die Kooperation mit einem Verein, der Hundebesuchsdienste vermittelt. Um zu evaluieren, ob dieses Angebot tatsächlich förderlich für die Bewohner:innen ist, wird – neben der Befragung von Mitarbeiter:innen – eine standardisierte Beobachtungsstudie bzgl. der Effekte auf die demenzerkrankten Bewohner:innen geplant und umgesetzt.

Der Ablauf dieser Studie wird von akademisierten Pflegekräften in dieser Einrichtung zusammen mit gerontopsychiatrischen Fachkräften entwickelt. Nach Sichtung entsprechender Veröffentlichungen zum Thema „Tiergestützte Arbeit und Menschen mit Demenz“ werden diese mit praktischen Erfahrungen der entsprechenden Fachkräfte abgeglichen und ein Katalog mit Beobachtungskriterien (z.B. Verhaltensauffälligkeiten wie Apathie, Aggressionen, Agitation, etc.) entwickelt. Die Einrichtung stellt zusätzliche Kapazitäten in Form von einer Mitarbeiterin frei, die die Beobachtung in vier verschiedenen Wohngruppen in der Einrichtung mit insgesamt 48 Bewohner:innen vor, während und nach der Tierbesuchsdienste koordiniert und anschließend auswertet.

Zunächst wird in den vier Wohngruppen über einen Monat protokolliert, welche der beschriebenen Verhaltensauffälligkeiten wie oft bei welcher Bewohner:in zu beobachten sind. Hierfür werden in den Wohnbereichen Dokumentationslisten ausgelegt, in die alle examinierten Pflegefachkräfte Beobachtungen zu den festgelegten Kriterien notieren können (wer, wann, was, warum, wie lange/häufig, …). Im Anschluss an diese erste Beobachtungsphase werden mit dem Verein wöchentliche Hundebesuchsdienste in den vier Wohngruppen für eine Dauer von insgesamt drei Monaten vereinbart. Auch hier werden analog die entsprechenden Dokumentationslisten geführt. Daran schließt sich eine dritte dokumentierte Beobachtungsphase an, in der der Hundebesuchsdienst nicht anwesend ist.

Die zuständige Mitarbeiterin wertet im Anschluss alle drei Beobachtungsphasen aus. Ein dreiphasiger Beobachtungszeitraum wurde dabei gewählt, um über den ersten Zeitraum Daten über die Ausgangsbelastung zu gewinnen. Der zweite Zeitraum gibt Aufschluss über eine mögliche Wirksamkeit der Intervention und der dritte Zeitraum lässt vorsichtige Schlüsse über die Nachhaltigkeit des Besuchsdienstes zu. Im vorliegenden Beispiel zeigte sich, dass der Hundebesuchsdienst sich bei der Mehrzahl der demenziell erkrankten Bewohner:innen positiv auf Verhaltensauffälligkeiten auswirkte. Die Nachhaltigkeit der Intervention ließ sich jedoch nicht bestätigen, da mit Absetzen des Besuchsdienstes auch die Anzahl und Schwere der Verhaltensauffälligkeiten wieder zunahm. Nach kritischer Diskussion der Ergebnisse auf Personal- und Leitungsebene beschließt der Träger, die Kooperation mit dem Verein einzugehen und regelmäßige Hundebesuchsdienste zu organisieren.

2.2.4 Befragungen

Befragungen können ebenfalls sowohl im Kontext qualitativer als auch quantitativer Forschungsansätze verwandt werden – abhängig wiederum vom Grad ihrer Standardisierung. Das Spektrum reicht dabei von sehr offenen Konzepten wie narrativen Interviews über mehr oder weniger stark strukturierte Leitfaden-Interviews bis hin zu hoch standardisierten Fragebögen (vgl. z.B. Atteslander 2010, 131ff. oder Bortz/Döring 2016, 398ff.). Im Folgenden sollen die vier Grundtypen einer standardisierten Befragung kurz skizziert werden (vgl. auch Ostermann/ Wolf-Ostermann 2005, 8ff.). Grundsätzlich kann zwischen Befragungssituationen mit und ohne Interviewer:in sowie technikgestützt oder nicht technikgestützt unterschieden werden (vgl. Abbildung 5).

	mit Interviewer:in	ohne Interviewer:in
nicht technikgestützt	**A** persönlich / mündlich	**C** postalisch / schriftlich
technikgestützt	**B** telefonisch / mündlich	**D** online / schriftlich

Abbildung 5: Grundformen einer standardisierten Befragung (eigene Darstellung)

Für alle vier Formen der standardisierten Befragung gilt, dass zunächst wieder Forschungsziel und Zielgruppe genau definiert werden müssen, bevor die eigentliche Konstruktion des Befragungsinstrumentes (Fragebogen) erfolgen kann. Zudem muss ggf. eine schriftliche Einverständniserklärung für die Befragung eingeholt werden und je nach Befragungskontext ethische Gesichtspunkte berücksichtigt werden. Auf die Konstruktion eines Fragebogens gehen wir nachfolgend genauer ein, zunächst sollen jedoch die vier Grundformen einer standardisierten Befragung kurz charakterisiert und bzgl. ihrer Vor- und Nachteile miteinander verglichen werden.

A: Persönliche/mündliche Befragung mit Interviewer:in

Diese Form der Befragung zählt zu den klassischen Instrumenten der Informationssammlung und findet beispielsweise bei Volkszählungen, Mikrozensus[6], Meinungsforschung, Wahlprognosen und vielen wissenschaftlichen Studien Verwendung.

Die Auswahl der Befragten erfolgt idealerweise nach einem vorher genau festgelegten Stichprobenplan, der auch entsprechende Ein- und Ausschlusskriterien für die Befragten festlegt. Beispielsweise können dies alle betreuten Personen eines ambulanten Pflegedienstes sein oder aber Mitarbeiter:innen einer kommunalen Jugendhilfeeinrichtung, aber auch Personen, die sich zufällig zu einem festgelegten Zeitpunkt an einem bestimmten Ort aufhalten – abhängig von der Zielstellung der jeweiligen Befragung.

Die Befragung erfolgt direkt von Person zu Person („face to face“), dabei werden die Fragen und Antwortvorgaben in der Regel vorgelesen. Erläuterungen und Nachfragen sind direkt möglich, auch kann zur Beantwortung der Fragen motiviert werden. Möglich ist auch, dass der Fragebogen gemeinsam eingesehen wird und auch der Einsatz von Hilfsmitteln wie etwa Bilder oder Gegenstände ist möglich. Die Antworten werden von der interviewenden Person eingetragen – entweder papiergestützt („paper and pencil“) oder aber auf einem Laptop oder Tablet (CAPI: „computer assisted personal interview“).

6 Beim Mikrozensus werden jährlich 1% der bundesrepublikanischen Bevölkerung für eine repräsentative Bevölkerungsbefragung zu statistischen Zwecken ausgewählt und befragt, vgl. Statistisches Bundesamt: https://www.mikrozensus.de [Zugriff 25.10.2022].

Die Befragungs- bzw. Beantwortungszeit ist in aller Regel eher kurz. Die genaue zeitliche Länge hängt dabei von der jeweiligen Studiensituation und dem Interesse der Befragten ab. Bei einer spontanen Befragung auf der Straße oder in einem Einkaufszentrum wird die Befragung deutlich kürzer konzipiert sein müssen, als wenn die Befragung in der jeweiligen Häuslichkeit und/oder einem hohen Eigeninteresse der Befragten stattfindet (z.B. Befragung Angehöriger von Menschen mit Demenz).

Eine Möglichkeit, die Interviewsituation und ihre jeweiligen Vorgaben zu kontrollieren, besteht für die Studienleitung nach Aussendung der befragenden Personen in aller Regel nicht mehr. Aus diesem Grund sollten diese Personen im Vorfeld sorgfältig für ihre Aufgaben geschult werden, um sicherzustellen, dass die Befragung auch bei mehreren Interviewer:innen standardisiert abläuft und die Auswahlkriterien der Befragten eingehalten werden, damit es nicht zu systematischen Verfälschungen und Verzerrungen der Stichprobe kommen kann.

Je nach Zielstellung der Befragung kann es auch notwendig sein, im Vorfeld Abbruchkriterien für die Befragung zu definieren – bspw. wenn die Befragung für die Befragten emotional zu belastend ist – und auch für die befragenden Personen Möglichkeiten der Rückkopplung und Supervision zur Verfügung zu stellen. Die Planung einer qualitativ guten standardisierten Befragung durch geschulte Interviewer:innen zählt damit zu den planungs- und kostentechnisch aufwändigeren Verfahren.

B: Telefonische / mündliche Befragung mit Interviewer:in

Auch eine telefongestützte Befragung mit Interviewer:in wird idealerweise nach einem Stichprobenplan durchgeführt. Sie findet typischerweise in der Meinungsforschung statt oder aber als Nachbefragung zu einem oder mehreren vorangehenden persönlichen Kontakten. Dabei kann die (Nicht-)Erreichbarkeit bestimmter Personengruppen für die Planung der Befragung Schwierigkeiten aufwerfen, wenn diese nur über Mobilfunkanschlüsse erreichbar sind und diese ggf. häufig wechseln.

In vielen Bereichen ähnelt diese Form der Befragung dem zuvor beschriebenen Typ A, jedoch kann der Fragebogen hierbei nicht eingesehen werden und auch der Einsatz von Hilfsmitteln ist in der Regel nicht möglich. Antworten werden von der befragenden Person notiert, der Zeitdruck ist deutlich höher als in einem direkten persönlichen Gespräch wie bei Typ A. Aus Sicht der Studien-/Befragungsleitung ergibt sich der Vorteil, dass die befragende Person ggf. Rücksprache nehmen kann und die Einhaltung des Stichprobenplanes kontrolliert werden kann.

C: Postalische / schriftliche Befragung ohne Interviewer:in

Eine schriftliche standardisierte Befragung findet z.B. bei Kundenumfragen als klassisches Instrument zur Markt- und Meinungsforschung Verwendung, aber auch in wissenschaftlichen Studien, wenn insbesondere ein großer Kreis an Empfänger:innen erreicht werden soll. Die Auswahl der Befragten erfolgt wie zuvor nach einem festgelegten Stichprobenplan.

Die große Schwierigkeit bei schriftlichen Befragungen liegt darin, tatsächlich auch Antworten zu erhalten, da die Befragten aktiv werden und die Fragebögen wieder zurücksenden müssen. Um hierfür Anreize zu schaffen, sollte als Grundvoraussetzung dem Fragebogen bereits ein adressierter und vorfrankierter Rückumschlag beiliegen. Zusätzlich können Anreize über die Verlosung von Preisen o.ä. geschaffen werden.

Da bei einer schriftlichen Befragung keine Nachfragen oder zusätzlichen Erläuterungen möglich sind, muss der Fragebogen entsprechend sorgfältig und selbsterklärend konzipiert sein. Auch der Einsatz von Hilfsmitteln ist nur bedingt möglich (Bilder, Texte). Die befragte Person sieht den Fragebogen ein und trägt auch die Antworten entsprechend selbst ein. Es besteht keine Kontrolle der Befragungssituation, z. B. ob tatsächlich alle Fragen beantwortet wurden und wer diese Antworten maßgeblich bestimmt hat. So können durchaus auch andere als die angefragte Person Antworten eintragen und auch die Reihenfolge der Fragen muss nicht zwangsläufig eingehalten werden.

Grundsätzlich ist die Beantwortungszeit beliebig lang, jedoch ist die Bereitschaft, Zeit für die Beantwortung eines Fragebogens aufzuwenden, sicher je nach Thema und persönlichem Engagement sehr unterschiedlich. Bei einem hohen persönlichen Interesse (z.B. zur Situation von Angehörigen pflegebedürftiger Menschen) sind Befragte eher bereit, Zeit für die Beantwortung eines umfangreicheren Fragebogens aufzuwenden, bei einem geringen Interesse (z.B. Kundenumfrage zu einem nicht interessierenden Produkt) dürfte diese Bereitschaft eher niedrig ausfallen. Unabhängig vom vorgegebenen Stichprobenplan besteht bei schriftlichen Befragungen grundsätzlich das Problem einer starken Selbstauswahl, da nur Personen mit einem großen Interesse an dem jeweiligen Thema – positiv wie negativ – antworten werden.

D: Online-gestützte / schriftliche Befragung ohne Interviewer:in

Online-gestützte Befragungen sind im Vergleich zu den zuvor beschriebenen Typen einer standardisierten Befragung noch ein relativ neues Instrument. Es findet oftmals bei Befragungen im Rahmen von Markt- und Meinungsforschung Verwendung.

Im Unterschied zu den Typen A bis C ist hier keine Konzipierung eines Stichprobenplans möglich. Es findet eine reine Selbstauswahl statt, bestenfalls kann versucht werden, über Links bestimmte Anreize zur Beantwortung zu geben. Dies hat zur Folge, dass dieses Instrument bestimmte Bevölkerungsgruppen nicht oder nicht gut erreicht. So sind Ältere, aber auch Frauen in diesen Befragungen immer noch unterrepräsentiert. Je nach Fragestellung kann zudem der technische Aufwand für die Sicherstellung von Anonymität und Datenschutz hoch sein.

Ähnlich wie bei der klassisch-schriftlichen Befragung (Typ C) werden Fragen- und Antwortvorgaben selbst gelesen und müssen entsprechend selbsterklärend sein. Eine Kontrolle der Befragungssituation (wer antwortet) ist auch hier nicht möglich. Es kann jedoch im Rahmen der Programmierung sichergestellt werden, dass die Reihenfolge der Fragen eingehalten wird, nicht relevante Fragen ausgeblendet (Filtertechniken) und Hinweise auf fehlende oder falsche Eingaben gegeben werden. Auch der Einsatz von Hilfsmitteln wie Bildern, Texten oder Audiodateien ist möglich.

Der Fragebogen

Gemeinsam ist allen zuvor vorgestellten Typen einer schriftlichen Befragung, dass diese auf dasselbe Instrumentarium eines standardisierten Fragebogens zurückgreifen. Wie sieht nun ein gut konstruierter Fragebogen aus und was ist bei Konzeption und Anwendung zu beachten? Welche Typen von Fragen gibt es? Ausführliche Antworten hierzu finden sich bspw. in dem von Sonja Kirchhoff et al. (2006) veröffentlichten Buch „Der Fragebogen". Auf die wichtigsten Punkte wollen wir auch hier kurz eingehen (vgl. auch Ostermann/Wolf-Ostermann 2005, 11ff.).

Ein Fragebogen setzt sich in aller Regel aus einer Vielzahl einzelner Fragen zusammen. Diese Einzelfragen können zum einen durch den Zweck charakterisiert werden, dem sie dienen.

- **Einleitungs-/Übergangsfragen**:
  stellen Bezugsrahmen her, führen die befragte Person in den Fragebogen ein oder schaffen Überleitungen zwischen verschiedenen Themenblöcken.
- **Filterfragen:**
  dienen dem Ausschluss nicht relevanter Personengruppen.
  („Falls Sie Kinder haben: Sind diese Kinder noch schulpflichtig?")
- **Kernfragen:**
  fragen die wesentlichen Kernpunkte der Studie ab, z.B.
  demografische Daten (Alter Geschlecht, ...),
  Faktfragen (*„Haben Sie an der Wahl zum letzten Bundestag teilgenommen?"*),
  Meinungs-/Beurteilungsfragen (*„Entspricht das Ergebnis der Wahl zum letzten Bundestag Ihren Erwartungen?"*),
  Verhaltensfragen *(„Wenn heute Wahlen zum Bundestag anstünden, für welche Partei würden Sie sich entscheiden?"*).
- **Folgefragen:**
  dienen der genaueren Analyse von Antworten, d. h. nach der Frage „Haben Sie Kinder?" könnten bspw. zusätzliche Fragen nach Alter und Geschlecht der Kinder gestellt werden.
- **Kontrollfragen:**
  dienen insbesondere bei wichtigen Fragestellungen der Antwortkontrolle bzw. der Kontrolle der Antwortqualität. Hierbei werden bereits abgefragte Sachverhalte noch einmal in einer anderen Formulierung oder einem anderen Kontext erfragt.
- **Indirekte Fragen:**
  versuchen „sensible" Themen indirekt zu erfragen, so könnte statt der Frage nach einer rechtsradikalen Einstellung bspw. danach gefragt werden, welche Partei bei der letzten Wahl gewählt wurde, um so indirekt Rückschlüsse ziehen zu können.

- **Abschlussfragen:**
  dienen dem Abschluss der Befragung und werden häufig dazu genutzt, noch einmal nach generellen Anmerkungen oder Kommentaren zu fragen.

Nicht alle Fragetypen müssen dabei immer generell in jedem Fragebogen Verwendung finden.

Zum anderen können Fragen auch nach der Art der Antwortvorgaben unterschieden werden. So gibt es „offene Fragen", bei denen keine Antwortmöglichkeiten vorgegeben werden, und geschlossene Fragen, die nur anhand vorgegebener Antwortmöglichkeiten durch Ankreuzen beantwortet werden können. Eine offene Frage wäre z.B. „Welche Wünsche bzw. Erwartungen haben Sie an das Modellprojekt XYZ?" Für die frei zu formulierenden Antworten würden dann nur entsprechende Freizeilen im Fragebogen vorgesehen. Offene Fragen sind in aller Regel scheinbar einfach zu formulieren, jedoch ist darauf zu achten, dass tatsächlich nur ein gedankliches Konstrukt abgefragt wird („Eindimensionalität"), um die Antworten hinterher auch sinnvoll auswerten zu können. Die Auswertung offener Fragen erfordert oft im Nachhinein eine Kodierung und Zusammenfassung der gegebenen Informationen, hier klingen Parallelen zur qualitativen Forschung an.

Bei geschlossenen Fragen kann man zwischen Alternativfragen oder Auswahlfragen unterscheiden. Alternativfragen sind Fragen, die nur eine „Entweder-oder"-Entscheidung zulassen, z.B. Fragen, die mit „ja" oder „nein" beantwortet werden können. Hierbei ist darauf zu achten, dass beide Antwortalternativen auf dem Fragebogen vermerkt sind, um bspw. ein „nein" von einer fehlenden Antwort eindeutig unterscheiden zu können.

Bei Auswahlfragen steht dagegen eine Vielzahl von Antwortkategorien zur Verfügung. Diese Kategorien können völlig frei nebeneinanderstehen, z.B. wenn nach dem Freizeitverhalten gefragt wird (Kino, Theater, Sport, Freunde besuchen, Lesen, …), und auch oft eine frei zu beantwortende Kategorie „sonstige/andere: ______" enthalten, um nicht vorgegebene Möglichkeiten ebenfalls abzudecken. Hier ist darauf zu achten, nicht zu viele Kategorien vorzugeben, da sonst oft nur die ersten und letzten Kategorien tatsächlich wahrgenommen werden.

Auswahlfragen lassen auch abgestufte Beurteilungen zu, die auf einem bestimmten Spektrum von gut/positiv bis schlecht/negativ beurteilt werden können. Für die Frage „Wie zufrieden sind Sie insgesamt mit der Versorgung Ihres Angehörigen?“ könnten die Antwortvorgaben bspw. lauten: „sehr zufrieden“, „zufrieden“, „teils/teils“, „weniger zufrieden“ oder „gar nicht zufrieden“. Auch zusätzliche neutrale Vorgaben wie „kann ich nicht beurteilen“ oder „keine Angabe“ sind möglich.

Wie fein die Abstufung dieser Beurteilungen sein sollte, hängt davon ab, wie genau die befragte Person diese beurteilen kann. Üblicherweise werden zwischen drei und maximal sieben Abstufungen verwendet. Ob eine gerade oder ungerade Anzahl an Abstufungen verwendet wird, hängt davon ab, ob eine neutrale Mitte (z.B. „teils/teils“) zugelassen werden soll oder nicht. Eine gerade Anzahl von Vorgaben zwingt die befragte Person, sich positiv oder negativ zu positionieren, eine ungerade Anzahl schafft die Möglichkeit, dies nicht tun zu müssen. Führt man (mündliche) Befragungen bei Zielgruppen durch, die (noch) nicht gut schreiben und lesen können (z.B. kleinere Kinder), so könnten Antwortkategorien auch über entsprechende Symbole (z.B. lachende oder weinende Gesichter) verdeutlicht werden.

Wichtig bei der Konstruktion eines Fragebogens ist, dass generelle Gütekriterien für die einzelnen Fragen eingehalten werden, um so tatsächlich auf möglichst effektive Weise belastbare Informationen zu erhalten. Solche Gütekriterien sind:

- Relevanz bzgl. Fragestellung,
- Abdeckung des gesamten affektiven Bereichs,
- Vermeidung „allgemeiner“ Sachverhalte,
- Vermeidung von Tatsachenbeschreibungen,
- keine Suggestivfragen,
- Formulierung eines Gedankens pro Item,
- kurze, klare, direkt verständliche Formulierungen,
- Verwendung positiver und negativer Formulierungen,
- eindeutige Interpretation,
- …

Neben der beschriebenen Zielsetzung und genauen Formulierung der Fragen und Antwortvorgaben sind für die Konstruktion eines gesamten Fragebogens natürlich auch eine sinnvolle Reihenfolge und schlussendlich auch das Layout des Fragebogens (Farbe des Papiers bzw. Hintergrundes, Schriftgröße, etc.) mitentscheidend für den Erfolg einer Befragung.

Vorbereitung

- Zu Beginn einer standardisierten Befragung steht die präzise Formulierung der Forschungsfrage, die untersucht werden soll sowie die Festlegung der zu befragenden Zielgruppe sowie des Befragungstyps.
- Sinnvoll ist eine Literaturrecherche, ob für eine Fragestellung bereits validierte Instrumente zur Verfügung stehen. Möchte ich bspw. die Lebensqualität von Menschen untersuchen, so gibt es eine Vielzahl von Fragebögen, die bereits auf bestimmte Situationen (z.B. Krankheiten) oder Altersgruppen zugeschnitten sind. In diesen Fällen empfiehlt es sich, auf diese Instrumente zurückzugreifen, da der Aufwand einer Neuentwicklung entfällt. Zusätzlich ergibt sich der Vorteil, dass gewonnene Ergebnisse mit anderen Studien verglichen und eingeschätzt werden können.
- Gibt es keine bereits getesteten „fertigen" Fragebögen, die zur eigenen Fragestellung passen, muss selbst ein entsprechender Fragebogen entwickelt werden. Dieser sollte dann auf Gütekriterien wie Objektivität (Durchführung, Auswertung, Interpretation ist unabhängig vom Anwender), Reliabilität (Maß für Messgenauigkeit, Fehlereinflüsse) und Validität (Maß für Genauigkeit, wird tatsächlich gemessen, was gemessen werden soll?) überprüft werden (vgl. hierzu etwa Bortz/Döring 2016, 442ff.). Oftmals können auch eigene Befragungsteile in einem Gesamtfragebogen mit fertigen Instrumenten (z.B. wenn etwa Lebensqualität ein Teilaspekt meiner Befragung ist) gekoppelt werden.
- Vor dem endgültigen Einsatz im Forschungsfeld sollten Fragebögen in einem Pretest auf ihre Tauglichkeit überprüft werden. Mangelnde Sorgfalt in der Vorbereitung und Konstruktion einer Befragung können nachfolgend nicht mehr korrigiert werden!

Durchführung

- Die eigentliche Durchführung der Befragung orientiert sich daran, welcher Typ einer standardisierten Befragung gewählt wurde. In jedem Fall sollten die Befragten über den Zweck der Befragung und mögliche Auftraggebende aufgeklärt werden. Sinnvoll ist es auch, bereits im Vorfeld über die voraussichtliche Dauer der Befragung aufzuklären.

- Wird eine persönliche/mündliche Befragung vorgenommen, sollte sich der/die Interviewer:in kurz vorstellen und ggf. auch die Auswahlrichtlinien erläutern. In jedem Fall ist auf die Freiwilligkeit der Auskunftserteilung hinzuweisen, ggf. muss – insbesondere bei sensiblen Daten oder Personengruppen – eine schriftliche Einverständniserklärung eingeholt werden.
- Insbesondere bei Kindern/Minderjährigen sind besondere Richtlinien zum Schutz dieser Gruppe einzuhalten. Dies heißt auch, dass Kinder/Jugendliche unter 14 Jahren in aller Regel nicht „spontan" befragt werden dürfen. Anonymität nach Bundesdatenschutzgesetz muss ebenso wie Datensicherheit zugesichert werden.
- Bei größeren wissenschaftlichen Studien sind in aller Regel im Vorfeld auch ethische Unbedenklichkeitserklärungen („Clearing durch eine Ethikkommission") und das positive Votum eines/einer behördlichen Datenschutzbeauftragten einzuholen. Kleinere Praxisforschungsprojekte sind dazu nicht verpflichtet, sollten sich in ihrem Vorgehen jedoch stets daran orientieren und sich bewusst sein, dass es sich bei den Befragten nicht um anonyme „Objekte" handelt, sondern um Personen, die die Forscher:innen freiwillig unterstützen.

Datenqualität

Die Datenqualität einer Befragung hängt stark von der Sorgfalt in der Vorbereitung ab, d.h. ob die Fragestellung präzise formuliert ist, ob der Fragebogen zur Fragestellung passt (kein fehlender Sachverhalt in den Fragen, keine überflüssige Fragen), ob die Zielgruppe und der Ablauf der Befragung sorgfältig konzipiert ist, etc.

Im Unterschied zu qualitativen Befragungen steckt der überwiegende Aufwand einer quantitativen Befragung in der entsprechenden Vorbereitung. Durch die starke Standardisierung ist die eigentliche Auswertung der erfragten Informationen dann in aller Regel weniger zeitintensiv. Bei qualitativen Befragungen ist die Vorbereitung oft etwas weniger aufwändig, dafür dann aber die Auswertung zeitintensiver.

Trotz aller Sorgfalt in der Vorbereitung kann die Datenqualität jedoch auch von Einflüssen abhängig sein, auf die der/die Forscher:in nur bedingt oder keinen Einfluss hat. So sind Befragungen immer auch abhängig von der jeweiligen Situation „vor Ort" und der Kooperationsbereitschaft der Befragten. Darüber hinaus sind sie aber auch anfällig für Verzerrungen aufgrund kognitiver Effekte (Erinnerungen an insbesondere lang zurückliegende Ereignisse sind nicht immer zuverlässig) oder aber auch aufgrund von Urteilsfehlern (vgl. hierzu auch Bortz/Döring 2016, 252ff.).

Praxisbeispiel: Befragung zur Evaluation von Angeboten in der ambulanten Pflege

Ein Verband von Leistungsanbietern in der ambulanten Pflege möchte die Qualität der Angebote seiner Mitglieder in ambulant betreuten Wohngemeinschaften für Menschen mit Pflegebedarf und/ oder Demenz evaluieren. Dies soll anhand von etablierten Ergebniskriterien erfolgen. Für Menschen mit Pflegebedarf und/oder Demenz ist die soziale und gesundheitsbezogene Lebensqualität ein solches Kriterium. Eine Recherche der Qualitätsbeauftragten führt zu verschiedenen – bereits in vielfältigen Studien etablierten – Befragungsbögen, so dass die Konstruktion eines eigenen Erfassungsbogens nicht sinnvoll ist, sondern lediglich eine Auswahl unter bestehenden Befragungsinstrumenten getroffen werden muss. Nach Durchsicht von verschiedenen Studien und Erfahrungsberichten entscheidet sie sich für ein Instrument, das verschiedene Dimensionen sozialer und gesundheitlicher Lebensqualität abdeckt und einfach als Fremdeinschätzungsinstrument (d.h. eine dafür qualifizierte Person beurteilt die Lebensqualität von Bewohner:innen anhand vorgegebener Items) einzusetzen ist. Sie ergänzt den Bogen um einen zusätzlichen Teil, der grundlegende soziodemografische Informationen über den/die Bewohner:in (z.B. Alter, Geschlecht, Demenzschwere, etc.) sowie identifizierende Angaben zum versorgenden Pflegedienst sowie der Wohngemeinschaft enthält.

Auf einer Mitgliederversammlung werden alle Mitglieder des Verbandes über die Befragung informiert und um Mithilfe gebeten. Der Befragungsbogen wird anschließend an alle Mitglieder versandt, mit der Bitte, für jeden/jede versorgte(n) Bewohner:in jeweils einen Bogen auszufüllen und an den Verband rückzusenden. Nach vier Wochen haben erst knapp 40% aller Mitglieder dieser Anfrage entsprochen. An alle anderen Mitglieder wird daher nochmal ein Erinnerungsschreiben versandt und um Teilnahme gebeten. Dies erhöht die endgültige Rücklaufquote auf 78% aller Mitglieder und 84% aller versorgten Bewohner:innen. Die ausgefüllten Bögen werden auf dem PC erfasst und ausgewertet. Da es sich um ein bereits vorliegendes Instrument handelt, liegen auch für die Auswertung entsprechende Verfahrensanweisungen in der Literatur vor. Zusätzlich sind aus anderen Studien die dort erzielten Ergebnisse bekannt, so dass Ergebnisse der eigenen Umfrage entsprechend interpretiert und eingeordnet werden können.

Die Auswertung der Befragungsbögen ergibt eine im Durchschnitt moderate bis hohe Lebensqualität, was auf eine qualitativ gute Versorgung der Bewohner:innen schließen lässt. Auffallend ist jedoch, dass es einige „Ausreißer" bei den versorgten Wohngemeinschaften gibt, die durch eine besonders niedrige als auch, in einem Fall, durch eine besonders hohe Lebensqualität auffallen. Die anschließende Diskussion der Ergebnisse mit den jeweiligen Mitgliedern ergibt, dass es sich im Falle der sehr hohen Lebensqualität um eine neugegründete Wohngemeinschaft handelt, in der nur Bewohner:innen mit einer eher gering ausgeprägten Demenz wohnen. Im Falle der Wohngemeinschaften mit einer gering ausgeprägten Lebensqualität sind die diskutierten möglichen Einflussfaktoren multifaktoriell und reichen von weniger Angehörigenbesuchen über eine angespannte Personalsituation professioneller Pflegekräfte bis hin zu Spannungen in der Zusammensetzung der Bewohner:innen. Die diskutierten Ergebnisse helfen, bestehende gute Angebote zu identifizieren und zu verstetigen sowie Angebote mit unterdurchschnittlichen Ergebnissen zu reflektieren und im Hinblick auf ihre Wirksamkeit zu verändern.

2.2.5 Weitere allgemeine Hinweise

Grundsätzlich gilt für quantitative Studien, dass die erhobenen Daten sorgfältig dokumentiert und auf Plausibilität überprüft werden sollten. Unabhängig davon, ob eine oder mehrere Personen an der Durchführung eines Forschungsvorhabens beteiligt sind, ist das Führen eines „Studien-/Forschungstagebuchs" unbedingt empfehlenswert, in dem das geplante Vorgehen aber auch evtl. notwendige Abweichungen davon genau dokumentiert werden. Dies erlaubt es, auch am Ende eines komplexeren Forschungsvorhabens noch eine genaue Kenntnis über die abgelaufenen Forschungsprozesse zu haben und eine sachgerechte Interpretation der erzielten Ergebnisse vorzunehmen. Eine Einführung in einfache Analysemethoden quantitativer Daten findet sich nachfolgend in Kapitel 3.2.

Auf Methoden des Datenmanagements wollen wir im Rahmen dieses Buches nicht vertieft eingehen. Hier sei nur der Hinweis gegeben, dass grundlegende Kenntnisse in Tabellen-Kalkulationsprogrammen, wie bspw. Excel, oder in ausgefeilteren statistischen Analyseprogrammen, wie bspw. SPSS, natürlich für eine Auswertung insbesondere größerer Datenmengen nicht nur von Vorteil sind, sondern oft auch für die Präsentation von Ergebnissen vorausgesetzt werden.

Abschließend soll noch kurz auf die Bedeutung der Reflexion ethischer Fragen bei der Durchführung empirischer Forschungsvorhaben eingegangen werden. Während die Prüfung ethischer Gesichtspunkte in der medizinischen Forschung seit vielen Jahren unstrittig und gesetzlich vorgeschrieben ist, fehlen solche Standards in der sozial-, aber auch pflegewissenschaftlichen Forschung noch oftmals. Nichtsdestotrotz sollten sich die Forschenden auch in diesen Wissenschaftsfeldern ihrer Verantwortung gegenüber den beforschten Personen stets bewusst sein. Es ist in jedem Einzelfall zu überprüfen, ob eine unabhängige Überprüfung des eigenen Forschungsvorhabens aus ethischer, rechtlicher und sozialer Sicht zum Schutz des beforschten Individuums sinnvoll ist. Inzwischen gibt es neben den ursprünglichen ärztlich ausgerichteten Ethikkommissionen zunehmend auch wissenschaftliche Fachgesellschaften (für den gesundheitswissenschaftlichen Bereich sei hier bspw. die Ethikkommission der deutschen Gesellschaft für Pflegewissenschaft e.V. genannt)[7] oder sozialwissenschaftliche Hochschulen mit eigenen Ethikkommissionen (z.B. an der Alice Salomon Hochschule Berlin[8]). Einige Fachgesellschaften haben auch spezielle Forschungsethikkommissionen eingerichtet (vgl. Forschungsethikkommission der Deutschen Gesellschaft für Soziale Arbeit DGSA)[9]. Und nicht zuletzt fordern immer mehr renommierte Fachzeitschriften ein vorliegendes Ethikgutachten vor der Publikation von Forschungsvorhaben.

---

7 https://dg-pflegewissenschaft.de/ethikkommission/ [Zugriff 25.10.2022].
8 https://www.ash-berlin.eu/forschung/ethikkommission/ [Zugriff 25.10.2022].
9 https://www.dgsa.de/forschungsethik/forschungsethik-kommission [Zugriff 25.10.2022].

3. Sozialräumliche Daten analysieren

In den folgenden Abschnitten stellen wir pragmatische Zugänge zur Auswertung von Daten aus Sozialraumanalysen vor, die gut im Praxisalltag umsetzbar sind und dennoch den Ansprüchen von wissenschaftlichen Auswertungen nach den Kriterien der empirischen Sozialforschung gerecht werden. Auch die Datenanalysen unterteilen wir wieder in Kapitel für den Umgang mit qualitativen und quantitativen Daten.

3.1 Auswertung qualitativer Daten

Das qualitative Denken erfreut sich einer großen Nachfrage in den Sozial-, Gesundheits-, Bildungs- und Sozialarbeitswissenschaften und kann gestützt auf unterschiedliche Verfahren (vgl. Flick 2011; Kuckartz 2018; Mayring 2002; Silverman 2010; Denzin/Lincoln 1998) empirische Analysen leiten und begründen.

Qualitative Analysen werden dann relevant, wenn Gegenstände betrachtet werden, die nicht rein quantitativ erforschbar sind, da sie in ihrer Anlage einem „*Werden und Vergehen unterworfen*" sind, „*auch durch ihre Intentionen, Ziele und Zwecke*" betrachtet werden sollen, „*damit auch Werturteile in der wissenschaftlichen Analyse*" zugelassen werden sollen und anhand eines induktiven Verfahrens das Besondere im Allgemeinen durch „*sinnvolle Einzelfallanalysen*" betrachtet werden soll (Mayring 2002, 12). Lebenswelten, Aneignungsprozesse, Lebensbewältigung und Lebensführung, Biografien und andere persönliche Entwicklungsprozesse gehören sicherlich zu Forschungsgegenständen dieser Art und können mit qualitativen Methoden wissenschaftlich betrachtet und kriteriengeleitet rekonstruiert werden.

Bei der Anlage von qualitativen Forschungsprojekten können nach Mayring (2002, 20 ff.) fünf Postulate beachtet werden:

1. „*Gegenstand humanwissenschaftlicher Forschung sind immer Menschen, Subjekte. Die von der Forschungsfrage betroffenen Subjekte müssen Ausgangspunkt und Ziel der Untersuchungen sein*“ (a.a.O., 20).
2. „*Am Anfang einer Analyse muss eine genaue und umfassende Beschreibung (Deskription) des Gegenstandsbereiches stehen*“ (a.a.O., 21).
3. „*Der Untersuchungsgegenstand der Humanwissenschaften liegt nie völlig offen, er muss immer wieder auch durch Interpretationen erschlossen werden*“ (a.a.O., 22).
4. „*Humanwissenschaftliche Gegenstände müssen immer möglichst in ihrem natürlichen, alltäglichen Umfeld untersucht werden*“ (ebd.).
5. „*Die Verallgemeinerbarkeit der Ergebnisse humanwissenschaftlicher Forschung stellt sich nicht automatisch über bestimmte Verfahren her; sie muss im Einzelfall schrittweise begründet werden*“ (a.a.O., 23).

Philipp Mayring benennt sehr unterschiedliche Grundarten qualitativer Analysen (2002, 40-64), deren Umsetzung er anhand von 17 verschiedenen Verfahren darlegen kann (a.a.O., 65-134). Viele dieser Verfahren sind recht umfangreich und voraussetzungsvoll. Zwei besonders für Sozialraumanalysen praktikable und aufeinander aufbauende Verfahren, die Transkription und die qualitative Inhaltsanalyse, sollen nun im Folgenden beschrieben werden.

3.1.1 Transkription von Interviews

Daten aus gesprochener Sprache, etwa aus mitgeschnittenen Interviews oder aus Gruppendiskussionen, können erst dann sinnvoll qualitativ ausgewertet werden, wenn diese in eine schriftliche Fassung transkribiert werden. Beim Verfahren der Transkription (Mayring 2002, 89) werden die gesprochenen Texte mit einem Textverarbeitungsprogramm am Computer verschriftet und ausgedruckt, um sie später für die weitere inhaltliche Auswertung (vgl. Abschnitt 3.1.2) bearbeitbar zu machen[10]. Die verschriftete Form der Interviews ermöglicht die genaue

10 Umfangreichere Datenmengen können auch später mit Programmen wie Atlas.ti oder MAXQDA am Bildschirm ausgewertet und weiter bearbeitet werden.

Wiedergabe und die spätere Bearbeitung mit Unterstreichungen, Markierungen, Streichungen, der Auswahl von Passagen, der Suche nach Mustern oder Strukturen im Datenmaterial oder der Betrachtung von Textstellen in ihrem Kontext. Bereits das Verschriften von Interviews stellt einen ersten Schritt der Datenanalyse dar, da die Auswertenden schon hier umfangreich mit dem Material in Kontakt kommen und mit dessen Inhalten vertrauter werden.

Das gesprochene Wort kann bei der Transkription auf drei Arten festgehalten werden: a) Durch die Nutzung des internationalen phonetischen Alphabets um auch Dialekte oder umgangssprachliche Färbungen wiederzugeben, b) die literarische Umschrift, die Dialekte im gebräuchlichen Alphabet wiedergibt oder c) die Übertragung der Texte in normales Schriftdeutsch. Für die meisten Sozialraumanalysen dürfte die schnellste Variante c) genügen. Um spezielle dialektbezogene Elemente oder O-Töne wiederzugeben, kann Variante a) oder b) erwogen werden.

Transkribierte Texte können mit Kommentaren versehen werden, die in Klammern im Text mit eingegeben werden. So können Pausen, Betonungen, Unterbrechungen, etc. mit erfasst werden. Für Kommentierungen liegen standardisierte Transkriptionsregeln vor, die in Aufstellungen zusammengestellt sind und direkt verwendet werden können (vgl. für ein Beispiel: Mayring 2002, 92f.). Neben allgemeinen Kommentierungen können weitere individuelle Kommentare oder Ergänzungen durch die Interviewenden oder von weiteren Beteiligten in transkribierte Texte mit eingefügt werden, die in einer eigenen Spalte und ggf. mit einer bestimmten Farbe festgehalten werden können.

3.1.2 Qualitative Inhaltsanalyse nach Mayring

Mit der qualitativen Inhaltsanalyse nach Mayring (2007a; b; 2002; 114-121; Flick 2011, 409-419) können vor allem transkribierte Daten aus Interviews ausgewertet werden. In Bezug auf Sozialraumanalysen eignet sich dieses Verfahren vor allem für die interviewbasierten Formen der Befragungen von Schlüsselpersonen, der Institutionenbefragungen, der Fremdbilderkundungen sowie den textbasierten Cliquenrastern und Zeitbudgets. Darüber hinaus können mit dieser Methode aber auch Feldnotizen und Beobachtungsprotokolle aus Strukturierten Stadtteilbegehungen, der Nadelmethode sowie Ergebnisse aus Subjektiven Landkarten und der Autofotografie ausgewertet werden.

Fokus von qualitativen Inhaltsanalysen ist der begründete Weg „vom Text zur Theorie“ (Flick 2011, 369). Qualitative Inhaltsanalyse „*will Texte systematisch analysieren, indem sie das Material schrittweise mit theoriengeleitet am Material entwickelten Kategoriensystemen bearbeitet*“ (Mayring 2002, 114). Dazu muss das vorliegende Material systematisch erfasst und analysiert werden. Hierzu wird es schrittweise auf seine Kernaussagen verdichtet und auf ein Kategoriensystem reduziert. Die so gewonnenen Hauptaussagen werden mit dem Material gegengelesen und können dadurch als begründete und regelgeleitet herausgearbeitete Hauptaussagen weiter verwendet werden.

Der Ablauf einer qualitativen Inhaltsanalyse orientiert sich an bestimmen Phasen (vgl. Flick 2011, 409; Mayring 2002, 116), die im Folgenden erläutert werden. Die Schritte 1-7 beschreiben einen allgemeinen Vorlauf zur Reflexion des Forschungsprozesses und des Entstehungszusammenhangs. Im Schritt 8 können dann drei unterschiedliche Verfahren der Inhaltsanalyse angewandt werden. In den Schritten 9-11 werden die entstandenen Kategorien und Ergebnisse noch einmal in Bezug auf die Fragestellung reflektiert.

1. *Festlegung des Datenmaterials*: Hier wird das für die Auswertung relevante Datenmaterial bestimmt. Dabei können entweder alle transkribierten Interviews und Protokolle, Erhebungsbögen oder Feldnotizen betrachtet werden oder, abhängig von der Fragestellung und dem vorliegenden Material, einzelne Teilbereiche begründet ausgewählt werden.
2. *Analyse der Entstehungssituation*: Hier sollten die Hintergründe der Erhebung noch einmal betrachtet und vergegenwärtigt werden. Wichtig ist hier die Frage, wie das Material zustande kam, wer dabei beteiligt oder anwesend war, über welche Quellen und Zugänge die Materialien entstanden sind und wie diese Zusammenhänge die Fragestellung beeinflussen.
3. *Prüfung formaler Eigenschaften des Materials*: Hier wird reflektiert, mit welchen Techniken und Geräten das Material erhoben wurde, wie es aufbereitet wurde und wie Verfahren der Aufberei-

tung, etwa eine Transkription oder die Erstellung von Feldnotizen, das Material beeinflusst haben.

4. *Festlegung der Richtung der Analyse*: Hier wird noch einmal bewusst benannt, was das Ziel der Analyse ist und was aus dem Material heraus interpretiert werden soll.
5. *Theoretische Differenzierung der Fragestellung:* Hier wird sichergestellt, dass die Richtung der Analyse mit theoretischen Grundlagen und dem bisherigen Forschungsstand zum Forschungsgegenstand rückgekoppelt wird. Sehr komplexe Fragestellungen können in Teilfragestellungen untergliedert werden.
6. *Bestimmung der Analysetechniken und Festlegung des konkreten Ablaufmodells*: Hier wird entschieden, welche der drei unter 8. genannten Analysetechniken angewandt werden soll(en).
7. *Definition der Analyseeinheiten*: Hier kann unterschieden werden, was die kleinsten und die größten Text- bzw. Materialteile sind, die ausgewertet und zu einer Kategorie gemacht werden können und in welcher Reihenfolge die Textteile ausgewertet werden sollen.

Der nächste und für das Verfahren zentrale Schritt der eigentlichen Inhaltsanalyse:

8. *Anwendung der Analyseschritte mittels eines Kategoriensystems*, kann anhand von drei verschiedenen Verfahren gestaltet werden, die im Folgenden dargestellt werden.

Direkte Inhaltsanalyse – Zusammenfassende Inhaltsanalyse

8.1 *Zusammenfassende Inhaltsanalyse* (Mayring 2002, 94; Flick 2011, 412): Dieses Verfahren dient der verdichteten und kriteriengeleiteten Zusammenfassung von Textmaterialien und verläuft anhand folgender Schritte:

– *Paraphrasieren der wichtigen Textstellen*: Hierzu werden zunächst alle nicht oder wenig inhaltstragenden Textstellen weggestrichen. Dann werden alle inhaltstragenden Textstellen auf eine einheitliche Sprachebene gebracht und auf eine Kurzform formuliert.
– *Generalisieren auf ein Abstraktionsniveau*: Alle Aussagen der Paraphrasen müssen auf das für die Fragestellung nötige Abstraktionsniveau umformuliert werden.
– *Bündeln und Zusammenfassen ähnlicher Paraphrasen (1. Reduktion)*: Nun werden Aussagen im Material gestrichen, die bedeutungsgleich sind oder im neuen Abstraktionsniveau nicht mehr als in-

haltstragend betrachtet werden, so dass nur noch zentrale inhaltstragende Paraphrasen verbleiben.

- *Bündelung, Konstruktion, Integration von Paraphrasen auf dem angestrebten Abstraktionsniveau (2. Reduktion)*: Hier werden zunächst Paraphrasen mit ähnlichem Gegenstand oder ähnlichen Aussagen zu je einer Paraphrase zusammengefasst (Bündelung). Dann können Paraphrasen mit unterschiedlichen Aussagen zu einem Gegenstand zu gegenstandsbezogenen Aussagen zusammengefasst werden (Konstruktion/Integration). Paraphrasen mit ähnlichem Gegenstand und verschiedenen Aussagen zu diesem Gegenstand können ebenfalls zu einer Paraphrase zusammengefasst werden (Konstruktion/Integration).
- *Zusammenstellung der neuen Aussagen als Kategoriensystem*: Die so zusammengefassten Paraphrasen können dann zu einem System von Aussagen (Kategorien) zusammengestellt werden.
- *Rücküberprüfung des zusammenfassenden Kategoriensystems am Ausgangsmaterial*: Die dabei entstandenen Kategorien können nun im Rückblick auf das Ausgangsmaterial auf ihre zusammenfassende Gültigkeit überprüft werden.

Ein Beispiel:
Aus einer Institutionenbefragung entstammt folgende Aussage: „Hier im Stadtteil wissen nicht alle Akteur:innen was geschieht, aber wir im Bürgerzentrum sind ein Ort, an dem dann doch viel zusammen kommt“. Diese wird paraphrasiert als „Bürgerzentrum als zusammenführender Ort für Kommunikation im Stadtteil“ und dann generalisiert als „Bürgerzentrum als Schnittstelle für Kommunikation“. Zusammen mit weiteren ähnlichen Generalisierungen aus anderen Textpassagen über die Funktion des Bürgerzentrums für Kommunikation und als Ort der Begegnung und in Abgrenzung zu anderen generalisierten Aussagen zur Funktion des Bürgerzentrums kann folgende Aussage als eine Kategorie formuliert werden „Bürgerzentrum als Ort für Kommunikation und Begegnung“.

Direkte Inhaltsanalyse – Explizierende Inhaltsanalyse
8.2 *Explizierende Inhaltsanalyse* (Mayring 2002, 118; Flick 2011, 414): Dieses Verfahren klärt unklare oder widersprüchliche Textstellen, indem Kontextmaterial zur Klärung hinzugezogen wird. Hier können lexikalische oder grammatikalische Definitionen zur Betrach-

tung hinzugezogen werden. Ziel ist die Erstellung einer explizierenden Paraphrase zur Erläuterung der Textstellen.
Ein Beispiel:
In einer Befragung taucht die Aussage auf „Im Gegensatz zu anderen Kolleg:innen habe ich andere Qualitäten, aber ich bin nicht so der Performer". Um den Begriff „Performer" zu klären, können Wörterbücher hinzugezogen werden, die die etymologische Bedeutung des Begriffes erläutern. Auch weitere erläuternde Quellen können hinzugezogen und benannt werden. Die dabei erhaltenen Definitionen werden dann mit dem Textmaterial gegengelesen, indem im Text nach weiteren ähnlichen oder gegenteiligen Aussagen gesucht wird. Aus den explizierenden Quellen und den Aussagen aus dem Material lässt sich dann eine materialbezogene Definition des Begriffs „Performer" erstellen, die im weiteren Verlauf genutzt werden kann.

Direkte Inhaltsanalyse – Strukturierende Inhaltsanalyse
8.3 *Strukturierende Inhaltsanalyse* (Mayring 2002, 120; Flick 2011, 415): Dieses Verfahren sucht nach bestimmten Typen oder formalen Strukturen im Textmaterial und arbeitet diese heraus, um sie sicht- und bearbeitbar zu machen. Dabei können innere Strukturen (formale Strukturierung), bestimmte Inhaltsbereiche (inhaltliche Strukturierung) oder markante Ausprägungen (typisierende Strukturierung) im Material herausgearbeitet werden.
Ein Beispiel:
In einer Fremdbildanalyse taucht die Frage auf, inwieweit bei anderen Trägern die Bereitschaft vorhanden ist, mit dem betrachteten Träger der Behindertenhilfe konkreter zusammenzuarbeiten. Im Rahmen einer strukturierenden Inhaltsanalyse wird das Konzept „Bereitschaft zur Zusammenarbeit" in vier Stufen als Kategorien skaliert: Konzept 1: hohe Bereitschaft zur Zusammenarbeit, Konzept 2: mittlere Bereitschaft zur Zusammenarbeit, Konzept 3: Geringe Bereitschaft zur Zusammenarbeit, Konzept 4: Bereitschaft zur Zusammenarbeit nicht erschließbar. Für jede der Stufen wird eine Definition von Merkmalen erstellt, diese werden dann mit Ankerbeispielen aus den Interviews illustriert. Nun wird der Text anhand vorher definierter Kodierregeln noch einmal im Hinblick auf jene Textstellen gesichtet, die Aussagen zu den einzelnen definierten Stufen enthalten und, bei aussagegleichen Stellen, den Kategorien zugeordnet. Abschließend können die Häufig-

keiten der Aussagen zu den Kategorien zugeordnet werden sowie weitere Muster im Material ergründet werden.

Nach der Analyse des Materials und der Bildung von Kategorien können die Ergebnisse nun, wie folgend beschrieben, mit der Fragestellung rückgekoppelt werden.

Interpretation der Ergebnisse im Hinblick auf die Fragestellung

9. *Rücküberprüfung des Kategoriensystems an Theorie und Material*: Nach der Durchführung einer zusammenfassenden, explizierenden oder strukturierenden Inhaltsanalyse können die erhaltenen Kategorien noch einmal im Hinblick auf Übereinstimmung mit korrespondierenden Theorien und dem vorliegenden Material überprüft werden. Damit soll vermieden werden, dass sich der Blick im Laufe der Analyse von der eigentlichen Fragestellung und dem dazu vorliegenden Forschungsstand entfernt.
10. *Interpretation der Ergebnisse in Richtung der Hauptfragestellung:* Nun können die erhaltenen Ergebnisse im Hinblick auf die Hauptfragestellung interpretiert werden. Die erhaltenen Kategorien und Aussagen können dann den Haupt- und Teilfragen der Sozialraumanalyse zugeordnet werden. Besonders aussagefähige Passagen können später auch als Zitate für die Illustration und Präsentation der Ergebnisse genutzt werden.
11. *Anwendung inhaltsanalytischer Gütekriterien:* Zur Qualitätssicherung sollte am Ende noch einmal überprüft werden, ob alle genannten Schritte und Gütekriterien der Inhaltsanalyse eingehalten wurden. Dabei können folgende allgemeine Gütekriterien der qualitativen Forschung (vgl. Mayring 2002, 142 und 144) mit herangezogen werden: 1.) Sind die angewandten Verfahren gut dokumentiert? 2.) Sind die Interpretationen argumentativ abgesichert? 3.) Wurde regelgeleitet vorgegangen? 4.) Wurde eine Nähe zum Gegenstand erreicht? 5.) Wurden die Ergebnisse kommunikativ validiert? 6.) Ist eine Triangulation der Verfahren und Ergebnisse erfolgt?

Bei größeren Datenmengen kann ein Kodierleitfaden helfen, den Überblick über die einzelnen Kategorien zu behalten (Mayring 2002, 122). Hilfreich ist hier eine schriftlich benannte Definition der Kategorien mit einer Nennung von Ankerbeispielen und weiterer Kodierregeln, die zusammen in einer Tabelle als Übersicht angelegt werden und die Auswertung dokumentieren.

3.2 Auswertung quantitativer Daten

In der Regel erfolgt die Auswertung quantitativer Daten rechnergestützt – auch wenn prinzipiell alle hier nachfolgend beschriebenen einfachen Auswertungsverfahren auch mit Papier, Stift und ggf. einem Taschenrechner zu bewältigen sind. Für komplexere Auswertungsverfahren sei auf die entsprechende Fachliteratur verwiesen (z.B. Ostermann/Wolf-Ostermann 2005; Fahrmeier et al. 2012). Hierfür werden dann bereits fundiertere Statistik-Kenntnisse vorausgesetzt – oder aber die Daten sollten in Zusammenarbeit mit einem/einer Statistiker:in ausgewertet werden. Einfache Analysen, wie wir sie nachfolgend hier vorstellen wollen, konzentrieren sich auf die deskriptive (beschreibende) Auswertung, z.B. unter Verwendung von Tabellen, Grafiken und einfachen Kennzahlen. Auch solche mathematisch-statistisch einfacheren Auswertungsverfahren sind bereits in der Lage, viele Informationen aus den erhobenen Daten sichtbar zu machen – sie stehen deshalb auch bei komplexeren Analysen immer am Anfang jeder Auswertung und sollten bzgl. ihrer Möglichkeiten nicht unterschätzt werden. Für fortgeschrittenere Forscher:innen steht dann auch die ganze Vielfalt komplexerer statistischer Analyseverfahren zur Verfügung, wie z.B. Regressions- und (Ko-)Varianzanalysen, Faktoranalysen, Clusteranalysen, etc. bis hin zu speziellen Methoden räumlicher Statistik (vgl. hierzu etwa Cressie 1993; Goodchild/Janelle 2004; Unwin 1996).

Bevor wir auf einzelne Auswertungsmethoden eingehen, wollen wir kurz einige Hinweise für die Eingabe quantitativer Daten in entsprechende Tabellenkalkulationsprogramme, wie z.B. Excel, oder Statistikprogramme, wie z.B. R[11] oder SPPS[12], geben.

Grundsätzlich sollte man sich bereits bei der Entscheidung für ein quantitatives Forschungsdesign Gedanken darüber machen, wie die Daten später ausgewertet werden sollen. Sekundärdaten liegen oft schon

11 https://www.r-statistik.de/ [12.12.2022]

12 Statistik- und Analyse-Software, ursprünglich Statistical Package for the Social Sciences.

in aggregierter Form vor und können dann direkt interpretiert werden. Beziehen sich Sekundärdaten auf einzelne Personen oder Einrichtungen, so können die Daten im einfachsten Fall in einer Tabelle erfasst werden. Jede Person/Einrichtung etc. ist eine Zeile der Tabelle, in den zugehörigen Spalten werden die einzelnen Informationen eingetragen. Ähnlich werden Daten aus Fragebögen erfasst: jeder Fragebogen gehört zu einer Person/Einrichtung und ist daher eine Datenzeile in der Tabelle, jede Frage/jedes Fragebogenitem ist eine Spalte. Auch Daten anderer quantitativer Datenerhebungsverfahren lassen sich so einfach erfassen. Für große Forschungsprojekte mit sehr komplexen Datenstrukturen sind ggf. Datenbanklösungen notwendig, die jedoch nicht im Fokus dieses Buches stehen. Bleiben wir beim Beispiel der Fragebögen, da diese sehr anschaulich darstellbar sind.

Ein Beispiel: Auswertung von Fragebögen aus einer Befragung älterer Menschen in einem Sozialraum
Bei einer Umfrage in einem Sozialraum werden ältere Menschen (> 65 Jahre) neben demografischen Angaben zu Alter und Geschlecht auch danach gefragt, wie sie ihren derzeitigen Gesundheitszustand auf einer fünfstufigen Skala von „sehr schlecht“ bis „sehr gut“ einschätzen. Insgesamt liegen 76 ausgefüllte Fragebögen vor. Vor der Eingabe dieser Fragebögen sollte zunächst jeder Fragebogen mit einer fortlaufenden Nummer versehen werden, damit die Information in der Datentabelle später immer wieder mit dem entsprechenden Fragebogen verknüpft werden kann – z.B. wenn die Vermutung besteht, dass Informationen fehlerhaft erfasst wurden und korrigiert werden müssen. Die erste Spalte in unserer Datentabelle wäre daher die „Fragebogennummer“. Als zweites Item auf dem Fragebogen wurde nach dem Alter der Person in Jahren gefragt. Hier würde nun in die zweite Spalte der Datentabelle der jeweilige Wert eingetragen. Die dritte Frage war die nach dem (biologischen) Geschlecht. Da es nun sehr mühsam wäre, bei der Eingabe der Daten in der Spalte Geschlecht jedes Mal ein „männlich“ oder „weiblich“ einzutippen, könnte man hier dazu übergehen, diese Ausprägungen entsprechend zu kodieren, So könnte eine „1“ bspw. für „männlich“ stehen und eine „2“ für „weiblich“. Analog könnte dies für die Frage nach dem derzeitigen Gesundheitszustand geschehen. Hier könnten die Kodierungen bspw. von 1 bis 5 gewählt werden. Möglich wäre auch eine Kodierung von „-2“ (sehr schlecht) bis „+2“ (sehr gut), wobei allerdings in beiden Fällen darauf geachtet

werden sollte, dass die gewählten Kodierungen (Zahlen) die Reihenfolge der abgestuften Antworten nicht verändern. Fehlen auf einem Fragebogen Antworten, so sollten diese Informationen unbedingt ebenfalls erfasst und kodiert werden. Sinnvollerweise sollte die Kodierung nicht aus der „0" bestehen, da bei späteren Rechenoperationen sonst vielleicht nicht auffällt, wenn mit diesen Werten „gerechnet" wird. Sinnvoll haben sich für die Kodierung fehlender Werte Zahlen erwiesen, die in aller Regel nicht als reale Werte missverstanden werden können, z.B. eine „-999". Aus den 76 Fragebögen entsteht dann im Ausschnitt unserer drei Fragen die folgende Datentabelle (vgl. Tabelle 1).

Tabelle 1: Beispiel für die Erstellung einer Datentabelle aus Fragebögen (eigene Darstellung)

Fragebogennummer	**Alter in Jahren**	**Geschlecht** 1 = männlich 2 = weiblich	**Gesundheitszustand** 1 = sehr schlecht 2 = schlecht 3 = geht so 4 = gut 5= sehr gut	**Lebensqualität** (0-100 Punkte)	…
1	80	2	2	34	…
2	-999	2	2	-999	…
3	73	1	3	51	…
4	88	2	4	50	…
5	76	1	3	47	…
6	92	2	5	86	…
7	86	2	3	96	…
8	80	2	-999	38	…
9	81	1	4	72	…
10	67	-999	1	17	…
…	…	…	…	…	…
76	91	2	4	69	…

Neben der im Beispiel geschilderten einfachen Kodierung von Fragebögen über fortlaufende Nummern kann es ggf. auch Sinn machen, verschiedene Kodierungen zu vergeben, die z.B. erfassen, welche/r Interviewer:in den Bogen erfasst hat, wo der Umfrageort war, wann das Umfragedatum war, etc. – diese Informationen können durchaus von Interesse sein, um später Untergruppen miteinander zu vergleichen. Werden personenbezogene Informationen mit dem Klarnamen der Person erfasst, so ist dieser für statistische Auswertungen nicht von Interesse und sollte ebenfalls durch eine eindeutige Kodierung (Buchstaben- oder Ziffernfolge) ersetzt werden. Listet man die Zughörigkeit von Klarnamen zu Kodierungen in (getrennten!) Listen auf, die dann an einem anderen Ort aufbewahrt werden, so spricht man dann von *pseudonymisierten Daten*. Dies geschieht oftmals in Studien, wo Personen mehrfach befragt werden und es notwendig ist, die Informationen aus verschiedenen Befragungen in der Datentabelle wieder ein und derselben Person zuzuordnen. Wird die Zuordnungsliste nach Abschluss der Datenerfassung vernichtet, so dass eine Ermittlung des Klarnamens aus den Kodierungen nicht möglich ist, so spricht man von *anonymisierten Daten*.

Bevor wir uns der Auswertung quantitativer Daten zuwenden, sei noch eindringlich darauf hingewiesen, dass die entsprechenden Datentabellen sorgfältig gesichert werden sollten. Es ist zu empfehlen, den eingegebenen „Rohdatensatz" (= eingegebener Datensatz ohne Überprüfung auf Plausibilität der Daten) sorgfältig an besonderer Stelle zu speichern, ebenso den Datensatz, der sich nach der Korrektur möglicherweise fehlerhafter Eingaben ergeben hat. Gearbeitet werden sollte immer mit einer „Arbeitskopie" des Datensatzes, damit nicht aus Versehen der Datensatz gelöscht oder zerstört wird. Hinzuweisen ist auch darauf, dass grundsätzlich personenbezogene Daten (auch in pseudo- oder anonymisierter Form) nicht an öffentlich zugängliche Speicherorte gehören. Je nach Art des Forschungsvorhabens und der erhobenen Daten müssen neben allgemeinen Datenschutzrichtlinien zusätzlich spezielle Vereinbarungen (etwa bei der Nutzung von gesundheitsbezogenen Sekundärdaten) eingehalten werden.

3.2.1 Wieviel Information steckt in welchen Daten?

Erhobene Informationen zu bestimmten Merkmalen, wie bspw. Geschlecht, Alter oder Gesundheitsstatus, enthalten unterschiedlich strukturierte Informationen, die direkte Auswirkungen darauf haben, wie diese Daten später ausgewertet werden können. In der Statistik spricht man hierbei von *Skalenniveaus von Merkmalen*, d.h. Merkmale entsprechen in ihrer Information unterschiedlichen Messskalen.

Die „unterste“ dieser Messskalen ist die sogenannte *Nominalskala.* Auf ihr werden Merkmale gemessen, die nur ein nominales Datenniveau aufweisen. Dies bedeutet, für Ausprägungen dieser Merkmale kann nur festgestellt werden, ob diese Ausprägungen gleich oder ungleich sind, es gibt jedoch keine Ordnung in den Ausprägungen im Sinne von größer/kleiner oder besser/schlechter. Ein typisches Beispiel hierfür ist das Merkmal „Geschlecht“ mit den Ausprägungen „männlich“ und „weiblich“. Weitere Beispiele sind etwa Nationalität, Religionszugehörigkeit, Berufe, Farben, etc. In Fragebögen trifft das auf die meisten Items zu, die in Kategorien beantwortet werden, die nicht abgestuft sind. Für unsere späteren Auswertungen bedeutet dies, dass mit diesen Merkmalen nur Auswertungen möglich sind, die die Häufigkeit dieser Ausprägungen nutzen, rechnerische Verfahren für Kenngrößen, wie bspw. Durchschnitte, sind hierfür nicht möglich.

Die nächsthöhere Skala ist die sogenannte *Ordinalskala.* Auf ihr werden Merkmale gemessen, die ein ordinales Datenniveau aufweisen. Dies bedeutet, für Ausprägungen dieser Merkmale kann nicht nur festgestellt werden, ob diese Ausprägungen gleich oder ungleich sind, sondern es gibt darüber hinaus eine Ordnung in den Ausprägungen im Sinne von größer/kleiner oder besser/schlechter. Ordinale Merkmalsausprägungen lassen sich also „sortieren“. Eine Interpretation der Abstände der einzelnen Ausprägungen ist jedoch nicht möglich. Ein typisches Beispiel sind etwa Schulnoten. Wir wissen, dass eine „2“ etwas anderes ist als eine „4“, zusätzlich wissen wir auch, dass eine „2“ auch besser ist als eine „4“. Wir können jedoch nicht schlussfolgern, dass eine „2“ doppelt so gut ist wie die „4“. Weitere Beispiele für ordinale Merkmale sind etwa allgemeine Benotungen (z.B. Handelsklassen, Hotelsterne, etc.) oder generell abgestufte Beurteilungen in Fragebögen, wie das Merkmal Gesundheitszustand mit den Ausprägungen „sehr schlecht“, „schlecht“, „geht so“, „gut“ und „sehr gut“ aus unserem vorangegangenen Beispiel. Für unsere späteren Auswertungen bedeutet dies, dass mit ordinalen Merkmalen Auswertungen möglich sind, die sich mit der Häufigkeit von bestimmten Ausprägungen befassen, aber auch Auswertungen, die die Reihenfolge der Ausprägungen einbeziehen (z.B. Auswertungen, die den Wert bestimmen, für den ein bestimmter Prozentsatz der erhobenen Werte kleiner als dieser Wert ist).

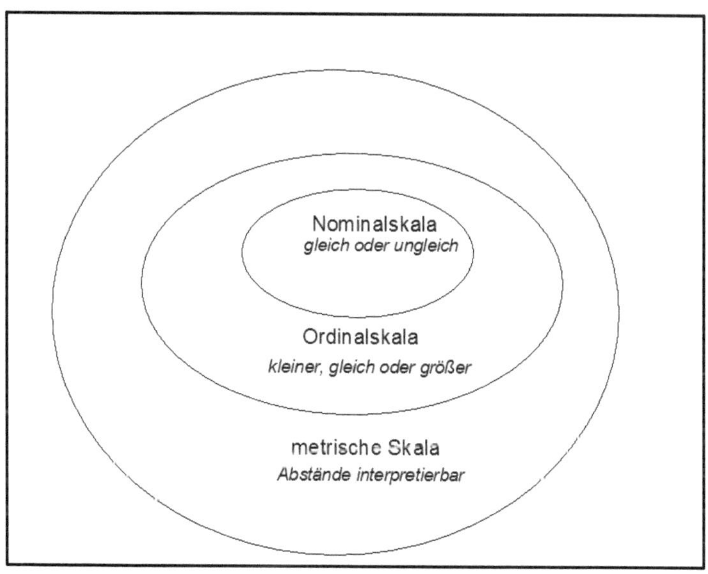

Abbildung 6: Schematische Darstellung der verschiedenen Skalenniveaus (Ostermann/Wolf-Ostermann 2005, 19)

Das höchste Datenniveau ist die *metrische Skala.* Auf ihr werden Merkmale gemessen, die ein metrisches Datenniveau aufweisen. Dies bedeutet, für Ausprägungen dieser Merkmale kann nicht nur festgestellt werden, ob diese Ausprägungen gleich oder ungleich sind, es gibt darüber hinaus eine Ordnung in den Ausprägungen im Sinne von größer/kleiner oder besser/schlechter und auch eine Interpretation der Abstände der einzelnen Ausprägungen ist möglich. Alle Merkmale die tatsächlich „Größen" messen, gehören hierzu, z.B. Alter, Körpergröße, zeitliche Dauern, Anzahlen, etc. Für unsere späteren Auswertungen bedeutet dies, dass mit metrischen Merkmalen Auswertungen möglich sind, die sich mit der Häufigkeit von bestimmten Ausprägungen befassen, Auswertungen, die die Reihenfolge der Ausprägungen einbeziehen aber auch alle weiteren rechnerischen Auswertungen, wie bspw. Berechnungen von Durchschnitten etc.

3.2.2 Häufigkeiten und Tabellen

Eine grundsätzliche und sehr einfache und naheliegende Möglichkeit, erhobene Daten zu strukturieren, besteht darin, diese zusammenzufassen und ggf. der Größe nach zu ordnen. Sowohl für nominale wie auch ordinale oder metrische Daten können als erste Auswertung einfache Häufigkeitstabellen erstellt werden, die es erlauben, einen ersten Überblick über erhobene Daten zu erhalten. Bleiben wir bei unserem vorangehenden Beispiel (vgl. Tabelle 1). Um einen Überblick über die Stichprobe zu erhalten, könnte man bspw. eine Häufigkeitstabelle zur Geschlechterverteilung erstellen:

Tabelle 2: Häufigkeitsverteilung für das Merkmal Geschlecht (eigene Darstellung)

Geschlecht	Anzahl	Anteil	Prozent	
männlich	25	25/76 = 0,3290	0,3290 * 100	= 32,90
weiblich	43	43/76 = 0,5658	0,5658 * 100	= 56,58
keine Angabe	8	8/76 = 0,1052	0,1052* 100	= 10,52
Summe	76	76/76 = 1,00	1,00 * 100	= 100,00

Aus einer langen Datenreihe mit 76 Einträgen „männlich“ bzw. „weiblich“ wird so sehr schnell ein guter und leicht vermittelbarer Überblick über die Daten. Die Tabelle enthält dabei bereits zwei Möglichkeiten, Häufigkeiten darzustellen: zum einen als *absolute Häufigkeiten* oder Anzahlen, zum anderen *relative Häufigkeiten* oder Anteile. Absolute Häufigkeiten erhält man durch einfaches Auszählen, wie oft eine Ausprägung vorhanden ist. Als Kontrolle sollte die Summe aller Ausprägungen wieder die Gesamtanzahl aller Befragten „n“ ergeben (in unserem Beispiel 28 Männer + 48 Frauen = 76 befragte Personen). Relative Häufigkeiten geben den Anteil einer Ausprägung an der Gesamtstichprobe an. Sie werden ermittelt, in dem man die jeweilige absolute Häufigkeit durch die Gesamtzahl „n“ teilt. Oft werden Anteile auch direkt als Prozentwerte ausgewiesen, d.h. der Anteilswert mit 100 multipliziert. Als Kontrolle muss sich in der Summe aller Anteilswerte die Eins bzw. in der Summe aller Prozentwerte 100 Prozent ergeben. Welche Art der Häufigkeit in einer Auswertung berichtet wird, hängt letztendlich davon ab, was das Ziel der

Auswertung ist. Geht es lediglich um eine Angabe von Größenordnungen so sind absolute Häufigkeiten hierfür völlig ausreichend. Soll jedoch ein Vergleich mit anderen Datensätzen oder Vergleichskennzahlen ermöglicht werden, so sind relative Häufigkeiten zu wählen, da hierdurch auch unterschiedlich große Datensätze sinnvoll miteinander verglichen werden können. Bei der ausschließlichen Verwendung von Anteilen oder Prozentwerten sollte auch immer die Gesamtanzahl „n“ berichtet werden, um die Ergebnisse insgesamt in ihrer Bedeutung einschätzen zu können. Eine Aussage wie „90 Prozent aller Befragten stimmten dem Vorgehen zu“ klingt zunächst sehr beeindruckend, relativiert sich jedoch sofort, wenn man zusätzlich weiß, dass insgesamt nur 10 Personen befragt wurden. Umgekehrt würde das Wissen darum, dass insgesamt 100.000 Personen befragt wurden, der Aussage ein deutlich größeres Gewicht verleihen.

Liegen nicht für alle Personen in einer Stichprobe Werte vor (beispielsweise weil Personen die Aussage hierzu verweigern oder Angaben verloren gegangen sind), so sollte die Anzahl/der Anteil dieser fehlenden Werte ebenfalls berichtet werden. Dies kann z.B. dadurch geschehen, dass man die obige Tabelle um die Ausprägung „keine Angabe“ erweitert. Bei der Angabe der Anteile/Prozentwerte ist dann darauf zu achten, ob diese unter Einbezug der fehlenden Angaben gebildet werden oder aber nicht, da es hier schnell zu deutlich voneinander abweichenden Angaben kommen kann (vgl. Tabelle 3).

Tabelle 3: Häufigkeitsverteilung für das Merkmal Geschlecht mit fehlenden Angaben (eigene Darstellung)

Geschlecht	**Anzahl**	**Anteil/Prozent insgesamt**	**Anteil/Prozent gültige Werte**
männlich	25	25/76 = 0,3290 = 32,90 %	25/68 = 0,3676 = 36,76 %
weiblich	43	43/76 = 0,5658 = 56,58 %	43/68 = 0,6324 = 63,24 %
fehlende Angabe	8	8/76 = 0,1052 = 10,52 %	---
Summe	76	76/76 = 1,00 = 100 %	68/68 = 1,00 = 100,00 %

Während es für nominale Merkmale unerheblich ist, in welcher Reihenfolge die Ausprägungen aufgelistet werden (also im verwendeten Beispiel erst männlich dann weiblich oder umgekehrt) sollte bei ordinalen oder metrischen Merkmalen die natürliche Ordnung in der Tabelle eingehalten werden (vgl. Tabelle 4).

In einer Häufigkeitstabelle für ordinale oder metrische Merkmale kann nun zusätzlich zu der direkten Verteilung der Häufigkeiten, d.h. wie viele Personen/Untersuchungseinheiten eine jeweilige bestimmte Merkmalsausprägung besitzen, auch abgelesen werden, wie viel Prozent kleiner oder gleich einer bestimmten Merkmalsausprägung sind. Umgekehrt ist damit natürlich auch der Anteil bekannt, der größer als diese Merkmalsausprägung ist. Keinen (sehr) guten Gesundheitszustand haben in unserem Beispiel 7 + 12 + 24 = 43 Personen, das entspricht 61,43 % aller Personen, für die der Gesundheitszustand bekannt ist. Umgekehrt lässt sich daraus auch schließen, dass 27 Personen bzw. 38,57 % der Stichprobe einen (sehr) guten Gesundheitszustand berichten. Diese kumulative Auflistung wird auch empirische Verteilungsfunktion genannt. Sie gibt den Anteil an Werten an, die kleiner oder gleich einer bestimmten Merkmalsausprägung (oder einer bestimmten Zahl x für metrische Merkmale) sind. Diese Funktion kann nur Werte zwischen „0“ und „1“ annehmen und steigt durch die Kumulation von Häufigkeiten stetig an.

Tabelle 4: Häufigkeitsverteilung für das Merkmal Gesundheitszustand mit fehlenden Angaben (eigene Darstellung)

Gesundheitszustand	Anzahl	Anteil/Prozent insgesamt	Anteil/Prozent gültige Werte	Empirische Verteilungsfunktion (kumulierte Anteile)
sehr schlecht	7	7/76 = 0,0921 = 9,22 %	7/70 = 0,1000 = 10,00 %	7/70 = 0,1000 = 10,00 %
schlecht	12	12/76 = 0,1579 = 15,79 %	12/70 = 0,1714 = 17,14 %	19/70 = 0,2714 = 27,14 %
geht so	24	24/76 = 0,3158 = 31,58 %	24/70 = 0,3429 = 34,29 %	43/70 = 0,6143 = 61,43 %
gut	18	18/76 = 0,2368 = 23,68 %	18/70 = 0,2571 = 25,71 %	61/70 = 0,8714 = 87,14 %
sehr gut	9	9/76 = 0,1184 = 11,84 %	9/70 = 0,1286 = 12,86 %	70/70 = 1,0000 = 100,00 %
fehlende Angabe	6	6 /76 = 0,0789 = 7,89 %	---	---
Summe	76	76/76 = 1,00 = 100 %	70/70 = 1,00 = 100 %	---

Für metrische Merkmale – wie in unserem Beispiel etwa das Merkmal „Alter in Jahren“ – könnte man nun eine zu Tabelle 4 analoge Tabelle anfertigen, die wahrscheinlich sehr viele Zeilen enthalten würde, da die Stichprobe 76 ältere Personen (> 65 Jahre) umfasst, also theoretisch alle Altersangaben von 66 bis weit über 100 Jahre möglich sind. Dies macht in dieser Detailliertheit (für jedes Lebensjahr, das beobachtet wurde, eine Tabellenzeile) sicher nur in wenigen Fällen Sinn, da es in aller Regel nicht darauf ankommen wird, ob eine befragte Person 83 oder 84 Jahre alt ist. In diesen Fällen ist es sehr viel praktischer, die beobachteten Daten in Klassen zusammenzufassen, da auch eine zusammengefasste Darstellung die Verteilung der Daten übersichtlich darstellt. Für unser Beispiel könnte es etwa ausreichend sein, 5-Jahres-Klassen zu bilden und ab einem Alter von 90 Jahren alle weiteren Personen in einer Klasse zusammenzufassen (vgl. Tabelle 5).

Tabelle 5: Häufigkeitsverteilung für das klassierte Merkmal Alter in Jahren mit fehlenden Angaben (eigene Darstellung)

Alter in Jahren	**Anzahl**	**Anteil/Prozent insgesamt**	**Anteil/Prozent gültige Werte**	**Empirische Verteilungsfunktion (kumulierte Anteile)**
65-70 Jahre (65;70] Jahre	12	12/76 = 0,1579 = 15,79%	12/74 = 0,1622 = 16,22 %	12/74 = 0,1622 = 16,22 %
70-75 Jahre (70;75] Jahre	11	11/76 = 0,1447 = 14,47 %	11/74 = 0,1486 = 14,86 %	23/74 = 0,3108 = 31,08 %
75-80 Jahre (75;80] Jahre	19	19/76 = 0,2500 = 25,00 %	19/74 = 0,2568 = 25,68 %	42/74 = 0,5676 = 56,76 %
80-85 Jahre (80;85] Jahre	12	12/76 = 0,1579 = 15,79%	12/74 = 0,1622 = 16,22 %	54/74 = 0,7297 = 72,97 %
85-90 Jahre (85;90] Jahre	17	17/76 = 0,2237 = 22,37 %	17/74 = 0,2297 = 22,97 %	71/74 = 0,9595 = 95,95 %
über 90 Jahre > 90 Jahre	3	3/76 = 0,0395 = 3,95 %	3/74 = 0,0405 = 4,05 %	74/74 = 1,0000 = 100,00 %
Fehlende Angabe	2	2/76 = 0,0263 = 2,63 %	---	---
Summe	76	76/76 = 1,00 = 100 %	74/74 = 1,00 = 100 %	---

Bildet man für metrische Daten Klassen, so gibt es zwei Regeln, die dabei einzuhalten sind:

1. Die gewählten Klassen müssen insgesamt alle beobachteten Daten enthalten.
2. Jeder beobachtete Datenwert muss eindeutig einer Klasse zuzuordnen sein, damit Werte nicht fälschlich mehrfach oder gar nicht gezählt werden.

Die erste Regel sagt damit etwas über die untere Grenze der Klasse mit den kleinsten Beobachtungen und die obere Grenze der Klasse mit den größten Beobachtungen aus. Diese beiden Grenzen müssen die kleinste und die größte Beobachtung im Datensatz einschließen, müssen aber nicht zwangsläufig mit dem kleinsten oder größten Beobachtungswert übereinstimmen. Dies kann beispielsweise sinnvoll sein, wenn man möglichst „eingängige" Klassengrenzen schaffen will. Wäre in unserem Beispiel die jüngste Teilnehmerin z.B. 67 Jahre alt, könnte es dennoch bei den gewählten Klassengrenzen bleiben, ohne gegen Regel 1 zu verstoßen. Die zweite Regel beinhaltet zum einen die Tatsache, dass die Klassen keine „Lücken" zueinander aufweisen dürfen, d.h. eine Klasse bspw. von 70 bis 74 Jahre reicht und die nächsten von 76 bis 80 Jahren, da dann Personen mit einem Alter von 75 Jahren nicht erfasst würden. Problematisch sind auch verbale Angaben wie „70-75 Jahre" und „75-80 Jahre", da dann Personen mit einem Alter von 75 Jahren in beiden Klassen und damit doppelt erfasst würden. Hier ist sinnvoll, entweder verbal ausführlicher zu beschreiben „von … bis unter …" oder aber mit einer Intervallschreibweise wie in Tabelle 5 zu arbeiten. Runde Klammern bedeuten dabei immer, dass der Wert nicht mit eingeschlossen ist, eckige Klammern, dass der Wert eingeschlossen ist. Ob Klassen alle mit gleicher Breite gewählt werden oder ob es sinnvoll ist, aufgrund von Vorinformationen ungleich breite Klassen zu wählen, hängt dabei vom Einzelfall ab. Ebenso sollte die Anzahl der Klassen im Einzelfall sinnvoll bestimmt werden. Zu wenige Klassen (im Extremfall eine einzige Klasse) verdecken möglicherweise wichtige Informationen, zu viele Klassen (im Extremfall genauso viele Klassen wie Beobachtungen) verhindern eine sinnvoll strukturierte Darstellung und Übersicht.

Grundsätzlich sollte man in Tabellen:

- immer eine klare Inhaltsangabe anstreben,
- die Faktoren, nach denen die Tabelle aufgebaut ist, hervorheben,
- die jeweiligen Maßeinheiten angeben,

- die geografische Zuordnung angeben, auf die sich Daten ggf. beziehen
- die Zeitangabe ggf. nicht vergessen (auf welches Jahr beziehen sich die Daten)
- die Quellenangabe ggf. nicht vergessen (wenn etwa Sekundärdaten dargestellt werden).
- ...

Für die Übersichtlichkeit und gute Gestaltung von Tabellen sollten zudem folgende Gesichtspunkte Berücksichtigung finden:

- eine gelungene Breite und Höhe von Zeilen und Spalten („Spacing"),
- die Verwendung von Fußnoten, um „breite Spalten" oder „mehrzeilige Zeilen" zu vermeiden,
- eine sinnvolle Wahl von Schrifttyp und Schriftgröße,
- eine Ergänzung der Tabelle durch Zeilen- bzw. Spaltensummen (evtl. auch Durchschnitte o. ä.),
- ein sinnvolles Runden von Dezimalzahlen (i.d.R. reichen ein oder zwei Nachkommastellen oft aus),[13]
- ein Punktieren großer Zahlen, um die Übersichtlichkeit zu erhöhen (z. B. 10.000 statt 10000),
- ein Durchnummerieren von Tabellen in Texten (aber unabhängig von Abbildungen),
- verbale Zusammenfassung der Kernbotschaft in Begleittexten.

Für eine ausführlichere Darstellung zum Thema Tabellen sei auf Ostermann et al. (2004a) verwiesen.

3.2.3 Kennzahlen für Lage

Will man Datensätze sehr kompakt charakterisieren, so eignen sich hierfür statistische Kenngrößen oder Maßzahlen. Zu den bekanntesten dieser Maßzahlen gehören Kennzahlen für die Lage eines Datensatzes, die nachfolgend beschrieben werden sollen.

---

13 Bei einer Darstellung von Zeitangaben in Jahren (z.B. Alter) entsprechen zwei Nachkommastellen bspw. nur noch 3,65 Tagen!

Lagemaße sind Kennzahlen, die besonders typische und aussagekräftige Werte auf einer beobachteten Skala – oft im Sinne einer Mitte oder eines Zentrums der Beobachtungen bzw. einer Häufigkeitsverteilung – bezeichnen. Hierzu stehen verschiedene Möglichkeiten zur Verfügung, die vom jeweiligen Datenniveau abhängen. Der *Modus* oder *Modalwert* (x_{mod}) kann bei jedem Datenniveau berechnet werden. Er bezeichnet den Wert, der am häufigsten beobachtet wurde. Die Bestimmung dieser Kennzahl macht insbesondere bei nominalen und ordinalen Daten Sinn.

Wir wollen für die ersten zehn Beobachtungen aus dem Beispiel (vgl. Tabelle 1) nun exemplarisch den Modus berechnen. Für das erfragte Merkmal Geschlecht (nominales Datenniveau) ist bei den ersten zehn Beobachtungen dreimal männlich, sechsmal weiblich und einmal ein fehlender Wert (-999) eingetragen worden. Die häufigste Beobachtung und damit der Modalwert des Merkmals Geschlecht ist damit die Ausprägung weiblich. Unter den ersten zehn Befragten kommen also am häufigsten Frauen vor.

Für den Gesundheitszustand (ordinales Datenniveau) gilt, dass für die ersten zehn Beobachtungen einmal ein sehr schlechter, zweimal ein schlechter, dreimal ein einigermaßen zufriedenstellender („geht so“), zweimal ein guter und einmal ein sehr guter Gesundheitszustand berichtet wird. Eine Person hat keine Aussage zum Gesundheitszustand gemacht (-999). Der Modalwert ist hier die Ausprägung „geht so“, d.h. am häufigsten wird ein einigermaßen zufriedenstellender Gesundheitszustand berichtet.

Bei metrischen Daten kann es hingegen passieren, dass jeder Beobachtungswert nur genau einmal vorkommt (z.B. wenn in einer Stichprobe jede Person ein anderes Alter aufweist) – dann wäre letztendlich jeder Wert ein Modalwert (weil alle Altersangaben gleich häufig – nämlich genau einmal vorkommen) und es würde kein Erkenntnisgewinn im Sinne einer komprimierten Darstellung geschaffen. In unserem Beispiel ist bei dem metrischen Merkmal Alter unter den ersten zehn Beobachtungen der Wert „80 Jahre“ zweimal vertreten, so dass in diesem Fall ein Modalwert sinnvoll bestimmt werden kann.

In manchen Fällen – insbesondere bei umfangreichen Datensätzen – kann es durchaus auch Sinn machen, zwei Modalwerte anzugeben, falls sich zwei Merkmalsausprägungen auf Grund ihrer hohen absoluten Häufigkeit deutlich von den übrigen unterscheiden.

Eine weitere typische Kennzahl, um die Lage oder Größenordnung von Daten zu beschreiben, ist der *Median* ($\tilde{x}_{0.5}$) oder Zentralwert. Er bezeichnet den Wert in der Mitte einer der Größe nach geordneten Reihe von Beobachtungen. Für den Median gilt damit, dass jeweils die Hälfte der Beobachtungen kleiner bzw. größer ist als der Median. Sinnvoll durchgeführt werden kann die Berechnung des Median damit nur für Beobachtungsreihen, die sich der Größe nach ordnen lassen, also ordinale oder metrische Daten. In unserem Beispiel kann damit nur für die Merkmale Gesundheitszustand (ordinal) und Alter (metrisch) jeweils der Median berechnet werden. Dies wollen wir nun wieder für die ersten zehn Beobachtungen aus Tabelle 1 durchführen. Da der Median die Mitte der geordneten(!) Beobachtungsreihe bezeichnet, müssen die Merkmale daher zunächst sortiert werden. Für das Merkmal Gesundheitszustand ergibt sich als geordnete Beobachtungsreihe:

sehr schlecht / schlecht / schlecht / geht so / geht so / geht so / gut / gut / sehr gut.

Bei insgesamt neun vorliegenden Werten (eine Beobachtung war fehlend und kann daher nicht verwendet werden) ist die mittlere Beobachtung die fünfte in der geordneten Reihe und damit der Wert „geht so". Als mittlerer beobachteter Gesundheitszustand wird also ein einigermaßen zufriedenstellender Gesundheitszustand berichtet.

Für das Merkmal Alter werden folgende Angaben (in Jahren) der Größe nach sortiert berichtet:

67 / 73 / 76 / 80 / 80 / 81 / 86 / 88 / 92.

Bei insgesamt wieder neun vorliegenden Werten (eine Beobachtung war fehlend und kann daher nicht verwendet werden) ist die mittlere Beobachtung die fünfte in der geordneten Reihe und damit der Wert $\tilde{x}_{0.5} = 80$. Die ersten zehn befragten Personen weisen also ein mittleres Alter von 80 Jahren auf.

Ähnlich wie wir nun den mittleren Wert (Median) bestimmt haben, könnte man anstelle eines Wertes, der die Beobachtungen in zwei Hälften aufteilt, natürlich auch jede andere Aufteilung bestimmen. Werte, die eine Beobachtungsreihe in bestimmten Verhältnissen aufteilen werden allgemein *Quantile* ($\tilde{x}_{0.xx}$) genannt. Ein 5%-Quantil

($\tilde{x}_{0.05}$) bezeichnet bspw. den Wert für den 5% aller Beobachtungen kleiner als dieses Quantil sind und entsprechend 95% größer als dieser Wert. Umgekehrt wäre ein 95%-Quantil ($\tilde{x}_{0.95}$) der Wert, für den 95% aller Beobachtungen kleiner als dieses Quantil sind und entsprechend 5% größer als dieser Wert. Spezielle Quantile, die häufig Verwendung finden, sind das 25%- bzw. 75%-Quantil, die auch als *unteres Quartil* ($\tilde{x}_{0.25}$) bzw. *oberes Quartil* ($\tilde{x}_{0.75}$) („Viertel") bezeichnet werden oder aber auch die Einteilung in 10%-Schritte – hier spricht man dann von Dezilen. Für unser Datenbeispiel ergeben sich beim Gesundheitszustand als unteres Quartil der Wert „2" (schlecht) und als oberes Quartil der Wert „4" (gut). Ein Viertel der Befragen weist also einen sehr schlechten bis schlechten Gesundheitszustand und ein Viertel einen guten bis sehr guten Gesundheitszustand auf. Für das Alter der Befragten ergeben sich als unteres Quartil der Wert $\tilde{x}_{0.25}$ = 74,5 Jahre und als oberes Quartil der Wert $\tilde{x}_{0.75}$ = 87 Jahre. Ein Viertel der Befragten ist also jünger als 75 Jahre, ein Viertel der Befragten älter als 87 Jahre. Für eine genauere (formelhafte) Beschreibung der Berechnung von Quantilen sei auf Ostermann/Wolf-Ostermann (2005, 43ff.) verwiesen.

Allgemein sind Quantile immer dann von Nutzen, wenn man bestimmte Grenzwerte für Anteile einer Beobachtungsreihe bestimmen will – z.B. bei Einkommensverteilungen (wo liegt etwa der Grenzwert für die obersten bzw. untersten 10% also die reichsten bzw. ärmsten 10% einer Bevölkerungsgruppe).

Die bekannteste statistische Maßzahl um die Größenordnung einer Beobachtungsreihe zu beschreiben, ist das *arithmetische Mittel (Mittelwert)* ($\bar{x}$), das oft auch als Durchschnitt bezeichnet wird. Es lässt sich sinnvollerweise nur für metrische Daten ermitteln. Zur Berechnung werden alle Werte aufsummiert und dann durch die Anzahl der Beobachtungen („n") geteilt. Ein berechneter Mittelwert muss dabei nicht mit real beobachteten Werten übereinstimmen.

$$\bar{x} := \frac{1}{n} \cdot \sum_{i=1}^{n} x_i$$

In unserem Beispiel können wir also ein arithmetisches Mittel nur für das Merkmal Alter berechnen:

$$\bar{x} = (80 + 73 + 88 + 76 + 92 + 86 + 80 + 81 + 67) / 9 = 80{,}3.$$

Das Durchschnittsalter der ersten zehn befragten Personen beträgt also 80,3 Jahre und unterscheidet sich damit kaum vom mittleren (Median) oder am häufigsten beobachteten Alter (Modus). Starke Abweichungen der drei Werte voneinander würden daraufhin deuten, dass die Verteilung der Daten starke Asymmetrien aufweist.

Hinzuweisen ist auch darauf, dass die Berechnung eines Durchschnitts-/Mittelwertes nur inhaltlich sinnvoll ist, wenn die Verteilung der Daten einigermaßen gleichmäßig ist. Wäre bspw. eine Hälfte unserer beobachteten Personen sehr jung und die andere Hälfte sehr alt gewesen, so wäre als Mittelwert ein Wert bestimmt worden, der zwischen diesen beiden Beobachtungsgruppen liegt und somit für den realen Datensatz wenig Aussagekraft gehabt hätte. Bei derartigen „U-förmigen" Häufigkeitsverteilungen ist die Berechnung eines Mittelwertes zwar rechnerisch möglich, oft aber inhaltlich wenig sinnvoll bzgl. der tatsächlichen Aussagekraft des berechneten Wertes.

Problematisch bei der Berechnung von Mittelwerten sind auch stark abweichende Werte in einer Beobachtungreihe, sogenannte Ausreißer, da auch diese Einzelwerte die inhaltliche Aussagekraft stark beeinflussen können. Ein kurzes Beispiel soll dies verdeutlichen.

Gegeben seien fünf metrische Beobachtungswerte: -2, -1, 0, +1, +2. Berechnet man für diese kurze Beobachtungsreihe Mittelwert und Median, so ergibt sich jedes Mal der Wert „0". Nun bauen wir eine stark abweichende Beobachtung in die Datenreihe ein: -2, -1, 0, +1, +202. Berechnet man nun Median und Mittelwert, so bleibt der Median unverändert bei „0", der Mittelwert jedoch verschiebt sich deutlich in Richtung der abweichenden Beobachtung und nimmt den Wert „40" an. Der Mittelwert spiegelt damit keinesfalls mehr eine „mittlere" Größe der Datenreihe wider. Dieses Verhalten wird als mangelnde Robustheit einer Kennzahl bezeichnet. In der Praxis ist dies von Interesse, wenn z.B. ein mittleres Einkommen einer Gruppe von Personen berechnet werden soll, sich in der Stichprobe aber auch ein Multimillionär befindet. Hier wäre dann die Wahl einer robusteren Maßzahl – etwa des Medians – geeigneter, um tatsächlich etwas über ein mittleres Einkommen auszusagen. Neben tatsächlichen „wahren" Ausreißern in einem Datensatz – wie in unserem Einkommensbeispiel – können diese Situationen in der Praxis immer auch dann auftreten, wenn es zu Übertragungsfehlern bei der Aufnahme oder elektronischen Eingabe von Daten kommt. Kennzahlen sollten daher immer möglichst im Zusammenhang mit der Häufigkeitsverteilung betrachtet und interpretiert werden.

Abschließend soll nun in Tabelle 6 noch einmal zusammengefasst werden, welches Lagemaß für welches Datenniveau verwendet werden kann:

Tabelle 6: Verwendung von Lagemaßen in Abhängigkeit vom Skalenniveau der Beobachtungen (eigene Darstellung)

Lagemaße		**Datenniveau**	
	nominal	**ordinal**	**metrisch**
Modus (x_{mod})	X	X	X
Median ($\tilde{x}_{0.5}$)	---	X	X
Quantile ($\tilde{x}_{0.xx}$)	---	X	X
Mittelwert ($\bar{x}$)	---	---	X

3.2.4 Kennzahlen für Streuung

Während Lagemaße die Lage bzw. ein Zentrum einer Häufigkeitsverteilung charakterisieren, beschreiben Streuungsmaße die Variabilität einer gegebenen Datenmenge. Streuungsmaße geben an, wie stark Beobachtungen voneinander bzw. von einem Lagemaß abweichen. Liegen alle Beobachtungen dicht zusammen bzw. in der Nähe eines gewählten Lagemaßes, so ist die Variabilität der Beobachtungen klein. Liegen umgekehrt alle Beobachtungen weit auseinander bzw. weit entfernt von diesem Lagemaß, so liegt eine große Variabilität vor. Je kleiner eine ermittelte Streuung ist, desto aussagekräftiger ist die Beschreibung einer Datenmenge durch einen Lageparameter. Wie wichtig die Angabe der Variabilität einer gegebenen Datenmenge ist, soll an einem Beispiel aus Ostermann/Wolf-Ostermann (2005, 53) verdeutlicht werden.

> „**Beispiel** […]: In einer westdeutschen Großstadt gibt es insgesamt drei große konfessionslose Träger für die Jugendarbeit. Der erste Träger besetzt 50 Prozent seiner Stellen immer mit Vollzeitkräften (8 Stunden pro Tag) und die übrigen 50 Prozent jeweils mit Halbtagskräften (4 Stunden pro Tag). Je eine Vollzeit- und eine Halbtagskraft arbeiten immer projektgebunden zusammen. Interessiert man sich für die durchschnittliche Arbeitszeit, so erhält man bei diesem Träger ein arithmetisches Mittel von 6 Stunden.
>
> Beim zweiten Träger gibt es drei verschiedene Arten der Stellen, nämlich Vollzeit-, Dreiviertel- und Halbtagskräfte, die jeweils ein Drittel des Stellenpools ausmachen. Die Dreiviertelkräfte arbeiten 6 Stunden pro Tag. Auch hier erhält man als arithmetisches Mittel für die tägliche Arbeitsdauer 6 Stunden. Beim dritten Träger existieren die gleichen Stellenformen wie beim 2.Träger. Nur sind hier 80 Prozent aller Mitarbeiter Dreiviertelkräfte und nur je 10 Prozent Vollzeit- bzw. Halbtagskräfte. Wiederum erhält man als arithmetisches Mittel für die tägliche Arbeitszeit 6 Stunden.
>
> Bei allen drei Trägern ist also trotz der unterschiedlichen Stellenstruktur eine durchschnittliche tägliche Arbeitszeit von 6 Stunden vorzufinden. Ein geeigneter Skalenparameter ist nun in der Lage, diese unterschiedlichen Strukturen adäquat zu beschreiben."

Für nominale Daten ist die Beschreibung der Variabilität ein insgesamt eher schwieriges Konzept, da zunächst einmal definiert werden muss, was Streuung im Fall nominaler Daten bedeutet. Minimale Streuung bei nominalen Daten liegt vor, wenn alle Beobachtungen auf eine Kategorie entfallen, die Beobachtungen also nicht über verschiedene Kategorien variieren. Maximale Streuung wird so definiert, dass jede Kategorie gleich viele Beobachtungen enthält. Mit diesen Definitionen lassen sich nun Variabilitätsmaße definieren, die den „Abstand" zu diesen beiden Verteilungen bestimmen. Da diese Konzepte in der allgemeinen Praxis bisher keine große Verbreitung gefunden haben, wird hierfür lediglich auf Ostermann/Wolf-Ostermann (2005, 53f.) verwiesen. Nachfolgend werden daher nur Streuungsmaße für ordinale oder metrische Beobachtungen detaillierter beschrieben.

Die einfachste Möglichkeit, die Variabilität in Daten zu beschreiben, ist dabei die Angabe von Minimum (kleinster Beobachtung) und Maximum (größter Beobachtung), bzw. dem Abstand zwischen beiden

Werten, der als *Spannweite* (R) bezeichnet wird. Für unser Datenbeispiel (vgl. Tabelle 1) – wiederum bezogen auf die ersten zehn Beobachtungen ergibt sich für den Gesundheitszustand eine Spannweite von vier Kategorien, da von „1“ (sehr schlecht) bis „5“ (sehr gut) alle Kategorien vertreten sind. Inhaltlich bedeutet dies, dass alle Gesundheitszustände von sehr schlecht bis sehr gut von den Teilnehmer:innen benannt wurden. Häufig entspricht bei ordinalen Daten die Spannweite der Beobachtungen exakt der Spannweite aller Kategorien, da alle Kategorien mindestens einmal genannt werden, und liefert daher nur wenig inhaltliche Zusatzinformationen über die Verteilung der tatsächlichen Beobachtungen. In diesen Fällen wird daher oft auf eine weitere Maßzahl ausgewichen, die nachfolgend beschrieben wird. Zunächst einmal soll aber auch noch die Spannweite für das metrische Merkmal Alter berechnet werden. Hier ist der kleinste benannte Wert 67 Jahre, der größte Wert 92 Jahre, so dass sich eine Altersspanne von 25 Jahren bei den befragten Personen ergibt. Setzt man dies in Beziehung zum Durchschnittsalter von 80 Jahren, wird ersichtlich, dass die Personen in unserem Beispiel altersmäßig deutlich variieren. Bei metrischen Daten ist die Spannweite wieder stark abhängig davon, ob einzelne stark abweichende Beobachtungen vorliegen, da dann die Spannweite aufgrund ihrer Definition als Abstand von kleinster und größter Beobachtung ebenfalls sehr große Werte annehmen kann. Die Spannweite ist daher ebenfalls keine robuste Maßzahl.

Möchte man dem Problem mangelnder Robustheit begegnen – oder im Fall ordinaler Daten mehr über die inhaltliche Verteilung der Beobachtungen erfahren, so kann auch ein anderer Abstand als der von Minimum zu Maximum gewählt werden. Gängig ist hier die Bestimmung des Abstandes/der Spannweite der mittleren 50 Prozent der Beobachtungen, was als *Interquartilsabstand* (*IQR*) bezeichnet wird. Der Interquartilsabstand bezeichnet also die Differenz von oberem Quartil (75%-Quantil) zu unterem Quartil (25%-Quantil). Für unser Datenbeispiel bedeutet dies, dass zunächst die Quartile bestimmt und dann die Differenz zwischen diesen gebildet wird. Für den Gesundheitszustand haben wir im vorangehenden Kapitel der Lagemaße bereits die Quartile berechnet. Der Interquartilsabstand für den Gesundheitszustand berechnet sich als Differenz der Werte „4“ (gut – oberes Quartil) und „2“ (schlecht – unteres Quartil). Damit ergibt sich ein Abstand von zwei Kategorien, d. h. die mittleren 50% der Befragten bewegen sich im Bereich eines berichteten schlechten bis guten Gesundheitszustandes. Für das Alter ergibt sich ein Interquartilsabstand von 87 minus 74,5 also 12,5 Jahren. Die mittleren 50% unserer befragten Teilnehmer:innnen differieren also altersmäßig um 12,5 Jahre.

Ein anderes Konzept von Variabilität als den Abstand zwischen zwei bestimmten Beobachtungen zu messen, verfolgt das Prinzip der empirischen *Varianz* (s^2) bzw. *Standardabweichung* (s). Hier wird Variabilität dadurch definiert, dass berechnet wird, wie weit alle Beobachtungen von einem zentralen Wert (hier das arithmetische Mittel) abweichen. Die Berechnung von Varianz bzw. Standardabweichung ist damit nur noch für metrische Daten sinnvoll. Zur Berechnung der Varianz wird daher zunächst die Differenz jeder einzelnen Beobachtung zum arithmetischen Mittel gebildet. Um nun zu einer Maßzahl (anstelle von vielen Einzeldifferenzen) zu kommen, werden anschließend diese Differenzen quadriert, aufsummiert und dann durch die Anzahl der Beobachtungen („n“) minus Eins[14] geteilt. Das Quadrieren dient dabei dem Zweck, dass sich Differenzen beim Aufsummieren nicht gegenseitig aufheben sollen.

$$s^2 := \frac{1}{n-1} \cdot \sum_{i=1}^{n} (x_i - \overline{x})^2$$

Für unser Datenbeispiel bedeutet dies, dass sich für die Varianz des Merkmals Alter folgender Wert berechnet (das arithmetische Mittel betrug 80,3 Jahre, „n“ ist gleich 9, da eine Beobachtung fehlt):

$$\begin{aligned} s^2 &= ((80 - 80{,}3)^2 + (73 - 80{,}3)^2 + (88 - 80{,}3)^2 + (76 - 80{,}3)^2 + (92 - 80{,}3)^2 + \\ &\quad (86 - 80{,}3)^2 + (80 - 80{,}3)^2 + (81 - 80{,}3)^2 + (67 - 80{,}3)^2) / (9-1) \\ &= ((-0{,}3)^2 + (-7{,}3)^2 + (7{,}7)^2 + (-4{,}3)^2 + (11{,}7)^2 + (5{,}7)^2 + (-0{,}3)^2 + (0{,}7)^2 + \\ &\quad (-13{,}3)^2) / 8 \\ &= (0{,}09 + 53{,}29 + 59{,}29 + 18{,}49 + 136{,}89 + 32{,}49 + 0{,}09 + 0{,}49 \\ &\quad + 176{,}89) / 8 \\ &= 478{,}01 / 8 \\ &= 59{,}75 \end{aligned}$$

14 Dass hier durch n-1 und nicht durch n geteilt wird, beruht auf der Überlegung, dass diese Maßzahl auch für weitergehende Verfahren (etwas statistische Tests) Verwendung findet und hier aus mathematischen Gründen diese Normierung vorteilhafter ist.

Die durchschnittliche quadratische Abweichung vom Durchschnittsalter beträgt also 59,75 Jahre (zum Quadrat). Da sich diese Größe inhaltlich nur schwer interpretieren lässt, weicht man für die Interpretation auf die Standardabweichung (s) aus, die als Wurzel der Varianz definiert ist und damit wieder dieselbe Größenordnung wie die Beobachtungen aufweist.

$$s = \sqrt{s^2} = \sqrt{59{,}75} = 7{,}73$$

Die durchschnittliche Abweichung in unserer Stichprobe vom Durchschnittsalter 80,3 Jahre beträgt also 7,73 Jahre. Für Varianz und Standardabweichung gilt wieder, dass diese Maßzahlen nicht robust sind, also bei einzelnen stark abweichenden Beobachtungen sehr große Werte annehmen.

Abschließend soll nun in Tabelle 7 noch einmal zusammengefasst werden, welches Streuungsmaß für welches Datenniveau verwendet werden kann:

Tabelle 7: Verwendung von Streuungsmaßen in Abhängigkeit vom Skalenniveau der Beobachtungen (eigene Darstellung)

Streuungsmaße		**Datenniveau**	
	nominal	**ordinal**	**metrisch**
Spannweite (R)	---	X	X
Interquartilsabstand (IQR)	---	X	X
Varianz (s^2) / **Standardabweichung** (s)	---	---	X

3.2.5 Zusammenhangsmaße

Bisher haben wir nur Kennzahlen betrachtet, die eine einzelne Beobachtungsreihe bzgl. ihrer Lage oder Variabilität beschreiben. Daneben ist es jedoch oftmals auch von Interesse, schon bei einer rein beschreibenden Darstellung der erhobenen Daten Zusammenhänge zwischen Merkmalen zu analysieren. So könnten in unserem Beispiel (vgl. Tabelle 8) z.B. Fragen von Interesse sein wie: Besteht ein Zusammenhang zwischen dem Geschlecht der befragten Person und dem berichteten Gesundheitszustand? Besteht ein Zusammenhang zwischen dem berichteten Gesundheitszustand und dem Alter der befragten Person? Auch solche Fragestellungen lassen sich mit Hilfe von Kennzahlen analysieren. Drei solcher Kennzahlen wollen wir in folgenden detaillierter vorstellen. Die Wahl der Kennzahl hängt dabei wieder vom Skalenniveau der beobachteten Merkmale ab (vgl. Tabelle 8).

Tabelle 8: Verwendung von Zusammenhangsmaßen in Abhängigkeit vom Skalenniveau der Beobachtungen (eigene Darstellung)

Datenniveau		**Datenniveau**	
	nominal	**ordinal**	**metrisch**
nominal	Assoziationskoeffizient Cramer V	Assoziationskoeffizient Cramer V	Assoziationskoeffizient Cramer V
ordinal	Assoziationskoeffizient Cramer V	Rangkorrelations-koeffizient nach Spearman (r_S)	Rangkorrelations-koeffizient nach Spearman (r_S)
metrisch	Assoziationskoeffizient Cramer V	Rangkorrelations-koeffizient nach Spearman (r_S)	Korrelationskoeffizient nach Pearson (r)

Für den Zusammenhang von zwei nominalen Merkmalen oder einem nominalen Merkmal und einem ordinalen oder metrischen Merkmal sprechen wir von Assoziation, um Zusammenhänge zu kennzeichnen. Eines von mehreren möglichen Zusammenhangsmaßen ist die Maßzahl *Cramers V*. Die Maßzahl kann nur Werte zwischen „0“ und „1“ annehmen und ist einfach zu interpretieren:

Cramers V = 0: es besteht kein Zusammenhang
Cramers V = 1: es besteht ein perfekter Zusammenhang

zwischen den beiden Merkmalen. Je stärker der berechnete Wert in Richtung der „1“ tendiert, desto stärker ausgeprägt ist der Zusammenhang. In der Praxis findet man häufig folgende Interpretationen:

0,1 - 0,3 schwacher Zusammenhang
0,4 - 0,5 mittlerer Zusammenhang
> 0,5 starker Zusammenhang

Die Berechnung der Maßzahl erfordert einzelne Zwischenschritte. Dafür schauen wir uns zunächst die gemeinsame Häufigkeitstabelle für die ersten zehn Beobachtungen von Geschlecht und berichtetem Gesundheitszustand aus unserem Beispiel an (vgl. Tabelle 9).

Tabelle 9: Zweidimensionale Tabelle der beobachteten Häufigkeiten von Geschlecht und berichtetem Gesundheitszustand (n=8 Beobachtungen, da jeweils ein Wert pro Beobachtungsreihe fehlt) (eigene Darstellung)

Geschlecht	**Gesundheitszustand**					
	sehr schlecht (1)	**Schlecht (2)**	**geht so (3)**	**gut (4)**	**sehr gut (5)**	**Summe**
männlich (1)	0	0	2	1	0	3
weiblich (2)	0	2	1	1	1	5
Summe	0	2	3	2	1	8

Unter Berücksichtigung von Annahmen der Wahrscheinlichkeitsrechnung lässt sich berechnen, wie die zweidimensionale Häufigkeitsverteilung aussehen müsste, wenn die beiden Merkmale Geschlecht und Gesundheitszustand voneinander unabhängig wären. Dafür werden für jeden Tabelleneintrag der rechte und der untere Rand-(Summen-)Wert miteinander multipliziert und durch die Gesamtzahl aller Tabelleneinträge geteilt (vgl. Tabelle 10).

Tabelle 10: Zweidimensionale Tabelle der erwarteten Häufigkeiten von Geschlecht und berichtetem Gesundheitszustand (n=8 Beobachtungen, da jeweils ein Wert pro Beobachtungsreihe fehlt) (eigene Darstellung)

Geschlecht	**Gesundheitszustand**					
	sehr schlecht (1)	**Schlecht (2)**	**geht so (3)**	**gut (4)**	**sehr gut (5)**	**Summe**
männlich (1)	(3*0) / 8 = 0	(3*2) / 8 = 0,750	(3*3) / 8 = 1,125	(3*2) / 8 = 0,750	(3*1) / 8 = 0,375	**3**
weiblich (2)	(0*5) / 8 = 0	(2*5) / 8 = 1,250	(3*5) / 8 = 1,875	(2*5) / 8 = 1,250	(1*5) / 8 = 0,625	**5**
Summe	**0**	**2**	**3**	**2**	**1**	**8**

Anschließend wird die Hilfsgröße χ^2 sprich (Chi-Quadrat) als Summe der Abweichungen von beobachteten (o) und erwarteten Häufigkeiten (e) für alle Kombinationen berechnet[15]:

$$\chi^2 := \sum_{j=1}^{k} \sum_{l=1}^{m} \frac{(o_{jl} - e_{jl})^2}{e_{jl}} \quad .^{16}$$

Um ein gegenseitiges Aufheben von positiven und negativen Abweichungen beim Aufsummieren zu vermeiden, werden die jeweiligen Differenzen vor der Summation quadriert. Zusätzlich werden die quadrierten Differenzen nochmals durch die erwarteten Häufigkeiten geteilt, um die relative Größe der Abweichung zu berücksichtigen. So wäre beispielsweise eine Abweichung der Werte 10.000 und 9.990 in unserer Vorstellung deutlich geringer als eine Abweichung der Werte 20 und 10, obwohl absolut gesehen die Differenz identisch ist und jeweils 10 beträgt.

In unserem Beispiel berechnet sich χ^2 (wir bilden zeilenweise die Differenzen zwischen beobachteten und erwarteten Häufigkeiten) nun zu:

χ2 = (0-0)2/0 + (0-0,750)2/ 0,750 + (2-1,125)2/ 1,125 + (1-0,750)2/ 0,750 + (0-0,375)2/ 0,375 + (0-0)2/0 +(2-1,250)2/ 1,250 + (1-1,875)2/ 1,875 + (1-1,250)2/ 1,250+ (1-0,625)2/ 0,625
= 3,022

Für die Berechnung von Cramers V muss der Wert nun noch endgültig in die Grenzen von 0 und 1 normiert werden:

$$V := \sqrt{\frac{\chi^2}{n \cdot (z - 1)}}$$

Hierbei ist n die Anzahl der Gesamtsumme an Beobachtungen in der Tabelle und z die kleinere Zahl von Zeilen- und Spaltenanzahl. In un-

15 Das Zeichen ΣΣ steht dabei für die Summation über alle Kombinationen.

16 Die Berechnung von χ2 sollte dabei nur durchgeführt werden, wenn 80% aller erwarteten Häufigkeiten größer als 5 sind – für unser kleines Anwendungsspiel vernachlässigen wir diese Faustregel.

serem Beispiel ist n = 8 und z =2, da wir 2 Zeilen und 5 Spalten für die Beobachtungswerte haben. Damit berechnet sich

$$V = \sqrt{\frac{3{,}022}{8 * (2-1)}} = \sqrt{3{,}022 \;/\; 8} = \sqrt{0{,}37775} = 0{,}615$$

Cramer V weist nach unserer Faustregel damit auf einen starken Zusammenhang von Geschlecht und berichtetem Gesundheitszustand hin. Männer berichten dabei insgesamt positiver über ihren Gesundheitszustand als Frauen.

Für den Zusammenhang von zwei ordinalen Merkmalen oder einem ordinalen Merkmal und einem metrischen Merkmal sprechen wir von Korrelation, um Zusammenhänge zu kennzeichnen. Eines von mehreren möglichen Zusammenhangsmaßen ist der *Rangkorrelationskoeffizient nach Spearman* (r_S) Die Maßzahl kann nur Werte zwischen „-1“ und „1“ annehmen und ist ebenfalls einfach zu interpretieren:

$r_S = 0$:	es besteht kein Zusammenhang
$r_S = -1$ bzw. $+1$:	es besteht ein perfekter (negativer bzw. positiver) Zusammenhang

Je stärker der berechnete Wert in Richtung der „-1“ oder „+1“ tendiert, desto stärker ausgeprägt ist der Zusammenhang. Das Vorzeichen gibt dabei eine Richtung des Zusammenhanges an. Gilt, dass je größer die Ausprägungen des einen Merkmals sind auch die Ausprägungen des anderen Merkmals größer werden, so nimmt der Koeffizient ein positives Vorzeichen an und man spricht von einem positiven Zusammenhang. Ist der Verlauf der beiden Beobachtungsreihen genau gegenläufig, so nimmt der Koeffizient ein negatives Vorzeichen an und man spricht von einem negativen Zusammenhang.

Wir wollen in unserem Beispiel (vgl. Tabelle 1) nun für die ersten zehn Beobachtungen berechnen, ob ein Zusammenhang zwischen dem berichteten Gesundheitszustand und dem Alter besteht. Zur Berechnung dieses Koeffizienten ist es notwendig, Rangzahlen für die beiden Merkmale zu bestimmen. Dazu muss zunächst die geordnete Reihe der Beobachtungen bestimmt werden, da die Rangzahl den Platz in einer geordneten Datenreihe bezeichnet.

Für das Merkmal Alter haben wir die der Größe nach aufsteigend geordnete Beobachtungsreihe:

Beobachtungswert (Alter in Jahren)	67	73	76	80	80	81	86	88	92
Rangzahl	1	2	3	4,5	4,5	6	7	8	9

Da dass Alter 80 Jahre zweimal vorkommt, vergeben wir nicht die Rangzahlen 4 und 5, sondern mitteln die beiden Rangzahlen, um für identische Beobachtungswerte nicht unterschiedliche Rangzahlen zu vergeben.

Für das Merkmal berichteter Gesundheitszustand ergibt sich folgende der Größe nach aufsteigend geordnete Beobachtungsreihe:

Beobachtungswert (Gesundheitszustand)	1	2	2	3	3	3	4	4	5
Rangzahl	1	2,5	2,5	5	5	5	7,5	7,5	9

Auch hier wurden für gleiche Beobachtungen die jeweiligen Rangplätze wieder gemittelt. Anstelle der Tabelle mit den gemeinsamen Beobachtungswerten aus Alter und Gesundheitszustand arbeiten wir nun mit den berechneten Rangzahlen weiter.

berichteter Gesundheitszustand	2	2	3	4	3	5	3	---	4	1
Alter	80	---	73	88	76	92	86	80	81	67
Rang Gesundheitszustand: x	2,5	2,5	5	7,5	5	9	5	---	7,5	1
Rang Alter: y	4,5	---	3	8	3	9	7	4,5	6	1

Nun müssen wir die Mittelwerte $\overline{R(x)}$ bzw. $= \overline{R(y)}$ der beiden Rangreihen berechnen

$$\overline{R(x)} = \overline{R(y)} = \frac{n+1}{2} \, .$$

In unserem Beispiel ist n = 8. Wir haben nur acht komplette Beobachtungspaare, da in jeder einzelnen Datenreihe jeweils ein Wert an unterschiedlicher Stelle fehlt. Damit ergeben sich die Mittelwerte jeweils zu 4,5.

Als Nächstes wird die empirische Varianz zur jeder Beobachtungsreihe ermittelt.

$$\sum_{i=1}^{n}\left(R(x_i)-\overline{R(x)}\right)^2$$

= (2,5 - 4,5)^2 + (5 - 4,5)^2 + (7,5 - 4,5)^2 + (5 - 4,5)^2 + (5 - 4,5)^2 + (7,5 - 4,5)^2 +(1 - 4,5)^2

= 4 + 4 + 0.25 + 9 + 0.25 + 20,25 + 0,25 + 9 +12,25 = 59,25

$$\sum_{i=1}^{n}\left(R(y_i)-\overline{R(y)}\right)^2$$

= (4,5 – 4,5)^2 + (3 – 4,5)^2 + (8 – 4,5)^2 + (3 – 4,5)^2 + (9 – 4,5)^2 + 7 – 4,5)^2 + (4,5 + 4,5)^2 + (6 – 4,5)^2 + (1 – 4,5)^2

= 0 + 2.25 + 12.25 + 2,25 + 20,25 + 6,25 + 0 + 2,25 + 12,25 = 57,75

Als letztes muss nun noch eine gemeinsame Streuung berechnet werden:

$$\sum_{i=1}^{n}\left(R(x_i)-\overline{R(x)}\right)\cdot\left(R(y_i)-\overline{R(y)}\right)$$

= (-2) · 0+0,5 · (-1,5)+3 · 3,5+0,5 · (-1,5)+4,5 · 4,5+0,5 · 2,5+3 · 1,5+(-3,5) · (-3,5)

= 0+(-0,75)+10,5+(-0,75)+20,25+1,25+4,5+12,25 = 47,25

Die endgültige Maßzahl ergibt sich dann als

$$r_s := \frac{\sum_{i=1}^{n}\left(R(x_i)-\overline{R(x)}\right)\cdot\left(R(y_i)-\overline{R(y)}\right)}{\sqrt{\sum_{i=1}^{n}\left(R(x_i)-\overline{R(x)}\right)^2\cdot\sum_{i=1}^{n}\left(R(y_i)-\overline{R(y)}\right)^2}}$$

und damit in unserem Beispiel zu

$$r_s := \frac{47{,}25}{\sqrt{59{,}25\cdot 57{,}75}} = 0{,}81$$

Da der errechnete Wert deutlich zu +1 tendiert, bedeutet dies, dass ein starker positiver Zusammenhang von berichtetem Gesundheitszustand und Alter vorliegt. In unserem Beispiel berichten Personen mit einem höheren Lebensalter auch einen besseren Gesundheitszustand.

Als letzte Kennzahl für einen Zusammenhang wollen wir nun noch eine Maßzahl für den Zusammenhang zweier metrischer Merkmale vorstellen: den *Korrelationskoeffizienten nach Pearson* (r). Die Maßzahl kann ebenfalls nur Werte zwischen „-1" und „1" annehmen und ist einfach zu interpretieren:

r = 0:	es besteht kein Zusammenhang
r = -1 bzw. +1:	es besteht ein perfekter (negativer bzw. positiver) Zusammenhang

Je stärker der berechnete Wert in Richtung der „-1" oder „+1" tendiert, desto stärker ausgeprägt ist auch hier wieder der Zusammenhang. Das Vorzeichen gibt dabei eine Richtung des Zusammenhanges an. Gilt, dass je größer die Ausprägungen des einen Merkmals sind, auch die Ausprägungen des anderen Merkmals größer werden, so nimmt der Koeffizient ein positives Vorzeichen an und man spricht von einem positiven Zusammenhang. Ist der Verlauf der beiden Beobachtungsreihen genau gegenläufig, so nimmt der Koeffizient ein negatives Vorzeichen an und man spricht von einem negativen Zusammenhang. Der Korrelationskoeffizient nach Pearson misst dabei jedoch nur lineare (!) Zusammenhänge. Zusammenhänge bspw. der Form $y = x^2$ werden nicht erkannt.

Wir wollen nun für die ersten zehn Beobachtungen aus unserem Beispiel den Zusammenhang von Alter und Lebensqualität ermitteln (vgl. Tabelle 1). Der Korrelationskoeffizient nach Pearson ist dabei für zwei metrische Merkmale X und Y definiert als:

$$r := \frac{s_{xy}}{s_x \cdot s_y} = \frac{\frac{1}{n-1}\sum_{i=1}^{n}(x_i - \bar{x})\cdot(y_i - \bar{y})}{\sqrt{\frac{1}{n-1}\left(\sum_{i=1}^{n}(x_i - \bar{x})^2\right)\cdot\frac{1}{n-1}\left(\sum_{i=1}^{n}(y_i - \bar{y})^2\right)}}\ .$$

Wir müssen also für die beiden Merkmale Alter und Lebensqualität zunächst getrennt die jeweiligen Standardabweichungen s_x und s_y berechnen sowie anschließend die gemeinsame Kovarianz s_{xy}.

Für das Merkmal Alter haben wir vorangehend bereits Mittelwert (80,3 Jahre) und Standardabweichung (7,73 Jahre) ermittelt. Für das Merkmal Lebensqualität ergeben sich als Mittelwert nach derselben

Berechnung 50 Punkte und eine Standardabweichung von 20,14 Punkten. Für die Berechnung des Korrelationskoeffizienten fehlt nun noch der Wert der gemeinsamen Kovarianz s_{xy} (n ist hier gleich 9, da nur neun Beobachtungspaare ohne fehlende Werte vorliegen)

$$
\begin{aligned}
s_{xy} &= \frac{1}{9-1} ((80-80,3)\ (34-50)+(73-80,3)\ (51-50)+(88-80,3)(50-50)+76-80,3) \\
&\quad 50)*(92-80,3)(85-50)+(86-80,3)(56-50)+(80-80,3)(38-50)+(81-80,3) \\
&\quad (72-50)+(67-80,3)(17-50)) \\
&= 1/8 \cdot ((-0,3) \cdot (-16)+(-7,3) \cdot 1+7,7 \cdot 0+(4,3) \cdot (-3)+11,7 \cdot 35+5,7 \cdot 6+(-0,3) \cdot \\
&\quad (-12) +(0,7) \cdot (22)+(-13,3) \cdot (-33)) \\
&= 1/8 \cdot (4,8-7,3+0+12,9+409,5+34,2+3,6+15,4+438,9) \\
&= 912/8=114
\end{aligned}
$$

Damit ist

$$r := \frac{s_{xy}}{s_x \cdot s_y} = \frac{114}{7,73 \cdot 20,14} = 0,73 \quad .$$

Es besteht damit ein deutlicher positiver (und linearer) Zusammenhang zwischen Alter und Lebensqualität. Je höher das Lebensalter ist, desto höher ist auch die berichtete Lebensqualität.

3.2.6 Grafische Darstellungen

Grafische Darstellungen sind wesentliche Hilfsmittel, um erhobene Daten kompakt und übersichtlich zu veranschaulichen, da Grafiken bei einer guten Gestaltung sehr einprägsam sind und sich zweckbestimmt gestalten lassen. Jedoch werden auch Grafiken – ebenso wie Tabellen und Kennzahlen – wesentlich durch die Qualität des ihnen zugrunde liegenden Datenmaterials und eine adäquate, dem Skalenniveau der Merkmale angepasste Darstellung beeinflusst. Nachfolgend sollen einige der gängigsten grafischen Darstellungsmöglichkeiten im Einzelnen erläutert werden.

Balkendiagramme

Bei einem Balkendiagramm, manchmal auch Stabdiagramm genannt, werden relative oder absolute Häufigkeiten von Kategorien oder

Ausprägungen eines Merkmals durch Balken dargestellt. Die Länge des Balkens entspricht dabei der jeweiligen Häufigkeit, die Breite des Balkens hat keinen zusätzlichen Informationswert. Balkendiagramme lassen sich sowohl für nominal, ordinal oder metrisch skalierte Merkmale verwenden. Dabei sollte die Anzahl verschiedener Kategorien der Ausprägungen nicht zu groß sein, damit die entsprechende Grafik nicht an Übersichtlichkeit verliert. Bei metrisch skalierten Merkmalen kann es daher sinnvoll sein, anstelle der Originalwerte klassierte Daten zu verwenden (vgl. Tabelle 5).

Für unser Beispiel (vgl. Tabelle 1) wollen wir zunächst für das Merkmal Gesundheitszustand ein Balkendiagramm erstellen (vgl. Abbildung 7), wobei wir dies ohne den fehlenden Wert tun wollen. Je nach Intention kann es sinnvoll sein, fehlende Werte als weitere Kategorie ebenfalls zu visualisieren. Ob als Darstellung absolute oder relative Häufigkeiten gewählt werden, verändert die Grafik vom Bild dabei nicht. Allgemein gilt wieder, das relative Häufigkeiten sich besser für Vergleiche eignen. In der Abbildung sind die Balken senkrecht (vertikal) dargestellt. Genauso hätten die Balken auch waagerecht (horizontal) dargestellt werden können. Welche Darstellungsform bevorzugt wird, hängt von persönlichen Vorlieben oder dem zur Verfügung stehenden Platz ab, da viele Kategorien besser in einer waagerechten Darstellung zu visualisieren sind. Die Reihenfolge der Kategorien ergibt sich bei metrisch oder ordinal skalierten Merkmalen aus der inneren Logik. Bei nominal skalierten Merkmalen muss über eine sinnvolle Anordnung der Kategorien nachgedacht werden. In vielen Fällen erweist es sich als sinnvoll, Kategorien nach Häufigkeiten anzuordnen, da sie so leichter zu lesen und interpretieren sind.

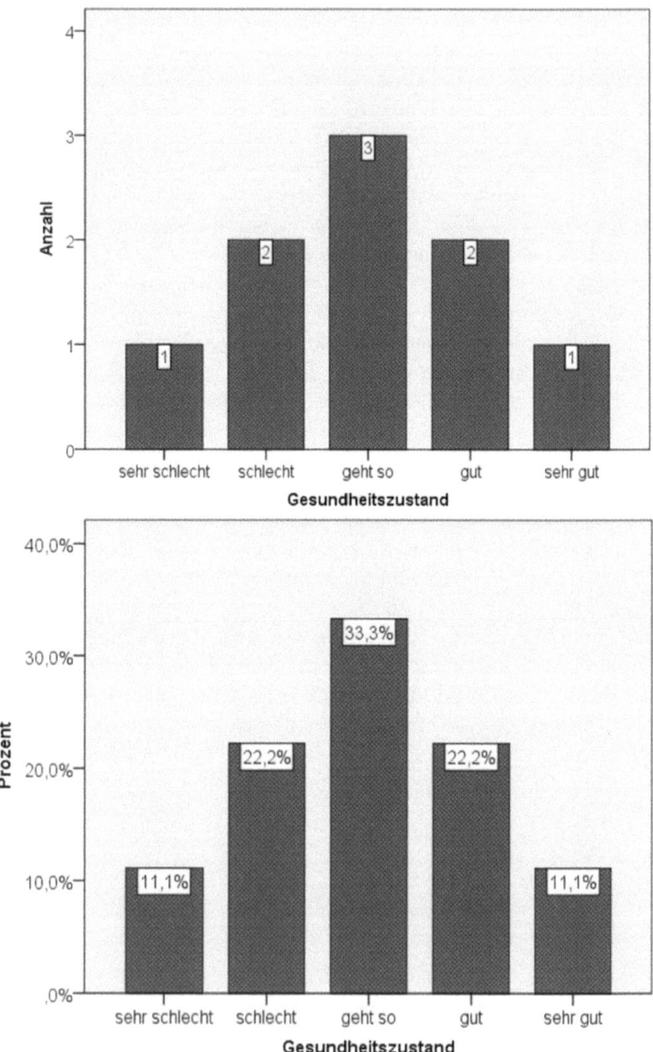

Abbildung 7: Balkendiagramme für das Merkmal Gesundheitszustand (eigene Darstellung)

In einem Balkendiagramm lassen sich auch zweidimensionale Informationen darstellen. So könnte es für unser Beispiel zusätzlich sinnvoll sein, die Information über den Gesundheitszustand nach Geschlecht aufzuschlüsseln. Sollen diese Informationen nebeneinander dargestellt (*gruppierte Balkendiagramme*) werden, so ergeben sich prinzipiell zwei Möglichkeiten (vgl. Abbildung 8). In der oberen Hälfte der Abbildung 8 werden für die Kategorien des Merkmals „Gesundheitszustand“ die Anteile an Männern und Frauen dargestellt, die jeweils darauf entfallen. In der unteren Hälfte der Abbildung 8 ist es genau spiegelbildlich, hier wird dargestellt, wie für das Merkmal „Geschlecht“ die Anteile an den jeweiligen Kategorien des Merkmals Gesundheitszustand verteilt sind. Als Faustregel gilt hier, dass das gruppierende Merkmal (links „Geschlecht“, rechts „Gesundheitszustand“) sich jeweils über alle Balken zur Gesamtzahl bzw. 100% addiert. Für den Gesundheitszustand „sehr gut“ lässt sich aus der linken Hälfte der Abbildung also entnehmen, dass hierauf 0% aller befragten Männer und 20% aller befragten Frauen entfallen. Aus der rechten Hälfte der Abbildung geht hervor, dass der Gesundheitszustand „sehr gut“ zu 100% auf die befragten Frauen entfällt. Welche Darstellung gewählt wird, hängt wiederum davon ab, welche Aussage getroffen wird. Generell wäre es auch möglich, die jeweiligen Balken nicht nebeneinander, sondern aufeinander (kumulativ) darzustellen. Bei dieser Art der Darstellung ergeben sich jedoch oft Schwierigkeiten in der vergleichenden Interpretation – insbesondere dann, wenn mehr als zwei Kategorien aufeinander aufbauen. Für eine ausführliche Darstellung zu Balkendiagrammen sei auf Nagel et al. (1996), Ostermann/Wolf-Ostermann (2005) und Ostermann et al. (2004c; d) verwiesen.

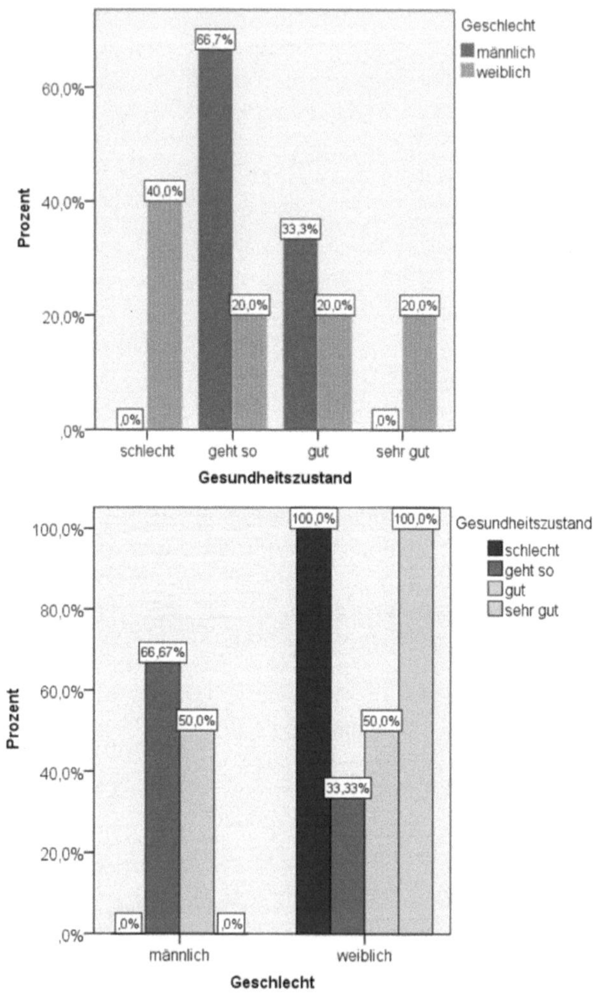

Abbildung 8: Balkendiagramme für die Merkmale Gesundheitszustand und Geschlecht (eigene Darstellung)

Kreisdiagramme

Das Kreisdiagramm ist ebenfalls eine einfach zu erstellende und zu interpretierende Darstellung und wird vornehmlich für nominal oder ordinal skalierte Merkmale verwendet. Die Größe des Kreissegments entspricht dabei der jeweiligen Häufigkeit. Für metrisch skalierte Merkmale ist in der Regel wieder eine Klassierung von Ausprägungen sinnvoll (vgl. Tabelle 5). Insgesamt sollte bei der Anwendung eines Kreisdiagramms die Anzahl der verschiedenen Kategorien nicht zu groß sein, um eine übersichtliche Darstellung zu erhalten. Sind einzelne Kategorien im Vergleich zu allen anderen Kategorien sehr klein, kann es sich grafisch empfehlen, dieses Segment ein wenig aus dem Kreis herauszuziehen. Ob fehlende Werte als separate Kategorie dargestellt werden, hängt von der Intention der Grafik ab.

Um nun die entsprechenden Kreissegmente passend zur jeweiligen Häufigkeit zu gestalten, muss die relative Häufigkeit h_i jeder Kategorie mit 360 Grad multipliziert werden, um so den Winkel α_i[17] zu erhalten, der das Segment definiert:

$$\alpha_j = 360^\circ \cdot h_j \cdot$$

Für unser Beispiel (vgl. Tabelle 1) wollen wir dies für das Merkmal „Geschlecht" verdeutlichen. Wir haben (ohne fehlende Werte) eine relative Häufigkeit für die Kategorie „männlich" von $h_1 = 0{,}33$ (33,3%) und für die Kategorie „weiblich" von $h_2 = 0{,}67$ (66,6%). Daraus ergeben sich als zugehörige Kreiswinkel $\alpha_1 = 360^\circ \cdot 0{,}33 = 118{,}8^\circ$ und $\alpha_2 = 360^\circ \cdot 0{,}67 = 241{,}2^\circ$. Wenn man nun im Kreis bei „12 Uhr" startet und den ersten Winkel abträgt, muss sich ein Drittel des Kreises ergeben, die restlichen zwei Drittel entfallen auf die Kategorie weiblich.

17 i zählt die Anzahl der Kategorien.

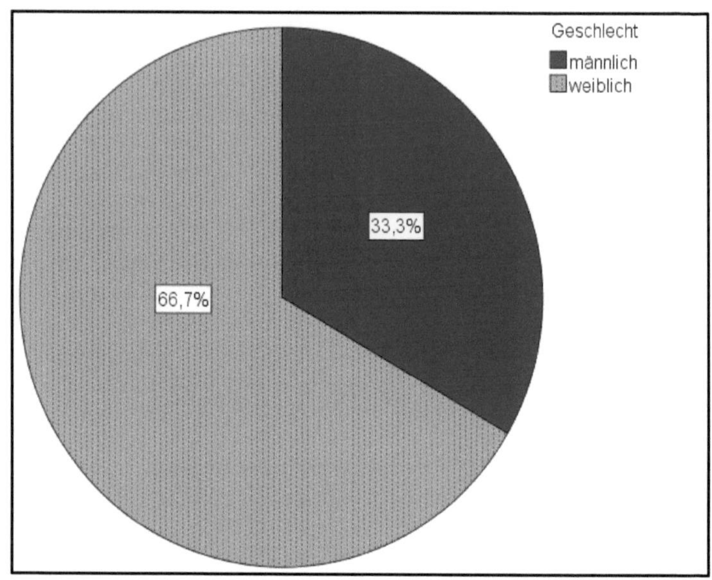

Abbildung 9: Kreisdiagramm für das Merkmal Geschlecht (eigene Darstellung)

Für eine ausführliche Darstellung zu Kreisdiagrammen sei auf Nagel et al. (1996), Ostermann/Wolf-Ostermann (2005) und Ostermann et al. (2004b) verwiesen.

Liniendiagramme

Das Liniendiagramm wird in der Regel zur Darstellung von zeitlichen Verläufen verwendet. Dazu werden auf der waagerechten Achse (Abszisse oder x-Achse) die Zeitpunkte abgetragen und auf der senkrechten Achse (Ordinate oder y-Achse) die zugehörigen Werte des interessierenden Merkmals. In dieses Koordinatensystem werden dann die Werte entsprechend ihrer Ausprägungen und zeitlichen Sortierung eingetragen und miteinander verbunden. Bekannte Bespiele für Liniendiagramme sind etwa Verläufe von Arbeitslosenzahlen, Aktienindizes, Fieberkurven, o. ä.

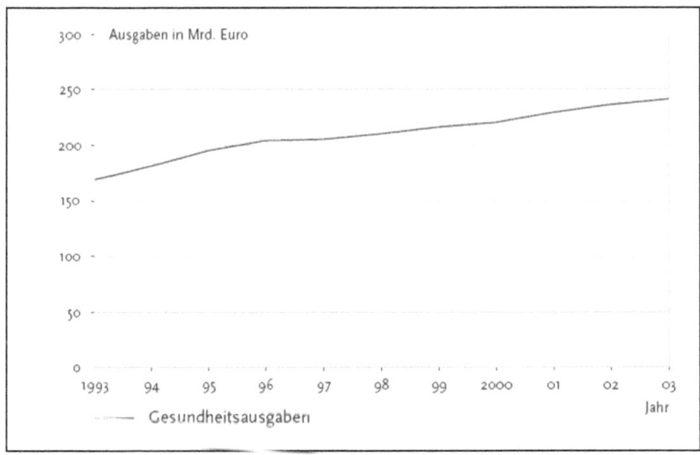

Abbildung 10: Gesundheitsausgaben (in Mrd. Euro) in Deutschland seit 1993 (Quelle: Statistisches Bundesamt 2005)

Für eine ausführliche Darstellung zu Liniendiagrammen sei auf Nagel et al. (1996), Ostermann/Wolf-Ostermann (2005) und Ostermann et al. (2004f) verwiesen.

Streudiagramme

Möchte man auf einfache Weise zwei Merkmale in einem Diagramm veranschaulichen – z. B. um Zusammenhänge darzustellen – so können dazu Streudiagramme verwendet werden. Dazu werden in einem rechtwinkligen Koordinatensystem die beobachteten Werte beider Variablen gegeneinander aufgetragen. In der Regel verwendet man Streudiagramme zur Darstellung zweier metrisch skalierter Merkmale. Bei ordinal skalierten Merkmalen sind Streudiagramme nur bedingt geeignet, da in aller Regel zu viele identische Ausprägungen bzw. Paare von Ausprägungen vorhanden sind, die in der Grafik dann nicht voneinander zu unterscheiden wären. Ein Ausweg wären hier sogenannte „Bubble-Plots", bei denen die Größe des jeweiligen Plotsymbols für ein Ausprägungspaar mit der Anzahl gleicher Ausprägungspaare wächst. Für nominale Daten sind Streudiagramme nicht geeignet, da hier keine eindeutige Reihenfolge der jeweiligen Kategorien vorliegt.

Für ein Diagramm zweier metrisch skalierter Merkmale lassen sich auf einfache Weise Informationen über mögliche Zusammenhänge der beiden betrachteten Merkmale gewinnen. Vermitteln die abgetragenen Beobachtungswerte den Eindruck einer ungeordneten Punktwolke, so liegt im Allgemeinen kein Zusammenhang zwischen den Merkmalen vor. Lassen sich dagegen Strukturen in dieser Punktwolke erkennen, so ist dies ein Hinweis auf einen möglichen Zusammenhang zwischen beiden Merkmalen. Eine Struktur, die sich einer Geraden von links unten nach rechts oben annähert, weist auf eine positive Korrelation hin. Liegen alle Beobachtungspaare exakt auf einer Geraden, so hätte der berechnete Korrelationskoeffizient nach Bravais-Pearson (vgl. Kapitel 3.2.5) exakt den Wert Eins. Im gegenläufigen Fall einer Geraden von links oben nach rechts unten, nähert sich ein berechneter Korrelationskoeffizient nach Bravais-Pearson dem Wert minus Eins.

Für unser Beispiel (vgl. Tabelle 1) wollen wir nun ein Streudiagramm für die Merkmale „Alter in Jahren" und „berichtete Lebensqualität" erstellen. Dafür tragen wir das Merkmal „Alter" auf der waagerechten x-Achse und das Merkmal „Lebensqualität" auf der senkrechten y-Achse auf. (Prinzipiell könnte man die Achsenzuordnung auch tauschen – allerdings ist das Diagramm so intuitiver lesbar.) Für jede befragte Person ergibt sich nun ein Wertepaar aus den beiden beobachten Merkmalswerten, das mit einem Symbol in das Koordinatensystem eingetragen wird (vgl. Abbildung 11). Es lässt sich eine Struktur erkennen, bei der die eingetragenen Symbole sich einer Geraden von links unten nach rechts oben annähern. Je höher das Lebensalter ist, desto höher ist auch die berichtete Lebensqualität. Dies korrespondiert mit dem in Kapitel 3.2.4 berechneten Korrelationskoeffizienten $r = 0{,}73$.

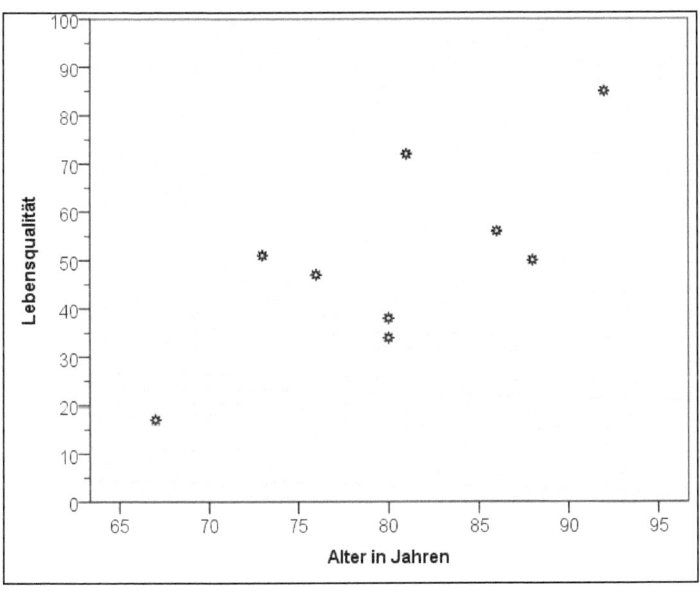

Abbildung 11: Streudiagramm für die Merkmale Alter und Lebensqualität (eigene Darstellung)

Es ist zusätzlich möglich, in Streudiagramme ein drittes Merkmal einzufügen und die Zugehörigkeit zu einer Ausprägung dieses dritten Merkmals durch unterschiedliche Plotsymbole oder Farben zu verdeutlichen. So könnte man in unserem Beispiel etwa das Geschlecht als Unterscheidungsfaktor einführen (vgl. Abbildung 12). Es zeigt sich, dass die beiden Geschlechter ähnliche Zusammenhänge von Alter und berichteter Lebensqualität aufweisen.

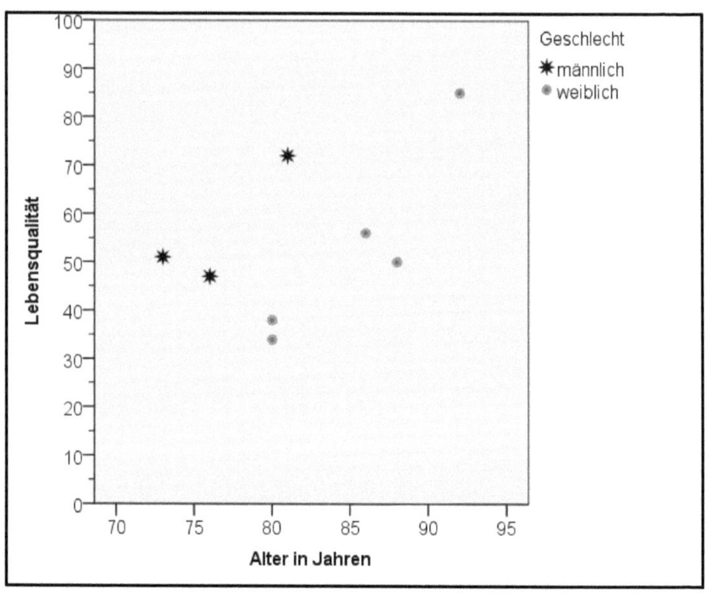

Abbildung 12: Streudiagramm für die Merkmale Alter und Lebensqualität nach Geschlecht (eigene Darstellung)

Für eine ausführliche Darstellung zu Streudiagrammen sei auf Nagel et al. (1996), Ostermann/Wolf-Ostermann (2005) und Ostermann et al. (2004h; i) verwiesen.

Spinnennetzgrafiken

Verwendet man für Befragungen oder Beobachtungen Einschätzungsskalen (Assessments), die verschiedene Teilbereiche oder Subskalen enthalten, so eignen sich zur Visualisierung sogenannte Spinnennetzgrafiken. Im Bereich der Sozialen Arbeit und Pflege werden oftmals physische und psychische Fähigkeiten von Klient:innen bzw. Patient:innen gemessen. Ein Beispiel für eine solche Skala ist der sogenannte Barthel-Index (Mahoney/Barthel 1965), der Aktivitäten des täglichen Lebens einschätzt. Für zehn Bereiche (Essen, Baden, Waschen, An- und Auskleiden, Stuhlkontrolle, Urinkontrolle, Toilettenbenutzung, Bett-/(Roll-)Stuhltransfer, Bewegung, Treppensteigen) wird der jeweilige Hilfebedarf auf einer Punkteskala von 0 bis maximal 15 eingeschätzt und zu einem Gesamtpunktewert (0-100) aufsummiert. Dabei kennzeichnet eine höhere Punktezahl jeweils eine bessere/selbständigere Fähigkeit. Die zehn Subskalen des Barthel-Index können nun in einer Spinnennetzgrafik visualisiert werden. Die Achsen des Netzes sind die zehn Subskalen mit ihren jeweiligen Punktwerten, die gleichmäßig in einem Kreis angeordnet werden. Für eine/n Patient:in werden nun die jeweiligen Punktwerte auf den Achsen abgetragen und durch einen Linienzug miteinander verbunden. Es ist auch möglich, verschiedene Einschätzungen (z.B. durch Patient:in, Angehörige und/oder Pflegepersonal) mit unterschiedlichen Farben in ein Diagramm einzuzeichnen und direkt miteinander zu vergleichen (vgl. Abbildung 13). Für unser fiktives Beispiel ist gut zu erkennen, dass die Einschätzungen stark voneinander abweichen und insbesondere der/die Patient:in eine wesentlich optimistischere Einschätzung hat als Angehörige bzw. Pflegekräfte.

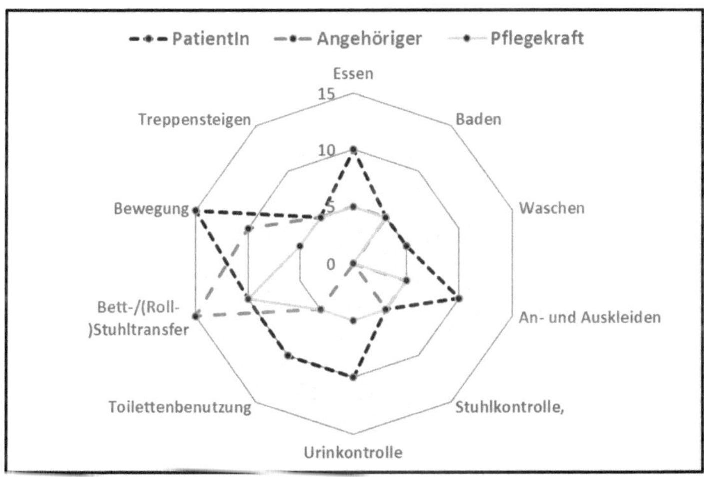

Abbildung 13. Spinnennetzdiagramm für den Barthel-Index (eigene Darstellung)

Spinnennetzgrafiken können auch für ganze Personengruppen genutzt werden, indem bspw. Mittelwerte der jeweiligen Population auf den Achsen abgetragen werden. Für eine ausführliche Darstellung zu Spinnennetzdiagrammen sei auf Nagel et al. (1996), Ostermann/Wolf-Ostermann (2005) und Ostermann et al. (2004k) verwiesen.

Boxplots

Eine völlig andere Art von grafischer Darstellung ist der Box-and-Whiskers-Plot oder auch kurz Boxplot. Er visualisiert viele der zuvor eingeführten deskriptiven Kenngrößen wie Median, Quartile, Minimum, Maximum als Lagekennzahlen sowie Spannweite und Interquartilsabstand als Streuungskennzahlen in einer Grafik und erlaubt auch Aussagen über die (A-)Symmetrie und auftretende Extremwerte eines Datensatzes. Verwendet werden kann ein Boxplot vornehmlich für metrische, bedingt auch für ordinal skalierte Merkmale.

Für die Erstellung eines Boxplots werden zunächst Median und Quartile berechnet (vgl. Kapitel 3.2.3), als waagerechte Linien zu einer senkrechten Achse mit den Merkmalswerten abgetragen und zu einer Box/einem Rechteck verbunden. Diese Box visualisiert damit die mittleren 50 Prozent der beobachteten Daten. Die Breite der Box ist dabei beliebig, da sie keinen weiteren Informationswert besitzt. Die Länge der Box visualisiert gleichzeitig auch den Interquartilsabstand (*IQR*, vgl. Kapitel 3.2.4). An diese Box schließen sich senkrechte Linien (die „Whiskers“) an. Diese Linien visualisieren Daten, die oberhalb des oberen Quartils (75%-Wert, $\tilde{x}_{0.75}$) bzw. unterhalb des unteren Quartils (25%-Wert, $\tilde{x}_{0.25}$) liegen und nicht als Extremwerte/Ausreißer betrachtet werden. Eine übliche Definition für Extremwerte/Ausreißer bezeichnet diese als Werte, die mehr als das 1,5-fache des Interquartilsabstands (also der Länge der Box) vom oberen bzw. unteren Quartil entfernt sind. Die Whiskers erstrecken sich maximal über das Intervall $[\tilde{x}_{0.25} - 1{,}5 \cdot IQR, \tilde{x}_{0.25}]$ nach unten bzw. $[\tilde{x}_{0.75}, \tilde{x}_{0.75} + 1{,}5\ IQR]$ nach oben. Die Box wird durch die Whisker also jeweils um das 1,5-fache des Interquartilsabstandes nach oben und unten verlängert, sofern in diesem Bereich noch Beobachtungswerte vorliegen(!). Sollten in diesem Bereich keine Daten beobachtet worden, so werden die Whiskers bis zum jeweils auftretenden größten bzw. kleinsten Wert verkürzt.

Sollten darüber hinaus noch Werte beobachtet worden sein, so werden diese als Extremwerte/Ausreißer bezeichnet und einzeln symbolisiert. Im Allgemeinen wird dabei noch zwischen Extremwerten I und Extremwerten II unterschieden. Beobachtungen, die außerhalb der Whiskers liegen, aber nicht weiter als den dreifachen Interquartilsabstand vom unteren bzw. oberen Quartil entfernt sind, werden i. d. R. mit einem „O“ symbolisiert (Extremwerte I). Hierbei handelt es sich also um Beobachtungen aus den Intervallen $[\tilde{x}_{0.25} - 3 \cdot IQR, \tilde{x}_{0.25} - 1.5 \cdot IQR]$ bzw. $[\tilde{x}_{0.75} + 1.5 \cdot IQR, \tilde{x}_{0.75} + 3 \cdot IQR]$. Beobachtungen, die noch weiter „außen“ liegen, werden i.d.R. mit einem „*“ gekennzeichnet (Extremwerte II). Extremwerte können – ebenso wie auch die Whisker – je nach beobachteten Daten beidseitig, einseitig oder auch gar nicht vorhanden sein.

Für unser Beispiel (vgl. Tabelle 1) wollen wir nun für das Merkmal Alter einen Boxplot erstellen. Zuvor haben wir schon den Median und die Quartile in Kapitel 3.2.3 berechnet: $\tilde{x}_{0.50} = 80$, $\tilde{x}_{0.25} = 74{,}5$ und $\tilde{x}_{0.75} = 87$. Für den Interquartilsabstand ergibt sich damit $IQR =$ 12,5 und das 1,5-fache des Interquartilsabstands zu 18,75. Der obere Whisker erstreckt sich damit theoretisch von 87 Jahren bis 105,75 Jahren. Da die größte Beobachtung bei 92 Jahren liegt, endet der Whisker aber bereits dort. Nach oben gibt es entsprechend auch keine Extremwerte/Ausreißer. Der untere Whisker erstreckt sich damit theoretisch von 74,5 Jahren bis 55,75 Jahren. Da die kleinste Beobachtung bei 67 Jahren liegt, endet der Whisker aber bereits dort. Auch nach unten gibt es entsprechend keine Extremwerte/Ausreißer (vgl. Abbildung 14). Insgesamt ist die Altersverteilung in unserer Stichprobe relativ symmetrisch um den Median verteilt.

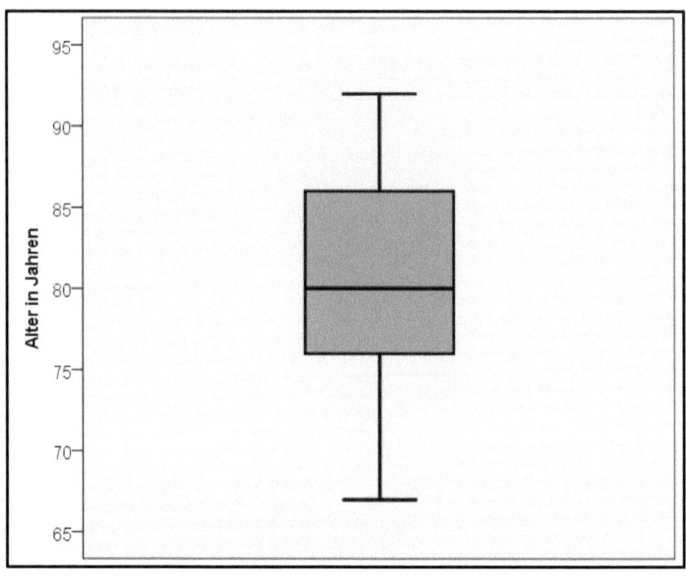

Abbildung 14: Boxplot für das Merkmal Alter in Jahren (eigene Darstellung)

Boxplots lassen sich auch dazu nutzen, verschiedene Gruppen direkt miteinander zu vergleichen. So könnte man unsere Stichprobe nach Geschlecht aufschlüsseln und entsprechend zwei Boxplots für Männer und Frauen in einer Grafik direkt nebeneinanderstellen (vgl. Abbildung 15). Hierbei fällt auf, dass die Altersverteilung der Frauen deutlich größere Werte aufweist und auch eine größere Variabilität aufweist.

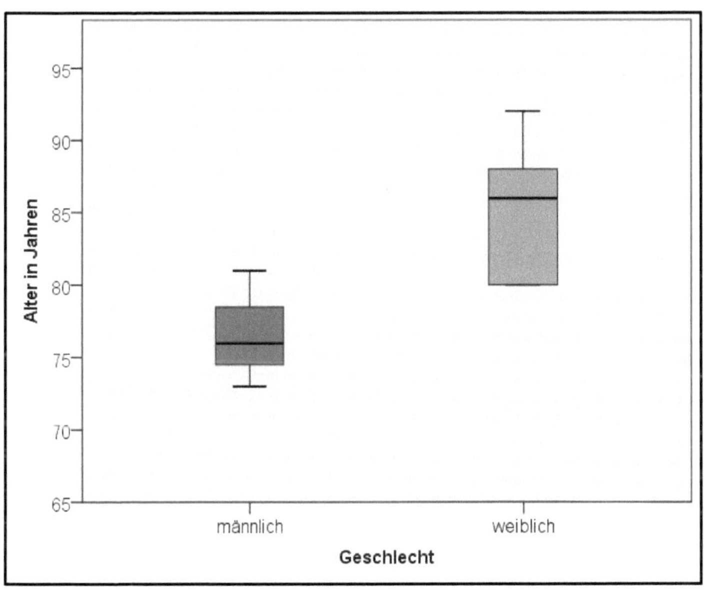

Abbildung 15: Boxplot für das Merkmal Alter in Jahren gruppiert nach Geschlecht (eigene Darstellung)

Für eine ausführliche Darstellung zu Boxplots sei auf Nagel et al. (1996), Ostermann/Wolf-Ostermann (2005) und Ostermann et al. (2004j) verwiesen.

3.2.7 Abschließende Bemerkungen

Praxisforscher:innen, die quantitative sozialräumliche Analysen durchführen, sollten in jedem Fall über grundlegende methodische Kenntnisse verfügen – oder sich alternativ Unterstützung von statistisch-methodisch qualifizierten Expert:innen hinzuholen. In diesem Buch haben wir in den vorangehenden Kapiteln die ersten einführenden Schritte für eine Datenanalyse vorgestellt, die oftmals bereits viele einfach anzuwendende aber effektive Erklärungsansätze für erhobene Daten liefern können. Für fortgeschrittene Forscher:innen existiert darüber hinaus eine Vielzahl komplexerer Verfahren, die klassischen statischen Analysemethoden wie (Ko-)Varianzanalysen, allgemeinen Regressionsmodellen, Faktorenanalysen, Clusteranalysen etc. entstammen. Darüber hinaus gibt es eine Reihe von Verfahren, die explizit für räumliche Daten entwickelt wurden (siehe z.B. Cressie 1993; Goodchild/Janelle 2004; Unwin 1996).

Schon bei der Anwendung einfacher deskriptiver und grafischer Verfahren, wie sie hier beschreiben wurden, sind Kenntnisse entsprechender Auswertungs-Programme sinnvoll. Im einfachsten Fall kann dies z.B. über Tabellenkalkulationsprogramme wie etwa Excel erfolgen, für komplexere Verfahren sind dann jedoch Kenntnisse in entsprechenden statistischen Auswertungsprogrammen wie z.B. R, SPSS, SAS[18] o.ä. unerlässlich.

18 IBM SPSS Statistics und SAS sind umfassende Statistik- und Analyse-Softwarepakete, R ist eine Programmiersprache für statistische Auswertungen

4. Sozialräumliche Konzepte entwickeln

Daten und Informationen aus Sozialraumanalysen können helfen, Konzeptionen und Konzepte für Angebote in sozialen, gesundheits- und bildungsbezogenen Dienstleistungen fundierter zu entwickeln. Im Folgenden wird hierzu ein Arbeitsmodell zur Konzeptionsentwicklung vorgestellt, das von Hiltrud von Spiegel (2007, 53ff.; 2013, 491ff.; 2021, 187ff.) ausgearbeitet wurde und sozialräumliche Aspekte an vielen Stellen direkt einbezieht. Konzeptions- und Konzeptentwicklungen werden dort als partizipative Prozesse betrachtet, die Mitarbeiter:innen, Zielgruppen und weitere Beteiligte aus allen Statusgruppen mit einbeziehen. Sozialraumanalysen und weitere partizipative Verfahren wie Klausurtage, Zukunftswerkstätten oder Methoden der Organisationsentwicklung fundieren diese Prozesse. Das Arbeitsmodell zur Konzeptionsentwicklung beinhaltet die folgenden sechs Schritte.

4.1 Analyse der Ausgangssituation

Hier wird eine Bestandserhebung zu den *Hauptmerkmalen* des Trägers und den *Erwartungen* der relevanten Beteiligten erstellt (vgl. von Spiegel 2007, 53-57; 2013, 492-493). Dabei können Moderationsmethoden, Kartenabfragen und Wandzeitungen zur methodischen Unterstützung genutzt werden. Als Hauptmerkmale des Trägers können folgende Elemente erfragt werden:

- Der Träger als Institution durch eine Kurzbeschreibung seiner Aufgabenstellung, der Kernelemente des Leitbildes, den rechtlichen Grundlagen und (kommunal-)politischen Aufgabenbeschreibungen.

- Das Umfeld des Trägers anhand seiner geografischen Lage, seines Einzugsgebiets, bekannten Nutzer:innengruppen und potenziellen Zielgruppen sowie anderer relevanter Einrichtungen und Träger.
- Die derzeitigen Nutzer:innengruppen mit ihren Haupteigenschaften.
- Die expliziten Ziele der Einrichtung und die impliziten Ziele der Mitarbeiter:innen.
- Die zentralen Leistungen und Angebote inklusive einer Aufgabenübersicht und bestehenden Kooperationsbeziehungen.
- Die vorliegenden Ressourcen an Räumen, Ausstattung, Material, Geld, Arbeitsregeln und Vorschriften.
- Das vorhandene Personal mit seinen Qualifikationen, Teamstrukturen und Aufgabenverteilungen.

In Bezug auf die aktuell vorhandenen Erwartungen der Beteiligten können folgende Elemente beschrieben werden:

- Ausdrücklich formulierte Erwartungen des Trägers und der Geldgeber sowie implizit vorhandene Erwartungen, die etwa in Unterlagen oder Dokumenten formuliert sind.
- Erwartungen aus dem sozialräumlichen Umfeld der Einrichtung, die direkt an die Organisation herangetragen werden, im sozialen Umfeld oder von weiteren Organisationen formuliert werden.
- Bedürfnisse, Interessen, Vorstellungen und Bedarfe von bereits erreichten und potenziellen Zielgruppen.
- Erwartungen, die von Mitarbeiter:innen formuliert werden.

4.2 Konsensziele bilden und überprüfen

Vor dem Hintergrund der ermittelten Ausgangslagen und Erwartungen können nun die konsensfähigen Ziele der Konzeption ermittelt werden (vgl. von Spiegel 2007, 58-69; 2013, 493-495). In dieser Phase sind divergierende und manchmal auch konflikthafte Ziele im Raum. Diese unterscheiden sich durch unterschiedliche Zielrichtungen, Zielzustände, Zeitvorstellungen, Prioritäten und Präzisierungsgraden. Um möglichst viele Mitarbeiter:innen und Adressat:innen bei der Konzeptentwicklung zu beteiligen, sollten die Ziele in einem dialogischen Verfahren als Prozess verhandelt und abgestimmt werden.

Als Anhaltspunkte dienen die im ersten Schritt formulierten Erwartungen und Änderungsbedarfe, die nun in Ziele umformuliert werden. Dabei sollte bewusst zwischen Zielen, Mitteln und Angeboten unterschieden werden. Und es ist wichtig, die Ziele positiv zu formulieren im Sinne von etwas, das erreicht werden soll, anstelle von Zuständen, die vermieden werden sollen.

Konsensziele sind jene Ziele, die von allen Beteiligten zumindest im Grundsatz mit unterstützt werden können. Bei der Bildung von Konsenszielen sollte von jeder Status- und Interessengruppe mindestens eine Person mitbeteiligt sein. Hier können Trägervertreter:innen, Mitarbeiter:innen, Ehrenamtliche, Nutzer:innen, neue Zielgruppen, Nachbar:innen oder Politiker:innen einbezogen werden, die Ziele aus ihrer Rolle heraus formulieren. Ein Konsensziel ist dann erreicht, wenn alle Beteiligten der ausgehandelten Formulierung zustimmen können. Perspektivwechsel können helfen, Kompromissbereitschaften zu erhöhen und Blockadehaltungen zu vermeiden. Auch die weiter bestehenden Dissense können in diesem Schritt benannt und festgehalten werden.

Die formulierten Konsensziele sollten dann aus Sicht des Trägers in Arten von Zielen differenziert und gewichtet werden. Hier kann unterschieden werden, zwischen a) Zielen, die erreicht werden müssen, etwa durch Gesetze oder Vorgaben, b) Zielen, die erreicht werden wollen, im Sinne von Wünschen, c) Zielen, die wahrgenommen werden, aber von der Institution nicht erreicht werden wollen, etwa aufgrund fachlicher oder ethischer Bedenken und d) Zielen, die aus fachlichen Erwägungen heraus mit aufgenommen werden sollten. Vor dem Hintergrund dieser Unterscheidungen können Ranglisten mit Priorisierungen gebildet werden.

Bei der Formulierung der Ziele kann in Wirkungs- und Handlungsziele unterschieden werden. Wirkungsziele beschreiben weiter entfernte Grobziele und erwünschte Zielzustände. Handlungsziele beschreiben Teil- oder Feinziele, die als einzelne Schritte zum Erreichen der Wirkungsziele beitragen.

Konsensziele sollten bereits so formuliert werden, dass sie möglichst klar und positiv verfasst, konkret erreichbar, für alle Beteiligten verständlich formuliert, ethisch und fachlich vertretbar sowie von den Beteiligten realistisch erreich- und beeinflussbar sind.

4.3 Konzeptionelle Ziele formulieren

Im nächsten Schritt werden aus den Konsenszielen konzeptionelle Ziele gebildet (vgl. von Spiegel 2007, 69-71; 2013, 495-496). Um später praktisch umsetzbar zu sein, sollte in der Konzeptionsentwicklung die Zahl der formulierten Wirkungsziele so überschaubar gehalten werden, dass sie von den Beteiligten später erreicht und realisiert werden können. Ein Erfahrungswert von Hiltrud von Spiegel ist die Bildung von etwa fünf Wirkungszielen (2007, 69). Die Wirkungs- und Handlungsziele sollten gleich in Zuordnungen zusammen formuliert werden. Handlungsziele sollten von möglichst allen Akteur:innen, also Zielgruppen, Personen aus dem Umfeld, Mitarbeiter:innen von Institutionen und Organisationen, Trägern und Geldgeber:innen benannt werden. Um die Verantwortung für ein Handlungsziel klarer zu verankern, kann darauf geachtet werden, die Formulierung mit „Wir …“ festzuhalten. Auch hierbei können fortbestehende Dissense festgehalten werden, um diese sichtbar zu machen und ggf. später bearbeiten zu können.

4.4 Ziele operationalisieren

Bei einer Operationalisierung werden die Ziele als konkrete Handlungsschritte formuliert, die Arrangements, Handlungsregeln und einsetzbare Ressourcen beschreiben (vgl. von Spiegel 2007, 71-75; 2013, 496-497). Hierbei helfen Indikatoren, Ziele auf beobacht- und erkennbare Merkmale festzulegen. Bei der Operationalisierung kann zwischen Ergebnis-, Prozess- und Strukturaspekten unterschieden werden. Ergebnisbezogene Operationalisierungen beschreiben beabsichtigte Wirkungen bei Zielgruppen und Beteiligten, etwa die Vermittlung von Wissen oder das Erlangen von bestimmten Fähigkeiten. Prozessbezogene Operationalisierungen beziehen sich auf die Qualität der angestrebten Verfahren und Abläufe, etwa das gemeinsame Entwickeln eines Angebotes und die dabei wichtigen Eigenschaften dieser Prozesse. Strukturbezogene Operationalisierungen beschreiben Merkmale von nötigen strukturellen Rahmenbedingungen, etwa die Ausstattung mit ausreichend Personal mit relevanten Kompetenzen und Befugnissen, Räumen, Materialien und Zeit. Auch hier sollen zunächst jeweils Wirkungsziele formuliert werden, denen dann Handlungsziele zugeordnet werden. Bei den Operationalisierungen muss geprüft werden, wo diese über bisher praktizierte Formen hinausgehen, ob sie in einem realistisch erreichbaren Rahmen bleiben und wie diese sozialräumlich kompatibel sind. Falls die Ziele deutlich größer als die vorliegenden Mittel und Möglichkeiten sind, kann überprüft werden, ob Priorisierungen der Ziele helfen, die Situation gestaltbarer zu halten oder wo Möglichkeiten erweitert werden können.

4.5 Operationalisierungen auf ein praktikables Niveau bringen

Um die operationalisierten Ziele innerhalb einer Organisation umsetzbar zu machen, sollten diese im weiteren Verlauf als praktikable Schritte formuliert werden (vgl. von Spiegel 2007, 75-79; 2013, 498-499). Hierzu können zu den Handlungszielen jeweils konkrete Angebote und Handlungen formuliert werden, etwa die Entwicklung eines bestimmten Angebotes für eine der Zielgruppen oder eine Weiterbildung für Mitarbeiter:innen. Zu den Angeboten und Handlungen können ergänzende Handlungsregeln benannt werden, die förderliche Haltungen und Vorgehensweisen der Mitarbeiter:innen beschreiben. Für die weitere Konkretisierung können die zum Erreichen der Handlungsziele und zur Umsetzung der Angebotsformen nötigen strukturellen Erfordernisse an Räumen, Personal, Finanzen, Material, Zeit, etc. formuliert werden. Bei der Planung praktikabler Schritte muss berücksichtigt werden, die Arbeit mit den unterschiedlichen Akteur:innen und Einflussfaktoren von außerhalb des Trägers mit einzubeziehen.

Ein Verfahren zur Einschätzung der Umsetzbarkeit von Wirkungs- und Handlungszielen ist deren Abgleich mit den Inhalten und Zielstellungen bereits bestehender Angebote. Hierbei kann reflektiert werden, welchen Zielen die bestehenden Angebote dienen, inwieweit diese zu den neuen Zielen passen, welche Abläufe und Planungen dem Erreichen der Ziele bereits gerecht werden, wo Freiräume für neue Aufgaben liegen und wo Angebote, Qualifizierungen, Rahmenbedingungen, Ressourcen und Abläufe im Hinblick auf die neuen Ziele verändert werden müssten. Mit diesem Schritt kann begründet unterschieden werden, welche Angebote beibehalten, verändert oder neu entwickelt werden müssen. Für Änderungen kann eine Zeitperspektive mit kurz-, mittel- und langfristigen Veränderungen festgelegt werden.

4.6 Formulierung einer neuen Konzeption

Nach der Aushandlung und Konkretisierung der Konzeption und ihrer Wirkungs- und Handlungsziele, sollte diese abschließend schriftlich festgehalten werden (vgl. von Spiegel 2007, 80-82; 2013, 499-500). Sie soll in übersichtlicher Weise Orientierung bieten und kann, je nach Hauptintention, als Version für den Träger, Geldgeber:innen, Mitarbeiter:innen und/oder Nutzer:innen formuliert werden. Wichtige Gliederungselemente und Inhalte sind:

- Darstellung der Einrichtung, des Teams, des Trägers, der geografischen Lage und räumlichen und materiellen Ausstattung.
- Darstellung der unterschiedlichen Erwartungen an die Einrichtung und einer inhaltlichen Positionierung zu den vorliegenden Interessen im Sozialraum mit Bezug auf Probleme und Aufgaben und ggf. unterstützt durch grafische Darstellungen.
- Darstellung der Zielgruppen und deren Anliegen, Lebenslagen, Bedarfen, Potenzialen und Fähigkeiten.
- Darstellung der Ziele, hier sollten alle ermittelten Wirkungsziele dargestellt und mit Beispielen und Begründungen erläutert werden. Die Darstellung aller Handlungsziele würde meist zu weit führen, eine ausgewählte Nennung einzelner Handlungsziele dient jedoch der Illustration.
- Darstellung von Handlungsregeln und Arbeitsprinzipien, die die wichtigsten fachlichen Haltungen und Standards zusammenfassen und den Beteiligten zur Identifikation dienen.
- Darstellung von zentralen Strukturelementen und Angeboten mit ihren Merkmalen und Eckdaten, auch hier bieten sich grafische Darstellungen an.
- Darstellung des aktuellen Programms mit seinen Inhalten und Elementen, welches separat beigefügt werden sollte, um es später aktualisierbar zu halten.
- Alle genannten Punkte sollten möglichst überschaubar und klar formuliert werden. Auch die Darstellung der Punkte als Leitfra-

gen, z.B. „Wer sind wir?“, „Wie arbeiten wir?“, … ist denkbar. Bei längeren Konzeptionen ist eine ergänzende Kurzfassung auf etwa einer Papierseite als Konzeptpapier, Flyer oder teilbares Online-Dokument sinnvoll.

Literatur

Ackermann, F./Seek, D. (1999): Der steinige Weg zur Fachlichkeit. Handlungskompetenz in der Sozialen Arbeit. Hildesheim.

AGENS (Hrsg.) (2014): Gute Praxis Sekundärdatenanalyse (GPS) – Leitlinien und Empfehlungen. http://dgepi.de/fileadmin/pdf/leitlinien/GPS_revision2-final_august2014.pdf [Zugriff 21.09.2015].

Alisch, M. (2013): Sozialraum- und Netzwerk-Tagebücher. In: sozialraum.de (5), 1/2013. http://www.sozialraum.de/sozialraum-und-netzwerk-tagebuecher.php [Zugriff 21.09.2015].

Anderson, E. T./McFarlane, J. M. (2010): Community as Partner: Theory and Practice in Nursing. Philadelphia, 6. Auflage.

Atteslander, P. (2010): Methoden der empirischen Sozialforschung. Erich Schmidt Verlag Berlin, 13. Auflage.

Baacke, D. (1984): Die 6-12jährigen. Weinheim.

Bachmann-Medick, D. (2006): Cultural Turns. Neuorientierungen in den Kulturwissenschaften. Reinbek.

Bittscheidt, D./Lindenberg, M. (Hrsg.) (2013): Sozialraumorientierung in der Sozialen Arbeit. Jugendpolitisches Versprechen und die Routinen der Organisationen. Bielefeld.

Böhnisch, L./Münchmeier, R. (1990): Pädagogik des Jugendraums. Zur Begründung und Praxis einer sozialräumlichen Jugendpädagogik. Weinheim.

Babbie, R. E. (2003): The Practice of Social Research. Belmont, 10. Auflage.

Behrens J./Görres S./Schäffer D./Bartholomeyczik S./Stemmer R. (2012): Agenda Pflegeforschung für Deutschland. http://www.dpo-rlp.de/agenda_pflegeforschung.pdf [Zugriff 03.08.2015].

Bergs, R./Rossi, P. (1998): Thinking about Program Evaluation. Thousand Oaks.

Bortz J./Döring N (2016): Forschungsmethoden und Evaluation für Human- und Sozialwissenschaftler. Berlin, New York, 5. Auflage.

Brekke, J./Anastas, J. (Hrsg.) (2019): Shaping a Science of Social Work. Professional Knowledge and Identity. New York.

Bronfenbrenner, U. (1979): The Ecology of Human Development. Cambridge.

Budde, W./Früchtel, F. (2006): Die Felder der Sozialraumorientierung – ein Überblick. In: Budde, W./Früchtel, F./Hinte, W. (Hrsg.): Sozialraumorientierung. Wege zu einer veränderten Praxis. Wiesbaden, 27-50.
Budde, W./Früchtel, F./Hinte, W. (Hrsg.) (2006): Sozialraumorientierung. Wege zu einer veränderten Praxis. Wiesbaden.
Bütow, B. (2011): Gender trotz(t) Entgrenzungen? Analysen zu Jugend, Alter und Geschlecht. In: Kleinau, E./Maurer, S./Messerschmidt, A. (Hrsg.): Ambivalente Erfahrungen – (Re-)Politisierung der Geschlechter. Opladen, Farmington Hills, 31-44.
Bütow, B. (2012): Bildungsprozesse von Geschlecht in konjunktiven Erfahrungsräumen – das Beispiel der Skater. In: Bütow, B./Kahl, R./Stach, A. (Hrsg.): Körper, Geschlecht, Affekt. Selbstinszenierungen und Bildungsprozesse in jugendlichen Sozialräumen. Wiesbaden, 25-42.
Caesar, S./Rameil, A./Schmedders, M./Hafner, V./Hofmann, M. (2000): Community Health Assessment für Bielefeld. Veröffentlichungsreihe des Instituts für Pflegewissenschaft an der Universität Bielefeld. http://www.uni-bielefeld.de/gesundhw/ag6/downloads/ipw-108.pdf [Zugriff 03.08.2015].
Cassels, H. B. (2015): Community Assessment. In: Nies, M. A./McEwen, M. (Hrsg): Community/Public Health Nursing. Amsterdam, 6. Auflage, 92-105.
Castells, M. (2001): Das Informationszeitalter I. Die Netzwerkgesellschaft. Opladen.
Cressie, N. (1993): Spatial Statistics. New York.
Certeau, M. de (1988): Gehen in der Stadt. In: Ders.: Kunst des Handelns. Berlin, 179–209.
Cochran, W. G./Böing, W. (1972): Stichprobenverfahren. Berlin, New York.
Creswell, J. W. (2013): Research Design: Qualitative, Quantitative and Mixed Methods Approaches. Los Angeles, 4. Auflage.
Deinet, U. (1987): Im Schatten der Älteren. Offene Arbeit mit Kindern und jüngeren Jugendlichen. Weinheim.
Deinet, U. (2002): Der „sozialräumliche Blick“ der Jugendarbeit – ein Beitrag zur Sozialraumdebatte. In: neue praxis (32), 285-296.
Deinet, U. (2006): Aneignung und Raum – sozialräumliche Orientierungen von Kindern und Jugendlichen. In: Deinet, U./Gilles, C./Knopp, R. (Hrsg.): Neue Perspektiven in der Sozialraumorientierung. Dimensionen – Planung – Gestaltung. Berlin, 44-63.
Deinet, U. (2007): Sozialräumliche Konzeptentwicklung und Kooperation im Stadtteil. In: Sturzenhecker, B./Deinet, U. (Hrsg.): Konzeptentwicklung in der Kinder- und Jugendarbeit. Reflexionen und Arbeitshilfen für die Praxis. Weinheim, 111-137.
Deinet, U. (Hrsg.) 2009: Methodenbuch Sozialraum. Wiesbaden.
Deinet, U./Gilles, C./Knopp, R. (Hrsg.) (2006): Neue Perspektiven in der Sozialraumorientierung. Dimensionen – Planung – Gestaltung. Berlin.

Deinet, U./Krisch, R. (2006): Der sozialräumliche Blick der Jugendarbeit. Methoden und Bausteine zur Konzeptentwicklung und Qualifizierung. Wiesbaden, 2. Auflage.

Deinet, U./Reutlinger, C. (Hrsg.) (2004): ‚Aneignung' als Bildungskonzept der Sozialpädagogik. Beiträge zur Pädagogik des Kindes- und Jugendalters in Zeiten entgrenzter Lernorte. Wiesbaden.

Deinet, U. /Reutlinger, C. (Hrsg.) (2014): Tätigkeit, Aneignung und Bildung. Positionierungen zwischen Virtualität und Gegenständlichkeit. Wiesbaden.

Deinet, U./Reis, C./Reutlinger, C./Winkler, M. (Hrsg.) (2018): Potentiale des Aneignungskonzeptes. Weinheim.

Deinet, U./Spatscheck, C. (2021): Qualitative Methoden der Konzeptentwicklung. In: Deinet, U. /Sturzenhecker, B. /von Schwanenflügel, L. /Schwerthelm, M. (Hrsg.): Handbuch Offene Kinder- und Jugendarbeit. Wiesbaden, 5. Auflage, S. 1593-1606.

Denzin, N./Lincoln, Y. (1998): Collecting and Interpreting Qualitative Materials. Thousand Oaks.

Dörner, K. (2012): Leben und sterben, wo ich hingehöre: Dritter Sozialraum und neues Hilfesystem. Neumünster, 7. Auflage.

Düllo, T. (2010): Der Flaneur. In: Moebius, S./Schroer, M. (Hrsg.): Diven, Hacker, Spekulanten. Sozialfiguren der Gegenwart. Berlin, 119-131.

Dummer, I./Malcherowitz, M./Weck, J. (2015): Die Nadelmethode 2.0. In: sozialraum.de (7), 1/2015. http://www.sozialraum.de/die-nadelmethode-20.php [Zugriff 25.09.2015].

Dünne, J./Günzel, S. (Hrsg.) (2006): Raumtheorie. Grundlagentexte aus Philosophie und Kulturwissenschaften. Frankfurt a. M.

Engelke, E./Borrmann, S./Spatscheck, C. (2018): Theorien der Sozialen Arbeit. Freiburg i. Br., 7. Auflage.

Engelke, E./Maier, K./Steinert, E./Borrmann, S./Spatscheck, C. (Hrsg.) (2007): Forschung für die Praxis. Zum gegenwärtigen Stand der Sozialarbeitsforschung. Freiburg i. Br.

Engelke, E./Spatscheck, C./Borrmann, Stefan (2016): Die Wissenschaft Soziale Arbeit. Freiburg i. Br., 4. Auflage.

Fahrmeir, L./Künstler, R./Pigeot, I./Tutz, G. (2012) Statistik: Der Weg zur Datenanalyse. Heidelberg, 7. Auflage, 3., korr. Nachdruck.

Fehren, O./Hinte, W. (2013): Sozialraumorientierung – Fachkonzept oder Sparprogramm? Berlin.

Flick, U. (2011): Qualitative Sozialforschung. Eine Einführung. Reinbek, 4. Auflage.

Fortune, A. E./Reid, W. J. (1998): Research in Social Work. New York, 3. Auflage.

Früchtel, F./Budde, W./Cyprian, G. (2012): Sozialer Raum und Soziale Arbeit. Fieldbook. Wiesbaden, 3. Auflage.

Früchtel, F./Cyprian, G./Budde, W. (2012): Sozialer Raum und Soziale Arbeit. Textbook. Wiesbaden, 3. Auflage.

Galuske, M. (2013): Methoden der Sozialen Arbeit. Eine Einführung. Weinheim, 8. Auflage.

Geiser, K. (2015): Problem- und Ressourcenanalyse in der Sozialen Arbeit. Eine Einführung in die Systemische Denkfigur und ihre Anwendung. Freiburg i. Br., 6. Auflage.

Gibbons, M./Limoges, C./Nowotny, H./Schwartzman, S./Scott, P./Trow, M. (1994): The New Production of Knowledge. The Dynamics of Science and Research in Contemporary Societies. London.

Goodchild M.F./Janelle, D.G. (Hrsg.) (2004): Spatially Integrated Social Science. Oxford.

Grundmann, M./Kunze, I. (2008): Systematische Sozialraumforschung: Urie Bronfenbrenners Ökologie der menschlichen Entwicklung und die Modellierung mikrosozialer Raumgestaltung. In: Kessl, F. /Reutlinger, C. (Hrsg.): Schlüsselwerke der Sozialraumforschung. Traditionslinien in Text und Kontexten. Wiesbaden, 172-188.

Grunwald, K./Thiersch, H. (2009): The Concept of the ‚Lifeworld Orientation‘ for Social Work and Social Care. In: Journal of Social Work Practice (23), 131-146.

Hamburger, F. (2007): Einführung in die Sozialpädagogik. Stuttgart, 2. Auflage.

Heiner, M. (2004): Diagnostik und Diagnosen in der Sozialen Arbeit. Berlin.

Helvie, C. O. (1997): Advanced Practice Nursing in the Community. Thousand Oaks.

Hinte, W. (2006): Geschichte, Quellen und Prinzipien des Fachkonzepts „Sozialraumorientierung”. In: Budde, W./Früchtel, F./Hinte, W. (Hrsg.): Sozialraumorientierung. Wege zu einer veränderten Praxis. Wiesbaden, 7-24.

Hinte, W./Lüttringhaus, M./Oelschlägel, D. (2007): Grundlagen und Standards der Gemeinwesenarbeit. Weinheim, 2. Auflage.

Homfeldt, H. G./Reutlinger, C. (2009): Soziale Arbeit und Soziale Entwicklung. Baltmannsweiler.

Horstkötter N./Trompetter, E./Dröge, A. (2008): Community Health Nursing. In: Institut für Pflegewissenschaft an der Universität Bielefeld (Hrsg.): Community Health Assessment für Bielefeld-Schildesche. Bielefeld, 1-8. https://www.uni-bielefeld.de/gesundhw/ag6/downloads/ipw-138.pdf [Zugriff 03.08.2015].

Kauermann, G./Küchenhoff, H. (2010): Stichproben – Methoden und praktische Umsetzung, mit R. Springer, Berlin

Kessl, F./Reutlinger, C. (Hrsg.) (2008): Schlüsselwerke der Sozialraumforschung. Traditionslinien in Text und Kontexten. Wiesbaden.

Kessl, F./Reutlinger, C. (2010): Sozialraum. Eine Einführung. Wiesbaden, 2. Auflage.

Kessl, F./Reutlinger, C. (Hrsg.) (2022): Sozialraum. Eine elementare Einführung. Wiesbaden.

Kessl, F./Reutlinger, C. (Hrsg.) (2019): Handbuch Sozialraum. Grundlagen für den Bildungs- und Sozialbereich. Wiesbaden, 2. Auflage.

Kirchhoff, S./Kuhnt, S./Lipp, P./Schlawin, S. (2006): Der Fragebogen. Opladen.

Kirk, S. A./Reid, W. J. (2002): Science and Social Work. A Critical Appraisal. New York.

Klainberg, M./Holzemer, S./Leonard, M./Arnold, J. (1998): Community Health Nursing. An Alliance for Health. New York.

Kleve, H. (2007): Ambivalenz, System und Erfolg. Provokationen postmoderner Sozialarbeit. Heidelberg.

Kleve, H. (2008): Sozialraumorientierung – eine neue Kapitalismuskritik in der Sozialen Arbeit? In: Spatscheck, C. et al. (Hrsg.): Soziale Arbeit und Ökonomisierung. Analysen und Handlungsstrategien. Berlin, 76-93.

Kleve, H./Haye, B./Hampe, A./Müller, M. (2021): Systemisches Case Management. Heidelberg. 6. Aufl.

Klüsche, W. (Hrsg.) (1999): Ein Stück weiter gedacht… Beiträge zur Theorie- und Wissenschaftsentwicklung der Sozialen Arbeit. Freiburg i. Br.

Koch, J./Wolff, M. (2005): Erziehungshilfen und lokale Integration. In: Kessl, F. et al. (Hrsg.): Handbuch Sozialraum. Wiesbaden, 375-393.

Krafeld, F. J. (1992): Cliquenorientierte Jugendarbeit. Grundlagen und Handlungsansätze. Weinheim.

Kreienbrock, L. (2004): Einführung in die Stichprobenverfahren. München.

Krisch, R. (2006): Methoden einer sozialräumlichen Lebensweltanalyse. In: Deinet, U./Krisch, R. (Hrsg.): Der sozialräumliche Blick in der Jugendarbeit. Wiesbaden, 87-154.

Krisch, R. (2009): Sozialräumliche Methodik der Jugendarbeit. Aktivierende Zugänge und praxisleitende Verfahren. Weinheim.

Krüger, H.-H./Köhler, S.-M./Zschach, M. (Hrsg.) (2010): Teenies und ihre Peers. Freundschaftsgruppen, Bildungsverläufe und soziale Ungleichheit. Opladen, Farmington Hills.

Kuckartz, U. (2018): Qualitative Inhaltsanalyse. Methoden, Praxis, Computerunterstützung. Weinheim, 4. Auflage.

LoBiondo-Wood, G./Haber, J. (2005): Pflegeforschung: Methoden – Bewertung – Anwendung. München, 2. Auflage.

Löw, M. (2001): Raumsoziologie. Frankfurt a. M.

Löw, M. (2006): Einstein, Techno und der Raum. Überlegungen zu einem neuen Raumverständnis in den Sozialwissenschaften. In: Deinet, U./Gilles, C./Knopp, R. (Hrsg.): Neue Perspektiven in der Sozialraumorientierung. Dimensionen – Planung – Gestaltung. Berlin, 9-22.

Löw, M./Steets, S./Stoetzer, S. (2008): Einführung in die Stadt- und Raumsoziologie. Opladen, 2. Auflage.

Mahoney, F. I./Barthel, D. W. (1965). Functional Evaluation: The Barthel Index. Maryland State Medical Journal (14), 61-65.

Maier, K. (2007): Entwicklung von Verfahren durch integrierte Praxisforschung in der Sozialen Arbeit. In: Engelke, E. et al. (Hrsg.): Forschung für die Praxis. Zum gegenwärtigen Stand der Sozialarbeitsforschung. Freiburg i. Br., 324-332.

Maier, K./Sommerfeld, P. (2005): Inszenierung des Sozialen im Wohnquartier. Darstellung, Evaluation und Ertrag des Projektes „Quartiersaufbau Rieselfeld". Freiburg i. Br.

Mayring, P. (2002): Einführung in die qualitative Sozialforschung. Weinheim, 5. Auflage.

Mayring, P. (2007a): Qualitative Inhaltsanalyse. Grundlagen und Techniken. Weinheim, 9. Auflage.

Mayring, P. (2007b): Qualitative Inhaltsanalyse. In: Flick, U./von Kardorff, E./Steinke, I. (Hrsg.): Qualitative Forschung. Ein Handbuch. Reinbek, 468-475.

Müller, B. (2017): Sozialpädagogisches Können. Ein Lehrbuch zur multiperspektivischen Fallarbeit. Freiburg i. Br., 8., Auflage.

Nagel, M./Benner, A./Ostermann, R./Henschke, K. (1996): Grafische Datenanalyse, Fischer, Stuttgart.

Neumann, B. (1989): The Neuman Systems Model. Norwalk.

Nies, M. A./McEwen, M. (Hrsg.) (2015): Community/Public Health Nursing. Amsterdam, 6. Auflage, 92-105.

Oehme, A./Beran, C. M./Krisch, R. (2007): Neue Wege in der Beschäftigungsförderung für Jugendliche. Untersuchung von Potenzialen in der Praxis der Jugendarbeit zur Gestaltung von sozialräumlichen Beschäftigungsprojekten. Wien.

Ortmann, N. (1999): Vorstellung einzelner Methoden: Die Stadtteilerkundung mit Schlüsselpersonen; Nadelmethode; Jugendkulturenkataster; Leitfaden-Interview mit Schlüsselpersonen. In: Deinet, U. (Hrsg.): Sozialräumliche Jugendarbeit. Eine praxisbezogene Anleitung zur Konzeptentwicklung in der Offenen Kinder- und Jugendarbeit. Opladen, 74-80.

Ostermann, R./Wolf-Ostermann, K. (2005): Statistik in Pflege und Sozialer Arbeit. München, 3. Auflage.

Ostermann, R./Wilhelm, A. F. X./Wolf-Ostermann, K. (2004a). Komplizierter als man denkt – Präsentation statistischer Daten in der Pflege Teil 1: Tabellen. In: Pflegezeitschrift (57), 18-21.

Ostermann, R./Wilhelm, A. F. X./Wolf-Ostermann, K. (2004b): Was das Auge sicht – Präsentation statistischer Daten in der Pflege Teil 2: Kreisdiagramme. In: Pflegezeitschrift (57), 121-124.

Ostermann, R./Wilhelm, A. F. X./Wolf-Ostermann, K. (2004c): Im Dienste der Information – Präsentation statistischer Daten in der Pflege Teil 3: Stabdiagramme. In: Pflegezeitschrift (57), 190-192.

Ostermann, R./Wilhelm, A. F. X./Wolf-Ostermann, K. (2004d): Variationen für Gruppenvergleiche – Präsentation statistischer Daten in der Pflege Teil 4: Stabdiagramme. In: Pflegezeitschrift (57), 263-265.

Ostermann, R./Wilhelm, A. F. X./Wolf-Ostermann, K. (2004f): Die Gefahr des falschen Eindrucks – Präsentation statistischer Daten in der Pflege Teil 6: Liniendiagramme. In: Pflegezeitschrift (57), 408-410.

Ostermann, R./Wilhelm, A. F. X./Wolf-Ostermann, K. (2004h): Zusammenhänge werden deutlich – Präsentation statistischer Daten in der Pflege Teil 8: Streudiagramme. In: Pflegezeitschrift (57), 568-570.

Ostermann, R./Wilhelm, A. F. X./Wolf-Ostermann, K. (2004i): Mehrdimensionale Auswertungen – Präsentation statistischer Daten in der Pflege Teil 9: Streudiagramme (II). In: Pflegezeitschrift (57), 629-632.

Ostermann, R./Wilhelm, A. F. X./Wolf-Ostermann, K. (2004j): Ideal für Gruppenvergleiche – Präsentation statistischer Daten in der Pflege Teil 10: Boxplots. In: Pflegezeitschrift (57), 724-726.

Ostermann, R./Wilhelm, A. F. X./Wolf-Ostermann, K. (2004k): Assessment sichtbar machen – Präsentation statistischer Daten in der Pflege Teil 11: Spinnennetzgrafiken. In: Pflegezeitschrift (57), 782-784.

Otto, H. U./Oelerich, G./Micheel, H.-G. (Hrsg.) (2003): Empirische Forschung und Soziale Arbeit. Ein Lehr- und Arbeitsbuch. München.

Pantucek, P. (2019): Soziale Diagnosen. Verfahren für die Praxis Sozialer Arbeit. Göttingen, 4. Auflage.

Peters, F./Koch, J. (Hrsg.) (2004): Integrierte erzieherische Hilfen. Flexibilität, Integration und Sozialraumbezug in der Jugendhilfe. Weinheim.

Popper, Karl (1935): Logik der Forschung. Zur Erkenntnistheorie der modernen Naturwissenschaft. Wien.

Preuss-Lausitz, U./Deutsche Gesellschaft für Soziologie. Arbeitsgruppe Wandel der Sozialisationsbedingungen seit dem Zweiten Weltkrieg (1983): Kriegskinder, Konsumkinder, Krisenkinder. Berlin.

Puhl, R. (Hrsg.) (1996): Sozialarbeitswissenschaft. Neue Chancen für eine theoriegeleitete Soziale Arbeit. Weinheim.

Quatember, A. (2014): Datenqualität in Stichprobenerhebungen: Eine verständnisorientierte Einführung in Stichprobenverfahren und verwandte Themen. Berlin.

Reutlinger, C. (2009): Raumdeutungen. Rekonstruktion des Sozialraums „Schule“ und mitagierende Erforschung „unsichtbarer Bewältigungskarten“ als methodische Felder von Sozialraumforschung. In: Deinet, U. (Hrsg.):Methodenbuch Sozialraum. Wiesbaden, 17-32.

Reutlinger, C./Wigger, A. (2008): Von der Sozialraumorientierung zur Sozialraumarbeit – eine Entwicklungsperspektive für die Sozialpädagogik. In: Zeitschrift für Sozialpädagogik (6) 340-372.

Riege, M./Schubert, H. (Hrsg.) (2005): Sozialraumanalyse. Grundlagen, Methoden, Praxis. Wiesbaden, 2. Auflage.

Rießen, A. van/Bleck, C./Knopp, R. (Hrsg.) (2015): Sozialer Raum und Alter(n). Zugänge, Verläufe und Übergänge sozialräumlicher Handlungsforschung. Wiesbaden.

Röll, F. J. (1998): Mythen und Symbole in populären Medien. Frankfurt a. M.

Rosenthal, G. (2005): Interpretative Sozialforschung. Eine Einführung. Weinheim.

Rossi, P./Freeman, H. E. (1996): Evaluation: A Systematic Approach. Newbury Park.

Sämann, J. (2014): Zur Debatte um die Infragestellung des Rechtsanspruches auf Hilfe zur Erziehung im Rahmen sozialraumorientierter Ansätze in der Kinder- und Jugendhilfe. In: sozialraum.de (6), 1/2014. http://www.sozialraum.de/zur-debatte-um-die-infragestellung-des-rechtsanspruches-auf-hilfe-zur-erziehung.php [Zugriff 25.09.2015].

Sandermann, P./Urban, U. (2007): Zur ‚Paradoxie' der sozialpädagogischen Diskussion um Sozialraumorientierung in der Jugendhilfe. In: neue praxis (37) 1/2007, 42-57.

Schilling, J. (2020): Didaktik/Methodik Sozialer Arbeit. München, 8. Auflage.

Schuhmann, M. (1995): Sozialraumanalyse und Ethnografie in Jugendhilfe und Jugendarbeit? In: Deutsche Jugend (43) 5/1995, 210-216.

Schweppe, C./Thole, W. (Hrsg.) (2003): Sozialpädagogik als forschende Disziplin. Theorie, Methode, Empirie. Weinheim.

Senatsverwaltung für Wissenschaft, Gesundheit, Pflege und Gleichstellung Berlin (Hrsg. (2022): Gesundheits- und Sozialstrukturatlas. https://www.berlin.de/sen/gesundheit/service/gesundheitsberichterstattung/gesundheit-und-sozialstruktur/ [12.12.2022]

Silverman, D. (Hrsg.) (2010): Qualitative Research. London, 3. Auflage.

Smith, C. M./Maurer, F. A. (1995): Community Health Nursing. Theory and Practice. Philadelphia.

Sommerfeld, P. (2007): Der Beitrag der Forschung zur Theoriebildung in der Sozialen Arbeit. In: Engelke, E. et al. (Hrsg.): Forschung für die Praxis. Zum gegenwärtigen Stand der Sozialarbeitsforschung. Freiburg i. Br., 333-346.

Spatscheck, C. (2009): Methoden der Sozialraum- und Lebensweltanalyse im Kontext der Theorie- und Methodendiskussion der Sozialen Arbeit. In: Deinet, U. (Hrsg.): Methodenbuch Sozialraum. Wiesbaden, 33-44.

Spatscheck, C. (2012): Socio-spatial Approaches to Social Work. In: Social Work & Society (10), Issue 1/2012.

Spatscheck, C. (2013): How to Carry out Socio-spatial Analyses – Research Design and Methods. In: ERIS Web Journal (4), Issue 2/2013.

Spatscheck, C. (2019): Spatial Approaches to Social Work – Theoretical Foundations and Implications for Practice and Research. In: European Journal of Social Work (22) 5, 845-859.

Spatscheck, C./Arnegger, M./Kraus, S./Mattner, A./Schneider, B. (Hrsg.) (2008): Soziale Arbeit und Ökonomisierung. Analysen und Handlungsstrategien. Berlin.

Spatscheck, C./Bütow B. (2010): Jugendliche und Jugendkulturen im öffentlichen Raum der Stadt Linz – Ergebnisse aus einem internationalen Lehrforschungsprojekt. In: Deutsche Jugend (58) 5/2010, 211-220.

Spatscheck, C./Wolf-Ostermann, K. (2009): Social Space Analyses and the Socio-Spatial Paradigm in Social Work. Working Paper 2009-1, School of Social Work, Lund University. http://www.soch.lu.se/sites/soch.lu.se/files/wp2009-1.pdf [Zugriff 05.06.2016].

Spiegel, H. v. (1997): Offene Arbeit mit Kindern – (k)ein Kinderspiel. Münster.

Spiegel, H. v. (2007): So macht man Konzeptionsentwicklung – eine praktische Anleitung. In: Sturzenhecker, B./Deinet, U. (Hrsg.): Konzeptentwicklung in der Kinder- und Jugendarbeit. Weinheim, 51-95.

Spiegel, H. v. (2013): Konzeptionen entwickeln in der Offenen Kinder- und Jugendarbeit. In: Deinet, U./Sturzenhecker, B. (Hrsg.): Handbuch Offene Kinder- und Jugendarbeit. Wiesbaden, 4. Auflage, 491-502.

Spiegel, H. v. (2021): Methodisches Handeln in der Sozialen Arbeit. München, 7. Auflage.

Statistisches Bundesamt (2005): Gesundheit in Deutschland. Robert Koch-Institut in Zusammenarbeit mit dem Statistischen Bundesamt. http://www.gbe-bund.de/gbe10/abrechnung.prc_abr_test_logon?p_uid=gast&p_aid=0&p_knoten=FID&p_sprache=D&p_suchstring=10890::Gesundheitsausgaben [Zugriff 25.10.2015].

Staub-Bernasconi, S. (2007): Soziale Arbeit als Handlungswissenschaft. Ein Lehrbuch. Bern.

Staub-Bernasconi, S. (2017): Soziale Arbeit als Handlungswissenschaft. Ein Lehrbuch. Opladen, 2. Auflage.

Sturzenhecker, B. (1999): Cliquenportrait. In: Deinet, U. (Hrsg.): Sozialräumliche Jugendarbeit. Eine praxisbezogene Anleitung zur Konzeptentwicklung in der Offenen Kinder- und Jugendarbeit. Opladen, 80-82.

Sturzenhecker, B./Deinet, U. (Hrsg.) (2007): Konzeptentwicklung in der Kinder- und Jugendarbeit. Reflexionen und Arbeitshilfen für die Praxis. Weinheim.

Swart, E./Ihle, P./Gohte, H./Matusiewicz, D. (Hrsg.) (2014): Routinedaten im Gesundheitswesen: Handbuch Sekundärdatenanalyse: Grundlagen, Methoden und Perspektiven. Bern.

Thiersch, H. 2005: Lebensweltorientierte Soziale Arbeit. Weinheim, 6. Auflage.

Trochim, W. M. K. (2006): Research Methods Knowledge Base. http://www.socialresearchmethods.net/kb/ethics.php [Zugriff 05.06.2016].

Unwin, A. R. (1996): Exploratory Spatial Analysis and Local Statistics. In: Computational Statistics (11), 387-400.

Wolf-Ostermann, K. (2014): Versorgungsforschung – ein Thema für die Pflege?! In: Pflege (27) 5/2014, 283-284.

World Health Organization (WHO) (1974): Community Health Nursing. Technical Report No. 558. http://whqlibdoc.who.int/trs/WHO_TRS_558.pdf [Zugriff 03.08.2015].

Zeiher, H. (1983): Die vielen Räume der Kinder. Zum Wandel räumlicher Lebensbedingungen seit 1945. In: Preuss-Lausitz, U. et al. (Hrsg.): Kriegskinder, Konsumkinder, Krisenkinder. Zur Sozialisationsgeschichte seit dem 2. Weltkrieg. Weinheim, 176-195.

Prof. Dr. Christian Spatscheck ist Professor für Theorien und Methoden der Sozialen Arbeit an der Fakultät Gesellschaftswissenschaften der Hochschule Bremen, Visiting Scholar an der School of Social Work der Universität Lund, Visiting Professor am Department für Politikwissenschaften an der Universität Pisa, Co-Vorsitzender der Deutschen Gesellschaft für Soziale Arbeit (DGSA), Geschäftsführender Redakteur beim Online-Journal „sozialraum.de", Mitglied im Editorial Board des „European Journal of Social Work" sowie Mitglied im Redaktionsbeirat von „Nordic Social Work Research", „neue praxis", „Zeitschrift für Sozialpädagogik" und „Soziale Arbeit (DZI)".

Prof. Dr. Karin Wolf-Ostermann ist Professorin für Pflegewissenschaftliche Versorgungsforschung im Fachbereich Human- und Gesundheitswissenschaften an der Universität Bremen, Leiterin der Abteilung „Pflegewissenschaftliche Versorgungsforschung" am Institut für Public Health und Pflegeforschung (IPP) und Sprecherin des Wissenschaftsschwerpunkts „Gesundheitswissenschaften" der Universität Bremen und Visiting Scholar an der School of Social Work der Universität Lund. Mitglied der Deutschen Gesellschaft für Pflegewissenschaften (DGP) e.V. und stellvertretende Vorsitzende der Ethik Kommission der DGP e.V., Editor für den Bereich Versorgungsforschung für die „Zeitschrift für Evidenz, Fortbildung und Qualität im Gesundheitswesen".